SAINT JEAN

LE LIVRE DES SEPT SECRETS

Du même auteur :

Prier 15 jours avec saint Paul de la Croix, éditions Nouvelle Cité, 2005.

Prier 15 jours avec Gemma Galgani, éditions Nouvelle Cité, 2007.

Saint Paul de la Croix, mystique: le Journal des 40 jours, éditions Nouvelle Cité, 2008.

PHILIPPE PLET

RELIGIEUX PASSIONISTE

SAINT JEAN

LE LIVRE DES SEPT SECRETS

ANNE SIGIER

1073, boul. René-Lévesque Ouest • Québec Canada • G1S 4R5 • 418-687-6086

Dépôt légal : Bibliothèque et Archives nationales du Québec, 2008
Bibliothèque et Archives Canada, 2008

ISBN 978-2-89129-544-4

Distribution :

Canada : Messageries ADP — France : AVM Diffusion
Belgique : Alliance Services — Suisse : Albert le Grand

www. annesigier.qc.ca

Cette publication ne bénéficie d'aucune subvention gouvernementale.

Introduction générale

Du nouveau sur l'évangile de Jean?

La foi peut-elle recéler des mystères? À en juger par le livre de l'Apocalypse, la foi est vraiment le haut lieu du mystère. Saint Jean est l'apôtre typique de l'insaisissable. Jean (dont le nom signifie littéralement: «Dieu est miséricordieux») occupe une place particulière non seulement dans le contexte de l'Église naissante, mais aussi dans tout le cours de l'histoire du christianisme. L'originalité de son évangile a de tout temps interpellé ses lecteurs. Sa *vie de Jésus* se présente, il est vrai, comme une vérité qu'il nous donne à découvrir.

Pour obtenir des succès de librairie, certains auteurs n'hésitent pas à «faire de la nouveauté» en réinterprétant les intentions de Jésus, de Judas ou de Marie-Madeleine. Ces auteurs, pour dire encore quelque chose de nouveau après 2000 ans de christianisme, se sentent alors obligés de nier les affirmations des évangiles. Ce sont là des lectures «de rupture» et non d'approfondissement des textes évangéliques. Or, le mystère de la foi n'est pas à rechercher dans une négation du sens littéral des évangiles; il est à découvrir en pénétrant le sens de ces textes que nous croyons connaître à force de les avoir entendu citer tant et tant de fois. Pénétrer le sens de l'évangile de Jean: tel est le but que je désire atteindre dans ce livre.

La gestation d'une illumination

Parmi les quatre évangiles du Nouveau Testament, celui de Jean m'a très vite fasciné en raison de sa beauté et de sa densité particulières. Le jeune homme en quête du sens ultime de l'existence humaine que j'étais alors trouvait sous la plume de Jean des paroles d'éternité. Le quatrième évangile introduit le lecteur dans une vision à la fois de gloire et d'intimité avec Jésus. Le divin y est en quelque sorte «palpable». En même temps, le Verbe incarné y révèle tous les secrets de son cœur!

Dans le livre de l'Apocalypse, également attribué à Jean, on rencontre massivement le symbolisme du chiffre 7. Il est partout! Le texte est même structuré par quatre «septénaires», c'est-à-dire quatre actions décomposées chacune en sept mouvements. Ce sont les lettres aux sept Églises, les sept sceaux, les sept trompettes et les sept coupes. En découvrant les sept signes dans le quatrième évangile, j'ai évidemment pensé que Jean avait voulu ici aussi structurer le récit de son évangile en sept mouvements. Restait à comprendre la logique de sa pensée.

Je venais alors de commencer ma formation en vue du sacerdoce. Au cours de mes études, j'eus tout le loisir de consulter les commentaires relatifs à cette question. Mais aucun des commentateurs que j'avais lus ne donnait de solution qui me parut satisfaisante. C'est seulement à force de méditer le texte que l'idée s'est imposée à moi d'un itinéraire de la foi. Lorsque je compris ce «secret» de Jean, ce fut comme une illumination. J'avais à peine achevé ma formation théologique, et je n'étais pas encore ordonné prêtre. Et voilà que le Seigneur me traçait un magnifique programme de vie et de prédication! Je n'avais pas encore déterminé le détail de cet itinéraire de foi du quatrième évangile, mais l'idée maîtresse était née. Le reste de l'approfondissement fut encore une question de temps. Un temps exaltant de contemplation et de louange!

Les multiples retraites ou enseignements que j'ai pu donner depuis lors sur l'évangile de Jean ont confirmé cette intuition. Des témoins de tous âges, ignorants ou grands connaisseurs de Jean, par leur accueil favorable de mon hypothèse, ont confirmé cette lecture possible du texte johannique. Le sens de la foi des croyants a déjà commencé à adopter cet approfondissement du quatrième évangile. Il devra bien sûr être poursuivi pour aboutir à une confirmation tangible.

Un nouveau regard

Le commentaire que je propose est une lecture inattendue des douze premiers chapitres du quatrième évangile. Douze chapitres qui couvrent toute la vie publique de Jésus : ses rencontres, ses enseignements, ses conflits et enfin ses miracles. Bien des commentaires ont été faits sur le récit de la vie de Jésus selon saint Jean. Pourtant, peu à peu s'est présentée à moi la nécessité d'aborder le texte sous un angle différent de l'habituelle lecture suivie ou thématique. Et c'est ainsi qu'une démarche « dynamique » s'est imposée à mon cœur : l'évangile de Jean est un itinéraire de l'âme vers Dieu.

Pour entrer dans la pensée symbolique de Jean, mon livre développe une méthode « allégorique ». Au cours des derniers mois, dans l'Église, on a bien des fois évoqué l'influence des Pères de l'Antiquité chrétienne sur la pensée du pape Benoît XVI. Notre pape, en effet, n'a-t-il pas consacré sa thèse de doctorat à saint Augustin ? Et ne se plaît-il pas à mentionner souvent les Pères de l'Église ? On aime encore à faire l'éloge du concile Vatican II, qui sut remettre à l'honneur la pensée patristique. On redécouvre aussi l'Église orthodoxe, dont la tradition repose sur cet héritage théologique antique. Autant de raisons qui me permettent de penser qu'un commentaire biblique s'appuyant sur la même méthode de lecture que celle des Pères de l'Église devrait être en phase avec la pensée de l'Église, donc accueilli favorablement, et bien compris. Cette méthode autorise un style simple et direct pour suivre le fil conducteur du quatrième évangile.

La clé d'interprétation est celle que Jean nous propose par voie symbolique : celle des « sept signes ». Son affirmation insistante selon laquelle Jésus a réalisé un nombre de miracles tout à fait prodigieux contraste étonnamment avec le nombre si restreint de miracles qu'il décrit dans sa narration, et ce paradoxe ne manque pas d'attirer l'attention du lecteur. Ainsi, sept miracles seulement sont mentionnés par Jean dans ses récits de la vie publique de Jésus. Un huitième miracle (la pêche miraculeuse) se déroulera à la toute fin de l'évangile. Les sept miracles opérés par Jésus lors des trois années de sa prédication, que Jean appelle d'ailleurs des «signes», sont comme les sept sceaux d'un livre mystérieux qu'il nous faut découvrir.

Jean se décide à écrire son évangile à un âge très avancé. Presque centenaire, il est alors le dernier représentant du groupe des Douze. Cette circonstance historique n'est pas anodine. Jean ne veut pas «répéter» les autres évangiles: il veut apporter des éléments nouveaux. Avec la distance de l'âge et toute l'expérience de la première génération des apôtres, il comprend ce qui pourra manquer encore au développement du christianisme, lorsque tous les témoins oculaires auront disparu. Ainsi Jean voulut-il léguer à l'Église le secret profond du déploiement de la foi.

La simplicité de la rédaction de l'évangile de Jean cache une densité que l'on pressent à chaque page, sans parvenir néanmoins à la cerner vraiment. Un sens second du texte prolonge le sens littéral, sans toutefois rompre avec lui. Aussi, afin de pouvoir s'immerger dans l'épaisseur de son enseignement, il faut impérativement laisser de côté tous les éléments culturels étrangers au monde johannique.

Il existe une relation invisible entre les sept signes qui constituent les balises d'un itinéraire spirituel inhérent à la foi. Chaque signe est le résumé symbolique d'une étape de notre cheminement de foi. Ils forment un crescendo et décrivent les combats et les grâces qui jalonnent la transformation progressive de notre âme. Les récits et les dialogues qui encadrent ces sept signes expliquent en détail ces sept degrés de la foi. C'est dans cette seule perspective d'explication et de clarification qu'il convient de les lire.

L'itinéraire tracé par Jean à travers les sept signes est expliqué en détail dans le prologue de cet ouvrage, ainsi qu'à la fin, dans le chapitre intitulé «Regard d'ensemble sur le livre des sept signes». Un coup d'œil rapide sur ces textes permettra au lecteur de mieux avancer avec saint Jean le long de ce beau chemin initiatique que nous offre l'apôtre bien-aimé.

Les sept signes de Jean, sept «secrets»

L'évangile de Jean abrite-t-il des secrets inaccessibles au lecteur non averti? Oui. Il s'agit réellement d'un texte initiatique visant à faire découvrir le potentiel immense de la foi. Ce potentiel était déjà secret à l'époque de Jean; il l'est encore aujourd'hui. Et il faut marcher au long de ce chemin mystérieux pour comprendre vraiment sa dimension d'arcane sacré.

Le premier ouvrage consacré à l'évangile de Jean, d'ailleurs, n'est pas chrétien; il est gnostique! Il s'agit du livre qu'écrivit Héracléon, auteur du IIe siècle, disciple de Valentin. Cet ouvrage provoqua en réponse dans l'Église le commentaire d'Origène. C'est là un fait très intéressant en soi. Les gnostiques, en effet, étaient des «chercheurs de secrets». Ils cherchaient les secrets de la vie éternelle. Malheureusement, ils étaient mus par l'idée de l'origine divine de l'homme et excluaient la possibilité chrétienne de n'être que de simples créatures de Dieu. Aussi ont-ils interprété les paroles de Jean d'une manière très étrangère à leur sens littéral. Cependant, ils avaient bien compris que le quatrième évangile avait été rédigé par un grand maître de la vie spirituelle et que celui-ci y proposait un enseignement initiatique intense.

Une purification progressive de l'âme

Jean décrit le cheminement de foi comme une purification progressive de l'âme. Il existe tant d'obstacles à surmonter pour entrer en relation avec Dieu! Saint Jean nous propose de descendre graduellement dans l'épaisseur de nos ténèbres intérieures. Qu'est-ce qui obscurcit mon jugement et entache mon cœur? La réponse à cette question si fondamentale va se dessiner avec la levée progressive des obstacles à la foi, qui introduit l'homme dans une connaissance toujours plus grande de lui-même. Cette purification de l'âme culmine au dernier signe johannique, la résurrection de Lazare, dans le jaillissement de la vie.

Une illumination de la vérité éternelle

Si l'itinéraire de l'âme vers Dieu est une purification, il est aussi une illumination. La condition humaine normale est celle du doute. Dieu existe-t-il? Que veut-il? La connaissance de Dieu est de soi surnaturelle. Elle implique un processus que nous nommons la «foi». Cette connaissance de Dieu est progressive et elle est de plus en plus intime, nous dit Jean. La lumière qui brille alors avec une intensité croissante dans notre âme est celle de la vérité éternelle. La révélation de la lumière dans l'âme éclaire l'invisible: les enjeux véritables des luttes du monde nous apparaissent au grand jour. Le sommet de la foi est un état d'amitié avec Dieu. Or, l'amitié entre deux êtres suppose une communion: les aspirations et les tristesses de l'autre deviennent nos aspirations et nos tristesses.

Un cheminement d'amour

Comme point de départ à sa grande révélation de l'amour divin, Jésus choisit une célébration de l'amour humain. C'est le premier signe de l'évangile de Jean: les noces de Cana. Tout au long de l'itinéraire de la foi, le croyant rencontre, avec de plus en plus d'acuité, le non-amour. Ce non-amour prend les traits des adversaires de Jésus, ou bien le visage des peurs du croyant lui-même. Jean nous explique ainsi que, pour parvenir enfin à cette union des cœurs qu'il nous décrit dans le dernier signe, il faut savoir faire face à ces ténèbres du non-amour. Et le sommet du tout dernier signe que nous offre Jean, c'est l'onction de Béthanie: Marie-Madeleine dit à Jésus tout son amour ! Saurons-nous comprendre que Marie-Madeleine est l'image de notre cœur ?

Ainsi, en méditant le quatrième évangile, j'ai découvert que saint Jean, tout en nous offrant à la manière de Marc un texte informatif et narratif sur trois années de la vie de Jésus, nous lègue en même temps un véritable enseignement structuré. Il va encore plus loin que Matthieu et que Luc dans l'approfondissement de la doctrine du Christ.

Par cet enseignement structuré et secret, Jean nous transmet ce qu'il a lui-même reçu en direct de Jésus durant la vie publique de son Maître, à travers ses paraboles et « figures », à travers chacun de ses actes et de ses miracles.

Il aura fallu à Jean toute une longue vie d'homme pour méditer cet enseignement, puis le comprendre et le vivre dans son cœur avec l'éblouissement de la révélation, pour enfin nous le restituer à son tour. Est-ce pour cela, pour cette longue digestion, gestation, puis révélation, et enfin pour cette transmission, que Jésus a dit à Pierre que le disciple bien-aimé lui survivrait (Jn 21,20-23) ?

Le quatrième évangile, c'est le secret du cœur de Jean, l'apôtre que Jésus aimait, offert comme une grâce divine à notre cœur d'enfants de Dieu !

Prélude

Un écrit inspiré

Il n'est pas facile de se mettre « dans la peau » d'un auteur sacré. Recevoir l'inspiration divine pour rédiger un texte qui fasse autorité dans l'ordre de la foi n'est pas la vocation de tous ! D'ailleurs, les auteurs bibliques eux-mêmes n'en avaient probablement pas conscience ; pas au point de penser que chaque mot deviendrait un trésor jalousement gardé par l'Église. Dans le cas des évangiles, il s'agissait de raconter la vie de Jésus en fonction de souvenirs personnels ou de témoignages entendus. Il est donc normal que chaque évangéliste insiste sur ce qui l'a frappé davantage ; comme il est également normal que tous n'aient pas compris avec la même maturité de foi le message du Seigneur. L'assistance de l'Esprit Saint consiste à empêcher les errements possibles chez les évangélistes et à les faire se souvenir de ce qui est essentiel, mais l'Esprit ne gomme ni leurs personnalités ni leurs propres limites de croyants.

Saint Jean, au début du livre de l'Apocalypse, nous confie comment il en reçut l'inspiration : « Moi, Jean, votre frère et votre compagnon dans l'épreuve, la royauté et la constance, en Jésus, je me trouvais dans l'île de Patmos, à cause de la parole de Dieu et du témoignage de Jésus. Je fus ravi en esprit, le jour du Seigneur, et j'entendis derrière moi une voix clamer, comme une trompette : ‹ Ce que tu vois, écris-le dans un livre pour l'envoyer aux sept Églises › » (Ap 1,9-11). Jean est le dernier des évangélistes. Il n'est pas seulement un témoin des premiers temps ; il est aussi un croyant qui a eu le temps de vivre intensément sa foi. Cette dimension de l'expérience est très importante. Dans le cas de l'Apocalypse, Jean déclare avoir été «ravi en esprit». On peut bien sûr interpréter cette expression dans le sens d'une extase mettant la personne hors d'elle-même et de ses sens, c'est-à-dire en état de percevoir des choses échappant à l'expérience ordinaire. Mais il est possible aussi d'y voir un état d'âme moins extraordinaire, consistant seulement en une vue intuitive et pénétrante des réalités de la foi. On est alors à mi-chemin entre la révélation par vision pure et simple, vision dite «imaginative» dans le langage mystique, et la méditation profonde. Il s'agit ainsi d'une révélation venant «surélever» une méditation intellectuelle jusqu'au plan céleste pour en faire une véritable contemplation «en esprit». C'est en ce sens, me semble-t-il, qu'il faut comprendre les paroles de Jean. La révélation vient en quelque sorte «synthétiser» de façon fulgurante une expérience de foi vécue depuis bien des années. Cette intervention divine, indispensable, prend appui cependant sur la nature humaine.

Notons aussi dans ce passage la référence aux «sept Églises», qui représentent l'Église au singulier, c'est-à-dire dans sa totalité. C'est donc par un «septénaire» que Jean reçoit, dans l'Apocalypse, la révélation d'un mystère concernant l'Église et la foi. Cette considération nous introduit d'emblée dans la perspective du quatrième évangile: parler de la foi en fonction de sept signes, afin de manifester conjointement son unité et sa totalité.

Une structure selon sept signes

La lecture de l'Apocalypse nous montre l'importance symbolique du chiffre 7. Ce chiffre, au-delà même de l'Église, est celui de l'Esprit Saint, de ses sept dons; il est donc «parfait» sous l'angle de la foi. Appliquée à l'évangile de Jean, cette constatation m'invite à penser que le choix très sélectif des miracles mentionnés dans le quatrième évangile pourrait bien répondre à un impératif symbolique très fort.

Jean lui-même attire notre attention, lorsqu'il précise : « Jésus a fait sous les yeux de ses disciples encore beaucoup d'autres signes, qui ne sont pas écrits dans ce livre » (Jn 20,30). C'est comme s'il nous invitait à comprendre les motifs de son choix, sans nous donner explicitement la réponse, l'essentiel résidant en une nécessaire démarche personnelle d'approfondissement.

Bien sûr, on peut aisément faire une lecture de son évangile selon les thèmes qu'il y développe successivement. C'est ainsi qu'ont procédé les commentateurs jusqu'à ce jour. Cependant, on peut envisager la possibilité que Jean ait structuré son récit de la vie publique de Jésus d'une façon beaucoup plus rigoureuse qu'il n'y paraît. Telle est la perspective dans laquelle je veux situer mon commentaire.

Jean est mort presque centenaire. Il connaissait donc bien les trois autres évangiles. Son rôle semble d'ailleurs avoir été déterminant pour la rédaction de l'évangile de Luc. On trouve à cet égard des spécificités communes à ces deux évangélistes : la connaissance intime de la Vierge Marie, la famille de Béthanie. C'est seulement auprès de Jean que l'évangéliste Luc a pu obtenir ces informations. On ne connaît pas les dates précises de la mort des témoins ni celles de la rédaction des divers textes du Nouveau Testament[1]. On ne peut que les déduire approximativement. La Vierge Marie était-elle encore de ce monde au moment où Luc entreprit la rédaction de son évangile vers 80 ? Si l'on admet que Marie avait environ 15 ans lors de l'Annonciation, et que Jean avait environ 20 ans en 30, quand il connut Jésus, on peut déduire qu'en 80 Marie aurait été âgée de 95 ans, et Jean de 70 ans. Or, la tradition orale de l'Église primitive ne rapporte pas que Marie ait vécu son Assomption presque centenaire. Au contraire, on nous rapporte qu'elle fut élevée au Ciel en présence des apôtres, et

1. On pense que Marc a rédigé son évangile un peu avant 70. Matthieu et Luc auraient écrit le leur vers 80. Quant à Jean, il semble avoir composé l'Apocalypse en 95, et son évangile vers 100.

donc de Pierre. On peut donc penser que Marie entra dans la gloire un peu avant le martyre du chef des Douze, en 64 : elle aurait eu à cette date environ 79 ans. Jean, qui, au pied de la croix, reçut du Seigneur la Vierge Marie comme « mère », put recueillir ses confidences concernant la période de l'enfance de Jésus. En 80, il en transmit l'essentiel à Luc. À la même époque d'ailleurs, Matthieu, un des Douze, écrivait aussi son évangile. Mais il parle de Joseph, et non de Marie. Il trouva ses renseignements sur la vie cachée de Jésus dans un autre milieu que le milieu johannique. Jean avait donc déjà communiqué, en 80, par l'intermédiaire de Luc, ce qu'il était à ses yeux essentiel de dire sur la vie de Jésus. Alors, pourquoi écrire un quatrième évangile? Jean ne le fit assurément pas pour répéter ce que les synoptiques avaient déjà fort bien dit. Je pense qu'il désirait mettre en relief une dimension de la foi jusque-là encore trop peu développée.

Une lecture attentive nous montre comment les grands discours inédits de Jésus, que nous révèle Jean, sont en soi un élargissement des perspectives de la foi : le Prologue de son évangile ou le discours sur le pain de vie en sont des exemples évidents. Mais la lecture du quatrième évangile en fonction des sept signes qu'il nous rapporte nous montre davantage encore la nouveauté de sa rédaction. Le récit des sept signes est constitué des douze premiers chapitres. Ils incluent pourtant déjà les thèmes de la Passion et de la résurrection du Seigneur, qui sont développés dans la suite du texte. Il est donc possible, en ne commentant que les sept signes, de couvrir l'ensemble de l'évangile de Jean.

Dire que les sept signes « structurent » le récit de la vie publique du Seigneur, c'est dire qu'ils sont la colonne vertébrale autour de laquelle tout s'ordonne et tout prend son sens plénier. Ainsi, narrations et discours viennent expliquer et approfondir ce que la structure symbolique des sept signes exprime sous la forme d'images récapitulatives. Dans cette perspective, il est donc logique de distinguer sept parties dans le récit de la vie publique de Jésus, chacune étant constituée du signe lui-même et des discours qui l'encadrent. La délimitation de ces parties implique évidemment de bien comprendre le thème spécifique de chaque signe.

Un itinéraire de la foi

La mise en structure des récits de la vie publique de Jésus dans l'évangile de Jean nous introduit dans une double lecture du texte. La lecture «seconde» est celle d'un itinéraire typique de la foi, un véritable cheminement spirituel, en quelque sorte, de l'âme vers Dieu. Mais elle est un itinéraire universel, décrivant pour tous les hommes les diverses étapes de la foi.

Avant même les développements de la mystique chrétienne, il est incroyable que saint Jean ait reçu l'inspiration de révéler à l'Église ce grand trésor contenu dans la foi commune ! Ainsi, la foi n'est pas régie par la loi du «tout ou rien»; elle se présente plutôt comme un développement progressif de la connaissance de Dieu. Selon une perspective du «tout ou rien», on a la foi ou on ne l'a pas, on est un saint ou on n'est rien ! Jean, au contraire, nous introduit dans une vision plus nuancée et plus riche du don céleste accordé aux croyants. La foi se présente alors comme un cheminement ! Le croyant est certes «uni» au Christ dès le commencement, mais cette union doit s'approfondir sans cesse, jusqu'à devenir un état d'amitié de l'âme avec Dieu. Dans cette perspective, l'imperfection est le lot du croyant, qui ne parvient jamais à un état d'impeccabilité, sauf peut-être au septième signe. Pourtant, même le dernier stade de l'itinéraire de la foi n'est pas envisagé sous l'angle d'une perfection proprement morale, mais comme un état d'union des cœurs ! On atteint ce degré magnifique d'intimité avec Jésus en recherchant la «vérité» sans se lasser.

Une telle lecture de l'évangile de Jean constitue une réhabilitation radicale de la vie intérieure. Dès lors, son évangile devient la source scripturaire et objective qui permet de juger de la profondeur de telle ou telle voie spirituelle chrétienne.

L'aspect personnel de la foi prend ainsi une importance qui dépasse de loin la dimension purement subjective d'un simple ressenti. Il sera donc intéressant de comparer les itinéraires spirituels écrits par les saints – dans lesquels ils exposent le fruit de leur expérience personnelle – avec celui que Jean propose dans son évangile.

L'itinéraire johannique commence par le signe réalisé lors des noces de Cana. Un mariage est un grand moment de bonheur, mais il n'est encore qu'une promesse du bonheur véritable à vivre avec l'être aimé. Il n'est que le début d'une découverte mutuelle et graduelle. Sous l'angle de la foi, il s'agit de la période de l'appel à suivre le Seigneur, ce Seigneur que personne encore ne connaît. Si nous allons d'un bond jusqu'au dernier signe, nous arrivons à la résurrection de Lazare, qui préfigure la naissance à une vie nouvelle, complètement illuminée par l'intimité avec Dieu ! Mais qu'est-ce qui sépare les noces de la résurrection ?

Subdivisons la structure des sept signes en trois parties, ou trois cycles : un premier cycle, constitué par les trois premiers signes ; un deuxième cycle, s'étendant du quatrième au sixième signe ; et enfin, troisième cycle, le septième et dernier signe, qui représente le sommet de l'ascension de la foi. Chacun de ces cycles marque un « âge » de la foi et s'étend sur une durée de longueur variable d'un croyant à l'autre, mais nous devons tous passer par le même chemin. Seul varie le temps que nous mettons à parcourir cet itinéraire merveilleux qu'est la découverte de Dieu.

Le premier cycle de l'itinéraire de la foi est placé sous la figure des différents âges de l'homme : aux noces de Cana, premier signe, c'est un jeune couple qui célèbre ses noces ; toujours à Cana, pour le deuxième signe, c'est un jeune père qui vient intercéder pour son fils. Dans ces deux cas, Jésus semble d'abord refuser la demande qui lui est adressée, mais c'est pour la satisfaire immédiatement. Le troisième signe nous présente un vieil homme (malade depuis 38 ans) qui se trouve dans une impasse et qui ne demande plus rien. Cette dernière figure contraste beaucoup avec la ferveur du premier amour, symbolisée par Cana.

Le deuxième cycle, également composé de trois signes, est parallèle au premier. Il débute aussi par un repas : la multiplication des pains. Il est suivi d'une courte épreuve du croyant (la marche sur les eaux) et s'achève, tout comme dans le premier cycle, par le récit de la guérison d'une longue maladie (celle de l'aveugle-né). Ce parallélisme des deux cycles est très intéressant. Le premier cycle décrit un premier degré de maturité dans la vie de foi, où l'homme devient un « adorateur » de Dieu ; le deuxième cycle nous dévoile un second degré, où l'homme devient « disciple ».

Le troisième cycle, centré sur le septième signe, achève et récapitule l'ensemble de l'itinéraire de foi. L'épisode de la résurrection de Lazare montre symboliquement l'accès de l'âme à une vie nouvelle. Dans ce cycle, le récit de l'onction de Béthanie nous introduit dans la contemplation de cette âme toute transformée en Dieu. L'homme devient alors un « ami de Dieu ».

Je reviendrai en détail sur ces questions de structure et de parallélisme. Cependant, il est bon d'en avoir dès maintenant une idée globale, même si elle est encore confuse. D'ailleurs, l'évangile de Jean, si dense en matière de symboles, ne se présente-t-il pas à nous comme un grand secret à découvrir ?

Questions d'interprétation

L'interprétation que je propose dans ce livre repose sur le constat que Jean est un maître en matière de « double niveau » d'un texte. Les commentateurs du récit que fait Jean de la Passion de Jésus sont unanimes à souligner le double niveau de lecture auquel l'apôtre nous convie : d'une part, la description de la déréliction du Seigneur ; d'autre part, celle de sa royauté souveraine exerçant le jugement sur le monde. Jean parvient à fondre en un seul récit ces deux lectures si opposées. Elles correspondent à un double regard : le regard de l'homme qui se tient à l'extérieur du mystère, et celui du croyant qui contemple la dimension divine du Supplicié.

Ce qui est vrai du récit de la Passion l'est aussi de tout le quatrième évangile. Jean utilise constamment le double niveau de lecture, propre au langage parabolique du Christ lui-même: d'une part, la vie de Jésus et ses enseignements; d'autre part, une réflexion structurée sur le développement de la foi. Ce second degré du texte n'est pas un enseignement gnostique, qui viendrait prendre la place du sens littéral du récit. Il constitue un aspect complémentaire du sens littéral et vient approfondir et ordonner l'ensemble du récit de la vie publique de Jésus.

Or, le langage des sept signes est symbolique par définition. La raison d'être de ce choix de Jean correspond à la pédagogie divine: la Bible est un texte qui exige qu'on s'y arrête longuement. Le symbole oblige à progresser doucement dans la méditation. On ne lit pas l'Écriture sainte comme on lit un journal ou un livre ordinaire. Le but de l'auteur inspiré n'est pas de donner au lecteur une «matière» immédiatement «consommable»; son but, selon l'Esprit Saint, est d'offrir une matière qui soit une source d'inspiration!

Les symboles utilisés par Jean sont eux-mêmes des symboles bibliques. Ils sont très concrets et peuvent être puisés dans l'univers matériel (le symbolisme de l'eau, par exemple) ou dans le comportement humain (le symbolisme du repas). Il serait beaucoup trop long, et beaucoup trop lourd, pour le but que je me propose en cet ouvrage, d'expliquer en détail les longues et minutieuses enquêtes sur lesquelles je fonde mes interprétations du symbolisme biblique. Un tel exposé trouvera peut-être un jour sa place dans un autre contexte.

Saint Jean n'aime pas les abstractions, pas plus d'ailleurs que ne les aiment les autres auteurs inspirés. La raison d'être de ce choix résolu tient sans doute au fait de permettre à tous les hommes de retrouver facilement dans leur vie ce qu'ils lisent dans la Bible. La méditation des symboles bibliques nous conduit à une nécessaire prise de distance envers les diverses cultures humaines, pour discerner en elles les éléments universels de la condition humaine. Une telle méditation nous introduit sans effort dans la vérité simple de ce que nous sommes. Oserons-nous aller jusque-là ?

Premier cycle :
l'homme

Le premier signe

Qu'est-ce qu'un signe? Jean utilise un mot grec particulier, que l'on traduit généralement par «signe» et qui renvoie à deux facettes d'une même réalité. Il s'agit d'un événement extraordinaire, d'un miracle. Cet événement est porteur de sens: il est donc un «signe». Nous voilà d'emblée dans la perspective johannique du double niveau de compréhension d'un même événement. Les signes mentionnés par Jean dans son évangile ne sont pas seulement des miracles témoignant de la toute-puissance de Jésus. Bien sûr, ils sont cela d'abord: Jésus les accomplit justement pour permettre aux gens de comprendre qu'il est bien l'envoyé du Père. Mais la richesse divine a le pouvoir d'associer à un acte de sa toute-puissance une véritable sagesse et un parfait enseignement. C'est bien là ce que Jean veut nous faire comprendre tout au long de son récit évangélique!

Cana est la première étape du cheminement spirituel auquel nous convie le Seigneur. Elle est la mise en route. Ce premier signe inclut l'appel des premiers disciples et nous relate la première manifestation publique du Christ.

Le premier signe est constitué de plusieurs épisodes (Jn 1,19 - 3,36): le témoignage de Jean-Baptiste, le choix des premiers disciples, les noces de Cana, la purification du temple, l'entretien avec Nicodème et enfin le second témoignage de Jean-Baptiste. Ces épisodes, si différents les uns des autres, ont pourtant une unité thématique réelle et une atmosphère identique. Les noces de Cana représentent un mystère particulièrement joyeux. Elles sont le prolongement de la joie de Jean-Baptiste et de son annonce: «Voici l'Agneau de Dieu.» C'est bien là le premier signe qui introduit les disciples dans la foi: «Il manifesta sa gloire, et ses disciples crurent en lui.» C'est ce que je voudrais mettre en relief dans ce chapitre.

De Nazareth à Cana

À Cana, nous assistons à la manifestation publique de Jésus. Elle commence discrètement avec Jean-Baptiste au bord du Jourdain, et se poursuit, aussi discrètement, à Cana, petit village de Galilée situé tout près de Nazareth. La Galilée, région située dans le nord de la Palestine, était réputée pour être très hellénisée. On trouvait donc dans ce territoire beaucoup de Juifs pratiquant peu leur foi ou, pire, des Juifs ayant adopté les coutumes religieuses des Romains. Les Galiléens étaient donc mal vus des Juifs fervents. Leur dénomination était utilisée comme une dérision en matière religieuse. À Nicodème, un pharisien qui tentera de défendre Jésus devant ses confrères, on répondra ironiquement: «Es-tu de la Galilée, toi aussi?»

Du point de vue religieux, la Galilée est donc le lieu du parfait anonymat. Aucune personnalité religieuse de renom n'y habite. Ce n'est pas là qu'un rabbi aurait eu l'idée de fonder une école de spiritualité. Jean-Baptiste lui-même baptisait les foules à la frontière de la Judée, au bord du Jourdain. Dieu seul a eu l'idée de venir s'établir en Galilée! Pas de meilleur endroit pour y cacher Jésus! C'est ce que dira Jean-Baptiste aux pharisiens venus l'interroger: «Au milieu de vous se tient quelqu'un que vous ne connaissez pas» (Jn 1,26). Voilà bien pour Dieu la meilleure façon de se cacher: il vient au milieu des hommes qui ne le connaissent pas.

Le thème du secret apparaît tout au long du premier signe. Il s'agit du secret relatif à l'identité réelle de Jésus, messie prêt à se montrer au grand jour. C'est Jean-Baptiste d'abord, le cousin de Jésus, qui le proclame ouvertement: «Et moi, je ne le connaissais pas, mais celui qui m'a envoyé baptiser dans l'eau, celui-là m'avait dit: ‹Celui sur qui tu verras l'Esprit descendre et demeurer, c'est lui qui baptise dans l'Esprit Saint›» (Jn 1,33). Jean-Baptiste connaissait parfaitement son cousin, mais il ne connaissait pas son identité messianique ! C'est seulement au bord du Jourdain qu'il la découvre. À Nazareth, Jésus n'a rien laissé transparaître sur lui-même. Il n'y a pas fait de miracles durant sa vie cachée ni prononcé de grands discours ; au point que, lorsqu'il y retournera, personne ne voudra croire en lui. C'est le fameux épisode que nous relate Marc (6,1-6) : les gens de Nazareth s'étonnent certes de sa sagesse et des grands miracles qu'il accomplit ailleurs, mais sans parvenir à le regarder autrement que comme l'un d'entre eux. À leurs yeux, il ne pouvait pas être l'envoyé de Dieu ! Leur incapacité à dépasser l'apparence des choses était si forte que Jésus lui-même s'en étonna !

De même, à Cana, ce n'est pas Jésus qui est directement invité à cette noce ; c'est sa mère, ainsi que le souligne saint Jean :

> ***Et le troisième jour, il se fit des noces à Cana en Galilée ; et la mère de Jésus y était. Jésus fut aussi convié aux noces avec ses disciples. Le vin étant venu à manquer, la mère de Jésus lui dit : « Ils n'ont plus de vin. » Jésus lui répondit : « Femme, qu'y a-t-il entre toi et moi ? Mon heure n'est pas encore venue. » Sa mère dit aux servants : « Tout ce qu'il vous dira, faites-le »*** (Jn 2,1-5).

Il existe indubitablement une continuité entre Nazareth et Cana. Nazareth, c'est la vie cachée de Jésus. Jean ne nous parle pas de Nazareth dans son évangile. Mais l'entrée de Jésus dans la phase publique de sa mission est l'occasion d'en apercevoir les tout derniers moments. La place de Marie y est centrale. C'est elle qui est invitée ; Jésus ne l'est que par sa filiation.

Ce détail du récit nous dit quelque chose de la spiritualité de Nazareth. Il s'agit d'une expérience de Dieu vécue dans le quotidien. Les gestes de tous les jours, les rencontres, les problèmes à résoudre et les joies simples forment la trame générale où la foi doit se développer. Marie représente le sommet de cette vie spirituelle, Jésus incarnant la présence divine silencieuse. Une présence divine qui prend peu à peu de l'importance, au point de se manifester finalement au grand jour ! Ainsi, Nazareth nous offre un bel enseignement : la vie humaine ordinaire est le point initial d'où commence l'œuvre de Dieu. Cana, qui en est le prolongement immédiat, ne nous dit pas autre chose. Les noces célèbrent l'amour d'un homme et d'une femme. La capacité pour une personne d'aimer une autre personne est pour Dieu l'occasion, ordinaire et première, de se rendre présent en notre monde, ce que signifie exactement la présence de Jésus aux noces.

Le secret de la spiritualité de Nazareth est un secret de Polichinelle. La vie cachée de Jésus est une vie de famille ! Certes, c'est la vie de la « Sainte Famille », mais il s'agit précisément d'une « famille ». Il est étonnant de songer que, pour « seulement » trois années de manifestation publique, Jésus ait gardé le silence durant trente ans, à l'ombre de la famille de Nazareth. Dieu veut ainsi nous montrer que l'expérience des limites humaines est d'une très haute importance pour le développement de la foi.

La famille est le milieu vital et naturel de l'amour en ce monde. Une âme ne découvre pas d'abord l'amour dans l'Église ou dans la société ; elle le découvre dans la famille. C'est pourquoi Dieu s'y tient systématiquement, même si les hommes ne s'en rendent généralement pas compte, tout occupés qu'ils sont à jouir de leur propre bonheur. Une grâce particulière est accordée d'en haut à toutes les familles. Une grâce qui permet à la famille de s'édifier sur la base de l'amour réciproque de ses membres.

À Nazareth, la soumission d'amour de Jésus à ses parents est une « revitalisation » de cette grâce. De même, le miracle de Jésus aux noces de Cana est aussi un geste de revitalisation : « Ils n'ont plus de vin ! » Ce miracle devient le signe prophétique d'une promesse d'effusion d'amour divin dans les cœurs des membres de la famille humaine en général ; et cette grâce est obtenue par l'intercession de Marie.

À Nazareth, c'est Marie qui prend les initiatives, comme elle le fait à Cana ! On est frappé d'ailleurs de l'aisance de Marie lors de ces noces, de son attention maternelle et de son autorité tranquille. Cette attitude reflète celle de Nazareth sans aucun doute. Pour commander aux serviteurs comme elle le fait, il est clair qu'elle est « chez elle » à Cana. De plus, elle demande à Jésus un « miracle », apparemment de la même manière qu'elle lui aurait demandé un petit service ! Ce comportement est l'image de la relation simple et naturelle de l'âme avec Dieu, quand on associe Dieu à tous les événements de la vie quotidienne, sans autre perspective que de vivre en sa présence.

Dieu est au centre de la Sainte Famille ! De façon unique, il est la source et il est aussi le sommet de l'amour de Marie et de Joseph. C'est ce témoignage qu'apporte Marie à Cana. Joseph n'est plus là. Cet humble serviteur s'est effacé devant son fils et son Dieu. Il était « l'ombre » du Père, celui qui, en se faisant l'époux de Marie et le père de Jésus, servit à cacher l'identité véritable de l'enfant et de sa mère aux yeux des hommes. Mais au jour de la manifestation de Jésus au monde, sa mission prenait fin. Sa mort demeure le secret de Jésus et de Marie. Il est, dans son silence même, l'icône de la spiritualité de la vie cachée. Son départ marquait forcément un tournant dans l'histoire de la Sainte Famille. Il ne pouvait que manifester la volonté du Père !

« Ils n'ont plus de vin »

Comment comprendre le mystère de cette pénurie soudaine de vin en pleine fête ? Il s'agit de la fête de l'amour humain. Or, nous savons que le vin est le symbole de la joie. Pour beaucoup d'hommes, en effet, la vie quotidienne finit tôt ou tard par perdre sa dimension de « mystère ». On n'attend plus rien de nouveau ! Et même si cette vie n'est pas l'enfer, elle n'a plus assez d'intensité en elle-même pour être vécue avec passion. Le quotidien devient le symbole d'une grisaille existentielle sans relief, d'un monde sans vocation ! Cette pénurie, à sa manière, nous parle encore de Nazareth, mais d'un point de vue négatif: Nazareth sans la présence de Jésus, c'est le monde privé de vin. Or, Bethléem se distingue de Nazareth pour ce motif même. C'est en effet à Bethléem que devait naître le Messie, tandis que, s'exclama Nathanaël, «de Nazareth, peut-il sortir quelque chose de bon?» (Jn 1,46). De Bethléem pouvait sortir quelque chose de bon, à savoir le Messie; mais de Nazareth, on n'attendait personne. Pourquoi ce pessimisme?

Normalement, c'est «le vin qui réjouit le cœur de l'homme» (Ps 104,14). Il existe en effet, dans l'Écriture sainte, une relation étroite entre le vin et le cœur. Or, spirituellement, ce qui réjouit notre cœur n'est autre que l'amour. Nous avons été créés par amour, et pour l'amour. Telle est la condition humaine dans sa dimension radicale. Manquer de vin, dans cette perspective, ne signifie pas autre chose que manquer d'amour! Et il nous faut aussi lier ce fait au contexte de la noce où il advient. Le mariage est la célébration de l'amour humain dans sa fraîcheur printanière. Mais les époux auront-ils toujours assez de cœur pour demeurer dans l'amour tout au long de leur vie? Ne se lasseront-ils pas un jour l'un de l'autre? Alors, en ces jours-là, le vin viendra à manquer!

N'est-ce pas cette fragilité humaine que vient souligner l'incident de Cana? Marie en prend toute la mesure à cet instant. Il y a, dans sa requête, une certaine angoisse maternelle. Le prophète Isaïe avait dramatiquement souligné les effets d'un durcissement du cœur du peuple d'Israël:

«Le moût est triste, la vigne est flétrie;
Tous ceux qui avaient le cœur joyeux soupirent.
La joie des tambourins a cessé, la gaîté bruyante a pris fin,
La joie de la harpe a cessé.
On ne boit plus de vin en chantant;
Les liqueurs fortes sont amères au buveur.
La ville déserte est en ruines;
Toutes les maisons sont fermées, on n'y entre plus.
On crie dans les rues, parce que le vin manque;

Toute réjouissance a disparu,
L'allégresse est bannie du pays» (Is 24,7-11).

Voilà donc que l'amour humain, sorti tout droit du cœur de Dieu lors de la création du monde, vient à manquer. Le cœur de l'homme vieillit s'il ne se renouvelle pas! La nouvelle alliance prend ainsi tout son sens: il faut un vin nouveau pour les hommes, c'est-à-dire un renouvellement de leur capacité à aimer. L'humanité n'a pas su conserver le premier vin, celui du premier jour, et ce vin s'est éventé par l'action du péché originel. Il a perdu pour l'homme sa force et sa saveur, sans perdre totalement ses qualités cependant. Mais il s'est affadi, comme «usé» par le temps.

Sans doute les hommes ont-ils en eux la capacité de s'adapter progressivement à la baisse de leur enthousiasme intérieur, selon cette même loi qui préside au vieillissement des corps. On considère comme «naturel» de voir s'enfuir, ainsi que le sable entre les doigts, l'énergie de sa jeunesse. La fraîcheur généreuse d'un regard neuf sur le monde s'atténue. Les idéaux s'érodent peu à peu, sans que l'on trouve anormale ou tragique cette évolution. La recherche de la vérité fait place à une adaptation nécessaire au milieu ambiant. Bref, le vin vient à manquer peu à peu! On soupire quelquefois encore avec nostalgie, en se mettant à désirer un vin nouveau capable de rendre cet état d'âme d'un âge désormais révolu: «Qu'il sera beau! Qu'il sera splendide! Le blé fera s'épanouir les jeunes gens, et le vin nouveau les vierges» (Za 9,17).

Lorsque saint Paul évoque la venue de Jésus Christ dans notre monde, il déclare qu'elle se réalisa «à la plénitude des temps» (Ga 4,4), c'est-à-dire lorsque les temps furent accomplis. L'histoire qui avait précédé la venue du Sauveur était arrivée à maturité. Il s'agit là du temps de Cana, un temps parvenu à son achèvement et qui est humainement un temps de pénurie spirituelle. Il s'agit d'une «plénitude» de besoin à combler! Pour bien comprendre le climat existentiel exprimé par Cana, il faut revenir à l'expérience des Hébreux en Égypte. En effet, le livre de l'Exode nous fait bien comprendre cette attente diffuse, en même temps que passive, de l'amour divin. Les Hébreux vivaient alors un quotidien très dur : ils étaient esclaves ! La vie quotidienne était saturée par le travail à accomplir. Aussi, « les Israélites, gémissant de leur servitude, crièrent, et leur appel à l'aide monta vers Dieu, du fond de leur servitude. Dieu entendit leur gémissement » (Ex 2,23-24). Il faut lire avec attention ce texte qui dépeint dramatiquement la situation d'une humanité prisonnière de ses propres limites. Le récit de l'Exode nous dit que les Hébreux « crièrent ». Mais ce cri n'a pas de destinataire. C'est un cri qui se perdrait dans le néant si Dieu ne l'entendait de lui-même. Les Hébreux ne crièrent pas vers Dieu. Pourtant, Dieu entendit la plainte de leur cœur. La situation de manque d'amour des hommes du temps de Jésus était certes moins extrême que celle des Hébreux en Égypte, mais elle était fondamentalement de même nature. Les limites de la condition humaine semblaient infranchissables !

Marie connaît le secret de son Fils. Elle sait que son Cœur est rempli d'un vin nouveau destiné à enivrer les hommes par un amour au-delà d'eux-mêmes. Le secret du bonheur n'est-il pas dans le dépassement de soi ? Marie voudrait ouvrir tout grand le Cœur de Dieu. Elle ignore seulement les modalités de cette ouverture : le coup de lance sur la croix.

Manquer de vin est donc la caractéristique de Cana. Dans la vie spirituelle, ce manque indique un état de préparation à la révélation de l'évidence de Dieu. Lorsqu'on dit aujourd'hui que les gens sont en attente du sacré, sans être encore engagés activement dans sa recherche, on dit simplement qu'ils vivent spirituellement à Cana de Galilée ! Cana est un état de manque, et donc un désir, qui creuse lentement le cœur des hommes, afin de les disposer un jour à entendre l'appel divin.

« Mon heure n'est pas encore venue »

Jésus est descendu du Ciel pour apporter ce vin nouveau aux hommes. C'est bien le sens global du signe qu'il accomplit à Cana. Mais, en même temps, il le relativise. Telle est la signification de sa réponse à Marie: «Femme, qu'y a-t-il entre toi et moi? Mon heure n'est pas encore venue.» Cette phrase énigmatique renvoie à l'idée d'un «itinéraire» à parcourir. Dès ce premier signe, Marie demande à Jésus une transformation radicale du cœur du croyant. Mais une telle transfiguration de l'âme ne peut s'opérer en une fois. Marie peut faire cette demande à son Fils, parce qu'elle ne s'occupe pas de la manière dont Dieu réalisera cette divine transformation. Elle demande seulement la grâce. C'est pourquoi le décalage entre Marie et Jésus n'est en réalité qu'apparent. Par son exclamation: «Mon heure n'est pas encore venue», Jésus sous-entend cependant un processus plus ample de préparation à recevoir la grâce, c'est-à-dire la nécessité d'un long cheminement; mais, du même coup, sa mention de «l'heure» marque aussi la mise en route de ce processus. Jésus se refuse à tout donner immédiatement. Mais il répond quand même favorablement à la prière de sa mère: il commence à donner un peu de ce vin nouveau, seul capable de rendre la vie au cœur anémié des hommes.

Jésus ne s'adresse pas à sa mère en l'appelant «maman» ni «Marie»; il l'appelle «femme», terme générique qui implique l'idée d'une prise de distance. Jésus prend ici ses distances vis-à-vis de la mère et de la femme. Mais cette distance n'est pas refus, tout au contraire! Il veut seulement lui faire comprendre que ce qu'elle demande exige impérativement de prendre de l'altitude vis-à-vis des situations particulières. Jean met ainsi en relief un élément essentiel de l'enseignement du Christ: il faut dépasser le plan purement psychologique pour comprendre l'œuvre de Dieu. C'est une distance de sagesse dans la foi. Aussi Marie devient-elle «la Femme», dont la Bible commente la mission d'écraser la tête du serpent[1]. Marie est la «nouvelle Ève», et son rôle est de seconder Jésus, le «nouvel Adam».

1. Gn 3,15: «Et je mettrai une inimitié entre toi et la femme, entre ta postérité et sa postérité; elle t'écrasera la tête, et tu la meurtriras au talon.»

Dans la vie spirituelle, le Seigneur nous demande souvent de savoir prendre patience. Notre être aspire tant à la perfection ! Jésus aussi désire ardemment transfigurer notre âme ! Mais il ne veut pas compromettre cette opération délicate par trop de hâte. Il commence donc par nous demander d'avoir progressivement un peu de recul envers les êtres et les choses, afin de dépasser le plan strictement terrestre. Jésus est « d'en haut », et nous sommes « d'en bas ». L'heure de Jésus en notre vie viendra en son temps.

Nous devons donc apprendre à entrer dans une perspective divine, qui n'est pas impersonnelle, comme nous le craignons souvent, mais qui est « universelle ». Il s'agit d'un changement d'orbite pour l'âme : elle cesse de tourner autour de la terre, pour tourner autour du soleil ! Elle reste pourtant tout à fait « elle-même » en ce changement radical. En Dieu, nous accédons à une universalité authentique qui ne détruit pas la personnalité singulière de notre âme ! En d'autres termes, nous ne devenons pas indifférents psychologiquement à tout ce qui nous arrive de bon ou de mauvais, mais notre vie affective prend de l'altitude par rapport aux circonstances concrètes. La foi nous permet de demeurer en paix dans les situations de tension ou de désir, là même où d'autres y voient un enjeu déterminant pour saisir ou perdre le bonheur.

Marie le sait bien. La réponse de Jésus ne la rebute pas. Elle invite au contraire les serviteurs à se mettre à la disposition de son fils. Elle comprend que sa réponse est positive : de cette pénurie, il va faire quelque chose. Elle devait être habituée à entendre Jésus la nommer de temps à autre « femme ». À Nazareth, Jésus, à la fois homme et Dieu, s'exprimait tantôt comme un fils plein de tendresse pour elle, et tantôt comme son Dieu. Le terme « femme » souligne la tonalité divine de sa réponse.

Mais comment Jésus peut-il dire que son heure n'est pas encore venue, alors qu'il a déjà recruté des disciples, et qu'il a donc commencé à parler ouvertement ? La mention de « l'heure » se réfère à une mystérieuse planification du salut du genre humain. Ainsi, de même qu'il avait fallu que la venue de Jésus dans le monde fût préparée par les prophètes, Jésus à son tour, par une période d'enseignement préalable, doit préparer directement les âmes à l'accueil de Dieu. Mais surtout, il lui faudra porter tout le poids des ténèbres du non-amour, descendre dans cet abîme des morts et en remonter le troisième jour ! Son « heure » est celle de sa Passion, qui est le pivot de la rédemption, permettant à la lumière de luire au milieu des ténèbres.

« Tout ce qu'il vous dira, faites-le »

Par cet ordre, Marie invite les serviteurs à devenir des disciples de Jésus. Elle fait la même chose que Jean-Baptiste : elle désigne l'Agneau de Dieu. Les commencements de l'itinéraire de la foi sont baignés dans une atmosphère maternelle. Les conversions sont par excellence des moments très intenses, mais aussi très doux. Dieu sait bien que les âmes ne le connaissent pas encore, et qu'elles ne se connaissent pas elles-mêmes. Aussi se montre-t-il très maternel à leur égard. Le croyant du premier signe est en effet comme un petit enfant dans la foi !

À Cana, nous assistons en réalité au commencement des noces de l'Agneau. L'autorité de Marie à Cana se comprend dans cette perspective : elle est la mère du Roi, du Messie. Il est donc tout à fait logique qu'elle y prenne l'initiative décisive. L'initiative de Marie est en relation avec une coutume royale en Israël. Dans l'Ancien Testament, la femme qui porte le titre de « reine » est non pas l'épouse du roi, mais sa mère. C'est sa fécondité qui lui confère sa dignité royale. L'épouse du roi devra attendre le couronnement de son fils pour détenir à son tour cette autorité, sauf décès de la reine-mère bien sûr.

Jean est très attentif à cette initiative de Marie aux noces de Cana. Il ne s'agit pas d'un fait secondaire, qui serait seulement relatif au profil psychologique de la Vierge: il s'agit d'une «prérogative» dans l'ordre de la rédemption!

Les noces rappellent ici celles du Messie dans le psaume 45, texte qui nous fait bien comprendre le contenu symbolique du geste de Marie. À l'époux du psaume est fait cet éloge: «Tu es le plus beau des fils de l'homme.» Le contexte des noces fait songer à la beauté physique; cependant, c'est vers la beauté spirituelle que Jean veut tourner notre regard de foi, car la beauté véritable est intérieure. La beauté de Jésus est celle de son cœur. Mais c'est la suite du poème biblique qui nous intéresse directement, lorsqu'il nous parle de la reine qui se tient à la droite du roi: «La reine est à ta droite, parée de l'or d'Ophir.» Il ne s'agit pas ici de l'épouse, mais de la reine-mère, qui invite ensuite l'épouse à approcher avec confiance: «Écoute, ma fille, regarde et tends l'oreille, oublie ton peuple et la maison de ton père, alors le roi sera séduit par ta beauté: il est ton Seigneur, prosterne-toi devant lui» (Ps 45,11-12). Ce n'est pas le roi qui parle à l'épouse; c'est la mère du roi, en tant que reine, elle qui se tient à la droite de son fils, qui invite l'épouse à reconnaître le roi pour son époux. Il s'agit d'une cérémonie bien réglée. Un cortège, conduit par un ami du roi, le «maître du festin» dont parle Jean, est allé chercher l'épouse dans sa maison paternelle. Un cortège de jeunes filles les accompagne jusqu'à la salle du trône, où se déroule le dialogue avec la mère du roi. C'est encore le même titre qu'invoquera bientôt Jean-Baptiste pour parler de lui-même: «Celui à qui appartient l'épouse, c'est l'époux; mais l'ami de l'époux, qui se tient là, et qui l'entend, éprouve une grande joie à cause de la voix de l'époux: telle est ma joie, et elle est parfaite» (Jn 3,29).

Revenons à Cana. Marie est la mère de Jésus, c'est-à-dire la reine; tandis que l'épouse est l'Église, symbolisée ici par les disciples et les invités à la noce. Par sa demande, «ils n'ont plus de vin», Marie présente à Jésus son épouse. Ce fait accorde à Marie une place unique dans la mission de son Fils. On en aura la confirmation éclatante au pied de la croix

(Jn 19,25). Marie étant la mère du Roi des Cieux, et Jésus détenant cette royauté pour l'éternité, il s'ensuit que la Vierge Marie est reine éternellement. De son côté, l'Église, en tant qu'épouse du Christ-Roi, est la «princesse» soumise à la maternelle sollicitude de Marie. N'est-ce pas exactement ce que révèle l'épisode des noces de Cana?

Les six jarres de vin nouveau

Or, il y avait là six jarres de pierre, destinées aux ablutions des Juifs, et contenant chacune deux ou trois mesures. Jésus leur dit: «Remplissez d'eau ces jarres.» Ils les remplirent jusqu'au bord. Puis il leur dit: «Puisez maintenant, et portez-en au maître du festin»; et ils en portèrent. Dès que le maître du festin eut goûté l'eau changée en vin (il ne savait pas d'où venait ce vin, mais les serviteurs qui avaient puisé l'eau le savaient), il interpella l'époux et lui dit: «Tout homme sert d'abord le bon vin, et après qu'on a bu abondamment, le moins bon; mais toi, tu as gardé le bon jusqu'à maintenant.»

L'histoire religieuse de l'humanité nous dévoile trois grandes étapes dans l'ordre de la connaissance de Dieu. Une telle histoire ne peut se comprendre qu'en fonction des révélations divines successives faites aux hommes. La première étape est le point de départ: Dieu ne s'était pas encore révélé. Seul demeurait le souvenir lointain d'un Éden perdu, transmis au cours des âges avec de plus en plus de variantes mythiques. L'idée même de Dieu se perdit dans le flou d'âges immémoriaux! L'homme dut donc tenter de comprendre Dieu à partir du monde. La connaissance de Dieu à travers sa création conduisit d'abord l'homme à une recherche de Dieu par des voies strictement naturelles. Qui est Dieu, et que veut-il? Cette double question demeura alors sans réponse. La deuxième étape fut celle de la révélation à Abraham, puis à Moïse. Elle manifestait essentiellement la volonté divine à l'égard de l'homme, et cela au travers d'une série de commandements. L'Ancien Testament met en effet l'homme en présence de lui-même: c'est l'étape de la connaissance de soi. La loi de l'ancienne alliance, de par ses exigences, oblige les hommes à mesurer leurs limites, à faire des choix ayant une densité morale objective, à s'humilier devant Dieu en demandant pardon pour les fautes commises, et enfin à désirer une connaissance plus complète du Seigneur. C'est Jésus Christ qui apporta la dernière et grande révélation, troisième étape de l'histoire religieuse de l'humanité. L'épisode des noces de Cana en constitue la première manifestation. Jésus insuffle dans le cœur des hommes une joie inédite et intense, les préparant ainsi à accueillir une nouvelle révélation.

Le miracle de Cana est à la charnière des deux alliances. La transformation de l'eau en vin est la représentation, à la fois symbolique et réelle, de ce passage de la connaissance de soi à une connaissance de Dieu; donc de l'Ancien Testament au Nouveau Testament. C'est la destination des six jarres qui nous oriente symboliquement vers cette perspective. Elles étaient «destinées aux ablutions des Juifs», nous précise saint Jean. Ces ablutions étaient rituelles: elles consistaient à se laver les mains avant les repas.

Cette injonction est religieuse, mais il ne s'agit cependant pas d'un commandement biblique. Saint Marc le relève de façon critique: «Les pharisiens en effet, et tous les Juifs, ne mangent pas sans s'être lavé soigneusement les mains, gardant la tradition des anciens; et lorsqu'ils reviennent de la place publique, ils ne mangent pas sans avoir pratiqué des ablutions. Ils gardent encore beaucoup d'autres observances traditionnelles: ablution des coupes, des cruches et des vases d'airain» (Mc 7,3-4). Cette «tradition des anciens» constitue un ensemble de préceptes et de pratiques rituelles qui, superposé à la loi de Moïse, définissait alors le «judaïsme». Bien que religieuses, ces pratiques restaient extérieures à la révélation; et Jésus les dénonce comme étant devenues finalement trop humaines: «Vous laissez de côté le commandement de Dieu pour vous attacher à la tradition des hommes» (Mc 7,8).

Les six jarres de pierre font donc symboliquement référence à une religiosité ambiguë, comme Jésus le soulignera dans son dialogue avec la Samaritaine, en l'invitant à pratiquer un culte «en esprit et en vérité». Pourtant, la destination rituelle des jarres n'est pas critiquée par Jésus à Cana. Jean comprend la valeur symbolique de leur utilisation par Jésus. Après tout, le Seigneur aurait pu procéder simplement par multiplication, en faisant que les amphores du premier vin, utilisées par les serviteurs, ne s'épuisent qu'après avoir donné à boire à chacun autant qu'il en voulait. C'est précisément ce qu'il fera plus tard avec la nourriture, lors de la multiplication des pains. Il est donc évident que les six jarres sont ici porteuses d'un sens particulier, propre à éclairer le geste de Jésus.

Saint Augustin, commentant l'exclamation du maître du repas: «Tu as gardé le bon vin jusqu'à maintenant», nous a laissé cette belle interprétation: «En effet, le Christ a conservé le bon vin jusqu'à présent, c'est-à-dire son Évangile. [...] Lis tous les livres prophétiques; si tu n'y aperçois pas Jésus Christ, qu'y a-t-il de plus insipide et de plus fade? Si, au contraire, tu y vois Jésus Christ, non seulement tu trouves de la saveur à ce que tu lis, mais encore ta lecture te jette dans l'ivresse, ton âme s'élève au-dessus des corps, et en oubliant le passé, elle s'étend pour saisir les choses à venir[2].» Le vin nouveau de Cana est le nectar de l'évangile! Saint Augustin résume bien la façon dont le croyant du premier signe peut accueillir en son cœur une joie inédite. C'est l'enseignement de Jésus, en effet, qui donne son sens aux attentes même inconscientes de l'âme. D'un seul coup débute une sorte de transfiguration intérieure, parce que la vie humaine elle-même acquiert une épaisseur nouvelle. L'expérience religieuse des saints, qui nous demeurait extérieure jusque-là, devient aussi notre

2. Saint Augustin, *Œuvres complètes, Traités sur saint Jean,* t. X-XI, Bar-le-Duc 1864-1872.

expérience. C'est cela, le vin nouveau de Cana ! Il est la première phase du dévoilement du monde divin. Dieu demeure pourtant caché, puisque le premier signe n'est pas encore « l'heure » du plein dévoilement de Jésus, mais il commence à se faire sentir cependant à l'âme, et de quelle manière ! Les six jarres représentent donc une attitude religieuse en attente de réalisation, comme l'Ancien Testament est tendu vers les mises en œuvre du Nouveau Testament. Le travail de préparation évangélique de Jean-Baptiste met aussi en pleine lumière cette attente de réalisation. Il y a en effet une transformation qualitative comparable entre l'eau et le vin de Cana, d'une part, et entre les deux baptêmes, d'autre part : passage du baptême dans l'eau, qu'administrait Jean-Baptiste, au baptême dans l'Esprit Saint, que communiquera Jésus Christ.

La proclamation de Jean-Baptiste

La quantité énorme de vin fait écho au thème des noces royales. Le total représente environ 700 litres, nous précise Jean. Contrairement à Jean-Baptiste, l'ami de l'époux de cette noce de campagne ignore la provenance, et donc la nature, de ce vin exceptionnel. Ce vin nouveau engendre une ivresse inédite. L'âme ressent soudainement les effluves de la philanthropie divine. Devenir l'ami de Dieu, comme l'était Jean-Baptiste, semble désormais une chose possible. Mais pour cela, il faut devenir le disciple de Jésus, et un disciple parfait.

Les récits du premier signe nous décrivent l'appel des premiers disciples du Christ. La vocation de Jean-Baptiste était de « préparer les chemins du Seigneur », affirme-t-il lui-même. C'est donc auprès de Jean que Jésus vient logiquement chercher ses premiers disciples. Il confirme ainsi du même coup l'autorité prophétique du Baptiste, commençant son propre ministère public là où Jean achève le sien. La manifestation publique de Jésus implique forcément la fin du ministère de Jean. Cette fin se réalise progressivement au long du premier signe, à l'issue duquel Jean-Baptiste conclut, à propos du ministère de Jésus, qui s'était mis lui aussi à baptiser les foules au bord du Jourdain: «Il faut qu'il grandisse, et que moi je diminue» (Jn 3,30).

Jean-Baptiste avait suscité un enthousiasme religieux autour de lui. Il était devenu à ce titre un maître spirituel. Mais il était plus encore: il était un prophète annonçant la plénitude des temps! Il ne prêchait pas dans les villes; il prêchait dans le désert, et, pour l'entendre, c'est là qu'il fallait aller le trouver. Jean-Baptiste vivait dans le désert depuis sa jeunesse. Ce fait étrange exprime le fond de sa spiritualité, toute fondée sur un détachement effectif envers les valeurs du monde.

Dans son évangile, saint Jean définit le «monde» d'une manière religieuse. Il dépasse le sens neutre et général que revêt ordinairement ce terme, pour nous introduire dans une méditation profonde sur les enjeux du salut. Avec la venue de Jésus en notre histoire, lui qui est «la lumière du monde», apparaît au grand jour de la sagesse divine la nature véritable des ténèbres qui enserrent le monde. Dès le Prologue de son évangile, Jean déclare, à propos de l'incarnation du Verbe: «La Lumière luit dans les ténèbres, et les ténèbres ne l'ont pas saisie» (Jn 1,5).

Dans sa première épître, l'évangéliste approfondit la notion de «monde». Pour lui, le monde se définit autour des trois concupiscences: «Car tout ce qui est dans le monde – la concupiscence de la chair, la concupiscence des yeux et l'orgueil de la vie – ne vient point du Père, mais du monde» (1 Jn 2,16). Ces trois convoitises sont trois grandes forces de désir, aptes à mouvoir la volonté humaine de façon autonome, c'est-à-dire en dehors de Dieu. Elles permettent au «monde» d'engendrer une dynamique interne, une vie... Et cette dynamique est en quelque sorte la vie du monde en dehors de la lumière.

Les trois concupiscences sont relatives aux trois dimensions de notre être: physique, psychologique et spirituelle. La concupiscence de la chair représente les divers «appétits» émanant du corps humain: la nourriture, la sexualité; la concupiscence des yeux est liée à l'imagination: à ce titre, tous les objets matériels ou les êtres peuvent être convoités; enfin, la dernière concupiscence, appelée «orgueil de la vie», se situe sur le plan du pouvoir et de l'affirmation de soi. Quand Dieu fait irruption dans la vie d'un homme, il réordonne ces trois désirs vers lui.

Définir le monde à partir des trois concupiscences, c'est montrer le caractère irréductible des ténèbres. Car, en réordonnant vers lui, par l'amour, ces trois dimensions de l'homme, Dieu met fin au règne des ténèbres! Pour survivre, ce monde-là devra donc s'opposer au Christ jusqu'à la fin des temps! La royauté ne se partage pas entre la lumière et les ténèbres: ou l'on vit pour soi-même et de soi-même; ou l'on vit de Dieu et pour Dieu. La neutralité n'est pas possible!

Telle est la toile de fond de la spiritualité du détachement du monde selon Jean-Baptiste. Mais, tant que Jésus ne vient pas purifier l'âme, ce détachement n'est encore qu'une simple prise de distance, un vœu pieu. Cette spiritualité exprime cependant la disposition du croyant à laisser entrer Dieu dans son cœur. Et cette détermination est essentielle pour Jésus: «Voici, je me tiens à la porte et je frappe; si quelqu'un entend ma voix et ouvre la porte, j'entrerai chez lui» (Ap 3,20).

Jean n'insiste pas sur la remise en ordre de la vie morale que le Baptiste préconisait à ceux qui venaient le trouver. On sait, par les Synoptiques, que la conversion à laquelle Jean-Baptiste appelait ses auditeurs passait par une morale concrète et exigeante, celle des commandements de Moïse: au peuple en général, il enseignait le partage fraternel avec ceux qui étaient plus démunis; aux collecteurs des taxes, il demandait de limiter leurs collectes à ce qui leur était prescrit par les autorités; aux soldats, il demandait de ne pas être brutal et de ne pas voler (voir Lc 3,10-14). Mais pour le quatrième évangéliste, c'est la dimension contemplative de Jean-Baptiste qui est vraiment importante. Car il est celui qui montre «l'Agneau de Dieu», et qui le nomme par son nom: «l'Époux»!

Jean-Baptiste répond aux prêtres venus l'interroger: «Je suis la voix de celui qui crie dans le désert: ‹Rendez droit le chemin du Seigneur› (*cf.* Is 40,3), comme a dit Isaïe, le prophète» (Jn 1,23). Le premier qui cria dans le désert, c'est Moïse. C'est là qu'il obtint pour les Hébreux la loi, c'est-à-dire une nouvelle connaissance de Dieu, de Celui qui les avait fait sortir de l'Égypte, de cette terre où Dieu n'est pas connu. Mais Jean-Baptiste, lui, se réfère explicitement à Isaïe, dont voici la suite de la proclamation (du cri): «Alors, la gloire de Dieu sera révélée, et au même instant toute chair la verra, car la bouche de Dieu a parlé» (Is 40,5). C'est le grand message d'espoir du Nouveau Testament: voir Dieu ici-bas, tandis qu'au désert Moïse était seul à pouvoir le faire. Isaïe ne faisait que prophétiser la venue de Jean: «Une voix crie: ‹Préparez...›» Or, Jean-Baptiste déclare explicitement être cette voix!

Mais qu'est cette voix sans visage? Il aurait pu dire: «Je suis celui qui crie...» De plus, il utilise le verbe «crier», au lieu du verbe «parler». Ce n'est pas une voix qui enseigne; c'est plutôt une voix qui avertit, une voix qui convoque. Le cri est l'expression d'une hâte, d'une imminence. Voici donc deux termes, la «voix» et le «cri», qui se rapportent à quelque chose de fondamental dans la mission du Baptiste. En proclamant la présence du Messie dans le monde, il livrait au grand jour la joie qui faisait brûler son cœur de mystique; et il savait faire partager cette ivresse spirituelle à ceux qui venaient l'écouter. Il leur faisait découvrir que tous désormais pouvaient devenir des amis de Dieu!

L'annonce prophétique de Jean-Baptiste va très loin. Aux pharisiens venus l'interroger sur le fondement de son autorité, il répond: «Moi, je baptise dans l'eau. Au milieu de vous se tient quelqu'un que vous ne connaissez pas, celui qui vient derrière moi, dont je ne suis pas digne de dénouer la courroie de sandale» (Jn 1,26-27). Il les renvoie directement à celui qui est la source et l'origine de son autorité prophétique. Jean-Baptiste, qui parle ici de la question de «l'autorité» religieuse, n'évoque pas la figure royale de Jésus, mais celle de l'Époux.

À cette époque, l'époux avait l'autorité dans une maison, mais il ne s'agissait pas seulement d'une autorité de droit : il s'agissait aussi d'une autorité d'amour ! C'est par une allusion au rite de la sandale que Jean propose aux pharisiens de méditer sur l'essence de l'autorité religieuse.

Il s'agit d'un rite matrimonial qui consiste à déterminer qui est l'époux de droit. N'est-ce pas justement ce que Jean-Baptiste répondra un peu plus tard à ses propres disciples : « Qui a l'épouse est l'époux ; mais l'ami de l'époux, qui se tient là et qui l'entend, est ravi de joie à la voix de l'époux. Telle est ma joie, et elle est complète » (Jn 3,29) ? Le rite de la sandale a pour toile de fond le veuvage d'une belle-sœur restée sans enfant de son mari. Le frère du défunt doit normalement donner une descendance à son frère en la prenant pour femme. Il s'agit du lévirat décrit en Dt 25,5-10. Mais l'homme demeure libre d'accepter ou de refuser. S'il refuse, en présence des anciens, elle lui « ôtera sa sandale du pied, lui crachera au visage et prononcera ces paroles : ‹ Ainsi fait-on à l'homme qui ne relève pas la maison de son frère › » (Dt 25,9). Mais souvent, il y a plusieurs frères. En ce cas, le rite de la sandale s'applique à celui qui a la préséance, c'est-à-dire le « droit ». On en trouve un exemple typique dans le livre de Ruth (Rt 4,1-12). L'homme « ayant droit » d'acquérir Ruth et ses biens fut consulté par Booz, qui ne venait qu'en seconde position, afin d'accepter son droit matrimonial, ou de le lui céder. C'est la seconde solution qu'il choisit, et qu'il exprima officiellement par le rite de la sandale : « Celui qui avait droit de rachat dit donc à Booz : ‹ Fais l'acquisition pour toi-même ›, et il retira sa sandale » (Rt 4,8). Dans la bouche de Jean-Baptiste, cette référence au rite de la sandale se comprend de la sorte : je ne peux pas prétendre au titre d'Époux (de Messie), car celui qui vient derrière moi a la préséance. Lui seul est l'Époux du peuple des croyants, et c'est pourquoi je ne peux pas dénouer sa sandale pour la lui prendre. Je ne suis que celui qui vient annoncer sa venue. Or, ce Messie qui seul peut prétendre au titre d'Époux des âmes est aussi celui que les Juifs « ne connaissent pas ». Il y a là une invitation à se préparer à un important dépassement religieux. Mais à ce stade, le croyant du premier signe doit attendre que Jean-Baptiste lui montre plus clairement qui est l'Époux.

L'appel des premiers disciples

Les premiers disciples de Jésus attendaient avec ferveur le dévoilement du Messie. Il s'agit d'André, qui est nommé, et de Jean, qui, comme à son habitude, ne se nomme pas lui-même directement, sinon sous le titre du «disciple que Jésus aimait». De même qu'André va prévenir son frère Pierre, Jean fit de même avec Jacques. André et Jean suivirent donc Jésus en fin d'après-midi, et ils virent où il «demeurait». Ce verbe n'évoque pas seulement le lieu matériel de la résidence de Jésus, mais bien plus le lieu spirituel: Jésus demeure réellement en Dieu, étant Dieu lui-même! Ils reçurent donc tous deux ce soir-là le premier enseignement du «Maître». Ils comprirent qu'il était bien le Messie, comme Jean-Baptiste le leur avait dit. Ils allaient bientôt le découvrir plus explicitement à Cana.

André vient annoncer la grande nouvelle à Pierre: «Nous avons trouvé le Messie.» Le verbe «trouver» sous-entend le verbe «chercher». La famille d'André et de Pierre est comme celle de Jacques et de Jean: on y est habité d'une grande attente religieuse. C'est ce que Jésus met en relief en changeant le nom de Simon: «Tu es Simon, le fils de Jean; tu t'appelleras Céphas - ce qui veut dire Pierre» (Jn 1,42). C'est toute la vocation de Pierre que Jésus lui révèle de façon encore mystérieuse. Ce fait nous montre aussi comment Jésus regarde les croyants en général: ils sont des enfants du Père, ils ont une histoire qui doit s'accomplir au sein de la volonté divine, et grâce à cela, ils ne sont pas des êtres anonymes. Ici, c'est comme si Jésus donnait vie à Pierre d'une façon nouvelle, lui conférant en quelque sorte une nouvelle naissance. À la différence des Synoptiques, Jean ne dit rien à propos de l'origine sociale des premiers disciples. Leur appel n'a pas lieu sur leur lieu de travail, c'est-à-dire au bord du lac de Tibériade, puisqu'ils étaient des pêcheurs. Saint Jean veut se situer d'emblée d'un point de vue universel de la vocation chrétienne. C'est la ferveur qui qualifie les premiers disciples, et non leur métier. Cela ne signifie évidemment pas que l'appel ne se s'est pas déroulé au bord du lac. Mais Jean préfère insister sur les motivations des disciples, tandis que les récits des Synoptiques insistent sur la puissance de fascination exercée par le Seigneur. C'est dans ce milieu simple, mais fervent, que Jésus recruta ses premiers disciples. Le dialogue avec Nathanaël nous permet de mieux comprendre le cœur de ces hommes.

Après avoir été appelé directement par le Seigneur, Philippe rencontre Nathanaël et l'invite à voir Jésus, le Messie. Aux doutes de ce dernier, Philippe reprend les paroles de Jésus à André et à Jean : « Viens et vois. » On ne peut en rester, en ce qui concerne la foi, au simple témoignage de la tradition, aussi précieux soit-il. Il faut systématiquement le complément de l'expérience. C'est là la condition *sine qua non* d'un véritable discernement. Autrement, on reste dans le domaine de l'acquis et l'on répète avec impuissance, comme Nathanaël : « De Nazareth, peut-il sortir quelque chose de bon ? » Telle fut la grande surprise de la révélation messianique de Jésus, que d'être allé cacher sa naissance à Bethléem, en vivant en un autre lieu, Nazareth, sans que cela fût mentionné chez les prophètes. Il invitait ainsi les hommes à un approfondissement de la foi.

Oui, Jésus s'est longtemps tenu caché dans le monde avant de se montrer au grand jour. Mais il a bien écouté le cœur des hommes pendant ce temps. Il sait où Nathanaël se tient existentiellement : « Avant que Philippe t'appelât, quand tu étais sous le figuier, je t'ai vu » (Jn 1,48). Dans la bouche de Jésus, « voir » quelqu'un, c'est le connaître intimement. Que dévoile-t-il donc à Nathanaël ? Il lui déclare connaître l'attente profonde de son cœur !

Le figuier est le symbole de la sagesse religieuse d'Israël. Il est un lieu de repos, et donc aussi un lieu privilégié pour une méditation solitaire. Nathanaël (nom qui signifie littéralement «Dieu donne») est donc un sage qui scrute avec désir les Écritures. Et qui pourrait savoir où il se trouve (sous le figuier), sinon Dieu seul? Se tenir sous le figuier, c'est se tenir sous son ombre. L'ombre de la sagesse est rafraîchissante en ce monde; elle est consolante, elle est réparatrice. Cette ombre ne vaut certes en rien celle du Très-Haut (l'Esprit Saint), mais elle est un refuge, un lieu de désir. C'est là que Nathanaël attend Dieu. Son attente n'est cependant pas passive. À l'invitation de Philippe, et malgré son scepticisme, il s'est mis en route. «Jésus vit Nathanaël venir vers lui» (Jn 1,47). Il faut regarder Nathanaël avec les yeux perçants de Jésus! Car c'est bien dans le contexte de cette démarche religieuse que le Seigneur le regarde: une âme en état de recherche. Voilà l'objectivité qu'attend Dieu: «Voici vraiment un Israélite sans détour», s'écrie Jésus. Et Nathanaël comprend qu'il est en présence de quelqu'un qui le connaît intimement. Du reste, sa réponse est très étonnante, éminemment nourrie de ses méditations bibliques: «Rabbi, tu es le Fils de Dieu, tu es le roi d'Israël.» Philippe n'avait donné aucun titre messianique concernant Jésus. Ces deux titres sont formulés proprement par Nathanaël. Le titre de «roi d'Israël» est classique, mais celui de «Fils de Dieu» l'est bien moins; et c'est celui qu'il met en premier, respectant ainsi la priorité de la «nature» du Messie, par rapport à sa «mission». La plupart des Juifs de son temps n'avaient pas médité la nature du Messie, ne s'intéressant qu'aux avantages de son action. Nathanaël, lui, désirait entrer dans le mystère même de Dieu!

«En vérité, en vérité, je vous le dis, vous verrez le ciel ouvert et les anges de Dieu monter et descendre au-dessus du Fils de l'homme.» Jésus semble renchérir sur l'espérance de Nathanaël. Il fait référence à l'échelle céleste parcourue par les anges, que le patriarche Jacob avait vue en rêve (Gn 28,10-17): «Que ce lieu est redoutable! Ce n'est rien de moins qu'une maison de Dieu, et la porte du Ciel ! » s'était-il alors écrié en se réveillant. Jacob avait nommé ce lieu « Béthel », qui signifie littéralement « la maison de Dieu ». Or, quand Jésus s'identifie à cette « maison de Dieu » et à cette « porte du Ciel », il s'identifie déjà au véritable Temple, et au véritable culte qu'il est venu instaurer sur la terre. Mais il s'identifie aussi au porteur de la promesse. Jacob, en effet, fit ce songe juste après avoir reçu la bénédiction de son père, Isaac. À la suite de la vision de l'échelle et des anges, Dieu lui apparut et lui expliqua les termes de la promesse. C'était pour Jacob la première manifestation de Yahvé. Il devenait pour Dieu comme un « fils » ! Jésus n'entend donc pas seulement la montée et la descente des anges au-dessus de lui comme une prophétie des divers miracles qu'il accomplira ; il entend également le dévoilement de son identité de Fils du Père. C'est tout cela que verra Nathanaël.

Pour l'instant, c'est le vin nouveau de Cana qu'il distille dans le cœur de ses premiers disciples. Un vin qui ne fait qu'accroître leur ferveur ! L'âme du croyant s'ouvre à cette dimension nouvelle où Dieu descend et où l'âme s'élève au-dessus de l'espace matériel clos. L'émerveillement des disciples sera l'accomplissement de la vision de Jacob, c'est-à-dire la possibilité réelle de rencontrer Dieu ici-bas, et un renouvellement de leur vision du monde. Voilà le couronnement de l'attente de Nathanaël, qui devait bien rêver de cette porte céleste sous le figuier.

L'étape de la ferveur première

En hébreu, le verbe *qana* signifie : « être fervent », « avoir du zèle ». Il ne s'agit pas d'une coïncidence si l'étymologie de Cana s'accorde aussi exactement avec l'œuvre de Jésus en ce premier signe. L'hébreu est en effet une langue concrète. Les noms des personnes, comme ceux des lieux, expriment une qualité propre qui les définit. Ainsi, Cana est le lieu de la ferveur et du zèle !

C'est à la lumière de ce thème d'une ferveur zélée qu'il faut comprendre l'épisode de la purification du temple, qui suit immédiatement l'épisode des noces de Cana.

Il trouva dans le temple les vendeurs de bœufs, de brebis, de colombes, et les changeurs assis. Se faisant un fouet de cordes, il les chassa tous du temple, et les brebis et les bœufs; il répandit la monnaie des changeurs et renversa leurs tables, et aux vendeurs de colombes il dit: «Enlevez cela d'ici. Ne faites pas de la maison de mon Père une maison de commerce.» Ses disciples se rappelèrent qu'il est écrit: «Le zèle pour ta maison me dévorera» (Jn 2,14-17).

Dans le contexte d'un itinéraire de foi, il y a une continuité logique entre Cana et la purification du temple par Jésus. Il suffit de s'entretenir avec de nouveaux convertis, ceux qui sont encore dans l'ivresse des grâces de Cana, pour s'en convaincre. Très vite, la conversation porte sur l'Église. Illuminés par la nouveauté de la foi, ils ne comprennent pas certaines lourdeurs administratives, le manque de ferveur ou de gratuité des consacrés, la relativisation du domaine spirituel au profit de simples problèmes d'organisation. Le converti de Cana est dévoré par le zèle religieux!

La purification du temple est donc une étape nécessaire de la foi. Au sortir des noces, Jésus nous entraîne à sa suite dans «la maison de son Père» parmi les hommes. Le temple, c'est la prière, l'adoration; mais c'est aussi l'examen de conscience, le nettoyage de l'âme de tout ce qui n'est pas divin. L'âme appelée par Dieu ne peut plus se résoudre au compromis; elle aspire, comme l'épouse du Cantique des Cantiques, à la pureté de l'amour. C'est ce qu'évoque le «zèle» de Jésus, que saint Thomas d'Aquin, dans son commentaire de Jean, interprète comme une jalousie de l'amour: «On est ‹zélé› pour

Dieu quand on ne peut supporter sans impatience rien qui soit contraire à l'honneur de Dieu, qu'on aime à l'extrême[3]... »

Tant de gens se rendaient au temple de Jérusalem à l'occasion des diverses fêtes religieuses de l'année ! Saint Luc nous a transmis le souvenir d'un des pèlerinages de la Sainte Famille, à l'occasion de la Pâque, lorsque Jésus avait 12 ans (Lc 2,41-50). Sa conversation avec les docteurs de la loi montre que le temple avait une fonction d'enseignement. Cependant, il assurait surtout une fonction rituelle. La prière des fidèles n'était pas forcément « mécanique » ; elle ne consistait pas seulement en des sacrifices extérieurs. On peut se rappeler l'exemple d'Anne, l'épouse d'Elqana, qui était stérile et fort affligée de son état. Son mari l'emmenait tous les ans au temple de Silo. Mais c'était pour elle une terrible épreuve, car l'autre femme de son mari la tourmentait à cette occasion. Anne vivait sa stérilité comme un reproche de Dieu lui-même ! Dans l'épisode qui nous intéresse, l'auteur sacré nous livre le contenu de sa prière toute simple : « Dans l'amertume de son âme, elle pria Dieu et elle pleura beaucoup. Elle fit ce vœu : ‹ Ô Yahvé Sabaot ! Si tu voulais considérer la misère de ta servante, te souvenir de moi, ne pas oublier ta servante et lui donner un petit d'homme, alors je le donnerai à Dieu pour toute sa vie › » (1 S 1,10-11). C'est là une prière que Dieu ne repousse jamais : ne rien souhaiter seulement pour soi, mais vouloir aussi pour lui ! Anne fut exaucée : elle eut un fils, Samuel, qui devint un des plus grands prophètes d'Israël. Cet exemple nous montre la vocation du temple à l'époque du Christ. Il n'était pas destiné à être un lieu d'adoration froide et formelle, mais il était déjà un haut lieu d'amour de la créature pour son Créateur, et réciproquement. Pourtant, la manière dont le clergé de l'époque du Christ gérait le temple de Jérusalem était devenue un obstacle à l'épanchement du cœur des fidèles.

---

3. Saint Thomas d'Aquin, *Commentaire sur l'évangile de saint Jean,* vol. 1, Rimont, 1977, p. 363.

Quel est donc ce «commerce» dans le temple qui scandalise Jésus? Il s'agit des vendeurs d'animaux (bœufs, brebis et colombes) et des changeurs de monnaie. Pourquoi se trouvent-ils dans le temple? Pour vendre aux pèlerins venus de loin les animaux à offrir en sacrifice au culte du Seigneur. On comprend bien qu'il n'était pas aisé de se rendre à Jérusalem avec les animaux nécessaires aux sacrifices. C'est pourquoi mettre des animaux à la disposition des pèlerins, en échange d'un montant correspondant à ceux du marché, constituait une sorte de «service public». Mais les grands prêtres avaient manifestement prévu une marge bénéficiaire supérieure. C'est ce que manifeste la présence des marchands dans l'enceinte du temple (au lieu de laisser les marchands s'organiser eux-mêmes à l'extérieur de la ville): une taxe était sans doute prélevée sur chaque vente. De plus, ils avaient instauré une monnaie cultuelle, nécessaire pour tout achat dans le temple, ce qui leur permettait évidemment de varier le taux de change à leur gré. C'était bien du commerce à l'état pur!

Le commerce, en dehors de la seule recherche de bénéfice, est une véritable mentalité. Le terme latin *commercium* sert à désigner les activités commerciales en général, mais aussi les relations sociales; c'est ce dernier sens qu'il ne faut pas perdre de vue pour comprendre la réaction scandalisée de Jésus. Commercer avec quelqu'un, c'est communiquer avec lui. Bibliquement, il existe une méfiance religieuse envers les sociétés commerçantes. C'est bien sûr le cas de Babylone, dans le texte de l'Apocalypse, qui sera châtiée «parce que toutes les nations ont bu du vin de la fureur de son impudicité, et que les rois de la terre se sont livrés avec elle à l'impudicité, et que les marchands de la terre se sont enrichis par la puissance de son luxe» (Ap 18,3). Ce texte pointe sur autre chose que le simple bénéfice. Il dénonce une complicité généralisée: celle des peuples, des rois qui les gouvernent et des marchands qui organisent le nouveau culte, dont ils deviennent les nouveaux prêtres dans ce type de société.

Le commerce, bibliquement, c'est la codification des relations humaines par la norme de l'échange et de l'utilité réciproque; une codification qui risque d'exclure cette «gratuité» si évangélique dont les hommes ont besoin pour vivre «spirituellement». La gratuité est le propre de la vocation de l'homme créé par Dieu. Elle est le milieu vital de la vérité et de l'amour! La logique mercantile du donnant-donnant est plutôt le domaine de la vie psychologique pure. L'homme, en tant qu'«animal relationnel», a besoin des autres pour la satisfaction de ses désirs. Et comme personne ne possède tout ce qui lui est nécessaire pour nourrir sa vie affective, alors la complémentarité devient un marchandage du type: j'ai besoin de toi et, en échange, je te donnerai ce dont tu as besoin toi-même. Ce marchandage est certes normal, psychologiquement, mais il devient nocif quand il règle la totalité des relations interpersonnelles. C'est ainsi que le commerce, dans le livre de l'Apocalypse, est d'abord amplifié, puis érigé par le Dragon au rang de religion: «Nul ne pourra rien acheter ni vendre, s'il n'est marqué au nom de la Bête, ou au chiffre de son nom» (Ap 13,17).

Le temple est par excellence le domaine du sacerdoce. Ce sont les prêtres qui sont les responsables du temple; et pour son fonctionnement, ils sont aidés par les lévites. Il est intéressant de regarder l'évolution du sacerdoce dans l'Ancien Testament pour comprendre la teneur du culte qu'on y célébrait à l'époque du Christ. Le livre du Deutéronome (Dt 33,8-10) nous explique que le sacerdoce comporte trois fonctions: oraculaire, pédagogique et sacrificielle. La fonction oraculaire du prêtre fut la première à disparaître. Elle s'exerçait avec des «sorts sacrés», les *urim* et les *tummim,* auxquels on attribuait à chaque tirage une valeur conventionnelle de type «oui» ou «non». Les gens venaient ainsi interroger les prêtres lorsqu'ils devaient prendre des décisions[4]. Cela n'a pas

4. C'est ainsi que le roi Saül consulta un prêtre: «Si la faute est sur moi ou sur mon fils Jonathan, Yahvé, Dieu d'Israël, donne *urim*; si la faute est sur ton

dû être jugé très efficace, car on n'entend plus parler de l'usage des sorts sacrés dans la Bible après le règne de David (1000 av. J. C.). Les prêtres n'étaient pas des prophètes! L'efficacité d'une telle pratique exigeait en effet une foi irréprochable de la part du prêtre. On peut dire la même chose de la deuxième fonction sacerdotale, celle de l'enseignement de la Tora, qui faisait des prêtres des maîtres de la foi d'Israël. On constate qu'à partir de l'Exil (587 av. J. C.) l'enseignement de la Tora se pratique de moins en moins dans le temple, pour finir par être exclusivement dispensé dans les synagogues. Les nouveaux maîtres de la foi ne sont plus les prêtres, mais les scribes et les docteurs de la loi. Seule demeurait donc à l'époque de Jésus la troisième fonction sacerdotale: la fonction sacrificielle. Paradoxalement, cette fonction, dans les commencements de l'histoire d'Israël, n'était pas réservée au clergé. C'est progressivement, et surtout avec l'exclusivité du culte rendu à Jérusalem, que le clergé monopolisa finalement la fonction liée au sacrifice. Cette évolution nous fait comprendre que le clergé s'était appauvri par rapport à sa vocation originelle. La fonction oraculaire était liée à la prière, qui seule peut mettre un homme en relation avec Dieu. Ce n'est pas la fonction cléricale en elle-même qui communique la science de la direction des âmes. Car c'est bien de direction spirituelle qu'il s'agit ici: dire à chacun la volonté de Dieu sur lui. L'enseignement de la parole de Dieu était aussi une fonction très noble confiée au sacerdoce. La méditation de la Bible invite à l'adoration; elle redonne de la ferveur à la volonté et favorise l'expression d'une prière personnelle qui met l'âme en relation avec Dieu; elle éclaire enfin l'intelligence sur le discernement moral que la vie humaine requiert chaque jour. Renoncer à l'enseignement de la Tora, c'était se replier sur les rites à l'état pur. Pas étonnant que le clergé d'Israël n'ait pas su préserver l'esprit d'adoration dans le temple!

---

peuple Israël, donne *tummim*» (1 S 14,41). Saül énonce la convention, et le prêtre lance les sorts (on ne sait pas quelle forme ils avaient exactement).

Introduire le commerce dans le temple de Jérusalem, ce n'était pas seulement échanger des biens matériels ; c'était surtout instituer un ordre tout humain à la place du culte de Dieu. C'était transformer la gratuité de la foi (l'intention du croyant présidant à l'offrande du sacrifice) en un « commerce » avec Dieu : on ne regarde plus alors que la matière du sacrifice, et le résultat qu'on attend en échange. Ainsi, la logique surnaturelle de Dieu est remplacée par la logique des hommes ! Et de la sorte, on ne peut plus être éduqué par Dieu. Or, le rôle du temple, c'est d'abord la formation à l'adoration !

Dans un tel culte, Dieu n'a plus de place pour entrer personnellement « en relation » avec les hommes. La religion devient alors l'organisme de médiation à la fois incontournable et opaque. Avec la Samaritaine, Jésus insistera sur les conditions d'un culte renouvelé : « en esprit et en vérité » (Jn 4,23). En « esprit », parce que désormais sans médiation matérielle obligatoire ; en « vérité », parce que relatif à l'intention véritable du cœur de l'homme. Jésus veut nous faire comprendre combien l'adoration du temple est exemplaire. Elle ne peut donc pas être imparfaite, sous peine de ne plus remplir sa fonction de médiation entre Dieu et les hommes. Cette prise de conscience caractérise le premier signe de Cana. On ne doit plus confondre le plan humain (le domaine psychologique) et le plan divin (le domaine spirituel). Ces deux dimensions de l'homme doivent non pas s'exclure l'une l'autre, mais se respecter mutuellement. À Cana, Dieu dresse une échelle entre le Ciel et la terre, comme il l'avait montré en songe à Jacob, image de l'adoration véritable souhaitée par Jésus. Le vin nouveau de Cana communique un zèle de réformateur à celui qui le goûte !

Jean conclut le récit de la purification du temple par un avertissement :

Comme il était à Jérusalem durant la fête de la Pâque, beaucoup crurent en son nom, à la vue des signes qu'il faisait. Mais Jésus, lui, ne se fiait pas à eux, parce qu'il

les connaissait tous et qu'il n'avait pas besoin d'un témoignage sur l'homme: car lui-même connaissait ce qu'il y avait dans l'homme (Jn 2,23-25).

Cette remarque paraît de prime abord plutôt sévère. Les signes que Jésus accomplit attirent déjà à lui les foules; et n'est-ce pas suffisant en soi? Peut-on demander davantage dans les commencements? La remarque de saint Jean n'est pas amère. Elle est le constat d'un homme qui a déjà parcouru l'ensemble de l'itinéraire de la foi. Il veut faire comprendre à son lecteur que la progression vers Dieu implique d'être conscient et d'accepter que le chemin ne s'arrête pas à la remise en ordre du «temple intérieur» qu'est l'âme. En affirmant que «beaucoup crurent en son nom», Jean confirme la valeur authentique de la foi du croyant du premier signe. Mais en ajoutant que «Jésus ne se fiait pas à eux», il relativise aussi cette foi naissante, qui n'a pas encore été purifiée par les étapes à parcourir.

Augustin assimile ces nouveaux croyants aux catéchumènes, ceux qui sont en route vers le baptême, mais dont la foi est encore très imparfaite. C'est bien ce sens d'une foi trop humaine, encore fondée sur les signes et non sur le mystère divin lui-même, que cette réflexion sur Jésus vient souligner. De la sorte, les nouveaux croyants, ceux du premier signe, s'ils sont enthousiastes, doivent prendre garde de ne pas trop vite croire qu'ils sont dans la foi parfaite. La foi parfaite réclame un amour parfait, celui qui est le plus grand: «donner sa vie pour ses amis» (Jn 15,13).

Il y a quelque chose de grave dans la tonalité de cette remarque de Jean: Jésus savait de quoi est fait l'homme! Le récit de la Passion nous le dévoilera. L'abandon des disciples, le revirement de la foule qui l'avait pourtant acclamé comme roi, et qui réclamera sa mort... Mais cette conscience de Jésus est aussi cela même qui excuse les hommes: il n'attendait pas d'eux ce qu'ils ne pouvaient donner. Jean nous avertit que quelque chose en l'homme l'empêche de faire la vérité sur lui-même. Il faut donc savoir être humble en présence de Jésus, et se laisser conduire par lui pas à pas. L'entretien avec Nicodème vient apporter le développement qui semble manquer ici, en nous montrant la fragilité de la foi des « commençants ».

Les premiers enseignements du Seigneur

Le dialogue avec Nicodème nous dévoile le contenu des premiers enseignements de Jésus. Ils correspondent aux premières interrogations d'une âme découvrant Dieu. Nicodème formule une des premières confessions de foi de l'évangile : « Rabbi, nous le savons, tu viens de la part de Dieu comme un Maître » (Jn 3,2). Sa confession est encore très imparfaite, ce qui est normal dans les commencements de l'itinéraire de la foi, mais elle est suffisante pour permettre à Jésus d'aller plus loin.

> ***« En vérité, en vérité, je te le dis, à moins de naître d'eau et d'Esprit, nul ne peut entrer dans le royaume de Dieu. Ce qui est né de la chair est chair, ce qui est né de l'Esprit est esprit. Ne t'étonne pas, si je t'ai dit : il vous faut naître d'en haut »*** (Jn 3,5-7).

Ce dialogue éclaire les motifs pour lesquels Jésus a chassé les vendeurs du temple. Naître d'eau et d'Esprit, c'est naître d'en haut ! Voilà qui semble très mystérieux pour nous, les hommes, qui attendons spontanément que ce royaume de Dieu se manifeste de lui-même, sans que nous ayons de quelque façon que ce soit à intervenir. Mais la foi est une nouvelle naissance qui requiert notre pleine participation !

L'eau et l'Esprit évoquent le baptême que l'Église administre au nom du Christ. Mais saint Jean nous précise que le chemin de la transformation intérieure est plus long que nous le croyons. Cette transformation commence par une purification, l'âme étant par l'eau nettoyée de ses attachements trop humains ; elle se poursuit avec l'embrasement de l'âme par l'Esprit de Dieu. Ces deux aspects du baptême correspondraient-ils aux deux premiers cycles de l'itinéraire de foi dessiné par Jean dans son évangile? Cela se pourrait bien. Les trois premiers signes s'attachent à mettre l'âme en état de marche: c'est une purification. Les trois signes suivants nous décrivent cette marche derrière le Seigneur: c'est une illumination. Le mérite de la correspondance soulignée ici est de montrer combien Dieu, dans sa providence, demeure en une cohérence parfaite.

Naître d'en haut, ce n'est pas naître de la chair, comme l'objecte Nicodème, car «ce qui est né de la chair est chair», et non pas esprit. Or, l'adoration est une opération de l'esprit. On n'adore pas avec la «chair». Le Seigneur invite le croyant du premier signe à méditer sérieusement sur cette vérité, comme il l'avait fait en chassant les marchands du temple. L'apôtre Paul, quant à lui, va jusqu'à opposer de façon irréductible la chair et l'esprit: «Car la chair a des désirs contraires à ceux de l'esprit, et l'esprit en a de contraires à ceux de la chair; ils sont opposés l'un à l'autre» (Ga 5,17). La mise en garde est encore plus nette!

Dans la suite du dialogue, Jésus met en relation le royaume de Dieu et la vie éternelle. L'éternité, c'est ce qui demeure, ce qui a de la consistance; le temps, c'est ce qui passe, ce qui est fluide. Pourtant, l'accès au royaume de Dieu est surveillé. Pour y entrer, il faut accueillir dès ici-bas cet «en haut» que Jésus nous propose. Dans le premier cycle, cet «en haut» est encore seulement une perspective générale de la foi, qu'il faut apprendre à accepter et à désirer de tout son cœur. Le don plus effectif de l'«en haut» à l'âme se réalise durant le deuxième cycle.

Le premier signe de Cana est un temps d'appel et de préparation. Le vin nouveau des noces génère dans le cœur de l'homme une joie inédite, en même temps qu'une humilité indispensable. Jean-Baptiste était un homme humble. Sa mission était de rendre les hommes attentifs au dévoilement du mystère de la foi: «Moi, je baptise dans l'eau. Au milieu de vous se tient quelqu'un que vous ne connaissez pas, celui qui vient derrière moi, dont je ne suis pas digne de dénouer la courroie de la sandale» (Jn 1,26-27); «Il faut qu'il croisse, et que je diminue» (Jn 3,30). Jésus demande à Nicodème la même humilité pour entrer dans le mystère. Nicodème en effet, notable parmi les juifs, c'est-à-dire homme important aux yeux des hommes, se trouve, face à Jésus, dans la situation d'un homme ignorant! D'ailleurs, le Seigneur l'humilie positivement en se moquant de lui: «Tu es maître en Israël, et ces choses-là, tu ne les saisis pas?» Cette humiliation est d'amour: elle est un moyen pour permettre à Nicodème de prendre l'attitude juste en présence de Dieu. Car l'enjeu de la foi ne se résume pas à l'acquisition d'un banal surcroît de sagesse religieuse. Il s'agit d'une effusion de la sagesse même du Père! Et pour bien détacher Nicodème de son assurance de notable et de pharisien, Jésus lui parle du mystère de la croix:

> ***«Comme Moïse éleva le serpent dans le désert, ainsi faut-il que soit élevé le Fils de l'homme, afin que quiconque croit ait par lui la vie éternelle. Car Dieu a tant aimé le monde qu'il a donné son Fils unique, afin que quiconque croit en lui ne se perde pas, mais ait la vie éternelle.»***

Ce rapprochement du serpent d'airain avec la Passion est à première vue très étrange. Bien sûr, il y a une idée d'élévation, soulignée par Jésus. Mais que penser de la suite? Quelle relation existe-t-il entre Jésus et le serpent? En tant que symbole du mal, le serpent sera vaincu par Jésus sur la croix. Cela est l'enjeu de la rédemption. Naître d'en haut, c'est échapper au serpent rampant! Mais le symbolisme du serpent d'airain ne s'arrête pas là.

Jésus se réfère ici à un épisode de la marche de 40 ans des Hébreux au désert, qui se situe peu de temps avant l'entrée dans la Terre promise. Le peuple récrimina contre Dieu à cause de la dureté du désert, du manque d'eau et de la monotonie d'une nourriture invariable (la manne). Le texte des Nombres nous dit qu'alors Dieu envoya contre eux les «serpents brûlants», c'est-à-dire des serpents très venimeux, qui firent mourir beaucoup de personnes (Nb 21,4-9). À la demande du peuple, Dieu ordonna à Moïse de forger un serpent d'airain qu'il suspendit à un mât, de sorte qu'on était sauvé de la mort quand on regardait le serpent de bronze. Voilà un remède très étonnant! Pour le comprendre, il faut se souvenir de l'entrevue qu'eurent Moïse et Aaron avec le pharaon, afin d'obtenir la liberté du peuple hébreu. Dieu leur avait recommandé: «Si Pharaon vous dit d'accomplir un prodige, tu diras à Aaron: ‹Prends ton bâton, jette-le devant Pharaon, et qu'il se change en serpent›» (Ex 7,9). C'est ce qui arriva. Le pharaon convoqua alors les sages et les enchanteurs d'Égypte, qui firent de même. Mais il advint cette chose étrange, que le serpent de Moïse dévora tous les autres! Le serpent est ainsi utilisé aussi bien par Moïse que par les mages égyptiens. Il n'est donc pas ici en soi un symbole du mal. Et en effet, le serpent peut être également un symbole de sagesse. Même dans le récit de la Genèse, où il est alors le Tentateur qui séduit Ève, il reste qualifié par son intelligence: «Le serpent était le plus rusé de tous les animaux des champs» (Gn 3,1). Les sages et les enchanteurs qui entourent le pharaon sont les représentants des valeurs de l'Égypte, de sa «sagesse»; tandis que Moïse et Aaron sont les porte-parole de la sagesse de Dieu. Le combat des serpents évoque une confrontation de ces valeurs, au cours de laquelle la sagesse religieuse de Moïse se démontre supérieure à celle des Égyptiens. Si l'on applique ce symbolisme de sagesse à l'épisode des serpents brûlants dans le désert, alors ces serpents qui blessaient mortellement les Hébreux représentent les valeurs du monde, qui font mourir les âmes des croyants. Le poison qu'ils communiquent est d'ordre spirituel. C'est un poison qui tue la foi; ce sont des doctrines qui empêchent d'accéder à la vérité.

Jésus utilise la situation des Hébreux dans le désert au temps de Moïse pour expliquer à Nicodème la position dans laquelle se trouvent les hommes ici-bas. Le monde est ce désert peuplé de serpents venimeux. Il n'est pas possible d'en éviter les morsures, mais on peut obtenir de Dieu un antidote à leur venin. De même que les serpents obtinrent d'atteindre les Hébreux à cause de leur «murmure», de même les croyants ne sont pas préservés de l'influence des doctrines mauvaises qui remplissent le monde, parce que leurs cœurs ne sont pas purs. Il s'agit d'une vision religieuse globale du monde. Pour Jésus, le monde ne saurait être un milieu vital pour les croyants. La vie est difficile au désert! Le monde propage un venin qui transforme les hommes en esclaves du «prince du monde». Ils partagent dès lors la malédiction adressée par Dieu au serpent après la chute originelle: «Tu marcheras sur ton ventre et tu mangeras de la terre tous les jours de ta vie» (Gn 3,14). Le langage est ici symbolique: il signifie que le serpent ne peut vivre que de «l'en bas»; il ne se nourrit que des choses de la terre, et non de celles du Ciel. Et tel est le poison qu'il communique aux âmes. Or, les hommes sont faits pour vivre des valeurs d'en haut, et donc de la foi. Seule la foi peut communiquer la vie à l'âme humaine.

Nicodème a besoin de ce rappel. Il est trop confiant dans la foi d'Israël, dont il est l'un des responsables. L'épisode de la purification du temple a montré comment l'esprit du monde pouvait entrer dans le sanctuaire lui-même. C'est pourquoi Jésus l'invite à méditer profondément sur les conditions nécessaires à un salut efficace. Il faut croire en Jésus, parce qu'il est l'envoyé du Père. Et le signe de reconnaissance qu'il nous donne est cette mystérieuse élévation du Fils de l'homme. Il ne s'agit pas seulement d'une élévation physique, faisant uniquement référence aux souffrances du Seigneur lors de sa Passion; il s'agit d'une «intronisation», c'est-à-dire de la reconnaissance de sa royauté d'amour et de vérité! C'est ce que comprend saint Jean au pied de la croix, se souvenant alors d'une prophétie de Zacharie (Za 12,10): «Ils regarderont celui qu'ils ont transpercé» (Jn 19,37). La Passion est annoncée comme une bonne nouvelle: par la croix, Jésus communiquera au croyant une sagesse d'en haut qui donnera la vie à son âme. Le serpent d'airain est l'étendard de la sagesse de la croix !

L'entretien de Jésus avec Nicodème sert de catéchèse au croyant du premier signe. Il s'agit d'une annonce globale de la foi. La Passion y est déjà affirmée comme perspective nécessaire au plein développement de la foi. Elle est certes révélée de façon voilée, car le croyant du premier signe ne peut pas en vivre les exigences. C'est seulement au septième signe que la participation du croyant au mystère de la Passion est requise. Mais il est intéressant de voir que, dès les premiers pas dans la foi, c'est à la lumière de la Passion que Jésus corrige les attentes messianiques de son temps. L'accès à la vie éternelle en dépend !

Conclusion

Saint Jean a rédigé son évangile pour permettre à ceux qui le liraient de parcourir comme lui l'itinéraire de la foi dans sa totalité. Le premier signe ouvre cette marche spirituelle pour le croyant.

Lorsque Jean-Baptiste adresse cet avertissement aux pharisiens venus le trouver : « Au milieu de vous se tient quelqu'un que vous ne connaissez pas », c'est l'auteur du quatrième évangile qui dit à son lecteur ou à son auditeur : « Dans ta vie est déjà présent le Seigneur, mais tu ne le sais pas encore vraiment ; pars à sa recherche. » Bien sûr, c'est l'Esprit Saint qui ouvre l'oreille du croyant à cette bonne nouvelle ; mais il utilise l'évangile pour cette mise en mouvement, ou bien pour confirmer un appel intérieur déjà reconnu.

En ce premier signe de Cana, l'âme ne connaît pas encore intimement Celui qui vit au fond d'elle-même ; et pourtant, elle ressent soudainement sa présence ! Or, de cette présence émane déjà une grande plénitude ; l'âme alors ne peut faire autrement que de se mettre à courir derrière le Seigneur, à la manière des premiers disciples de Jésus. L'enthousiasme avec lequel ils annoncèrent la découverte du Messie à leurs proches est l'image de l'enthousiasme d'une âme découvrant ainsi Dieu dans sa propre vie.

Les signes qui suivent vont nous introduire plus profondément dans la relation spéciale que la foi permet entre une âme et son Créateur.

Le deuxième signe

Le deuxième signe est le récit de la guérison du fils de l'officier royal. On y assiste aux premiers apprentissages de l'âme, afin de conformer sa volonté à celle de Dieu. L'âme doit ici apprendre le renoncement vis-à-vis de la conduite de sa vie spirituelle. Jésus veut lui faire acquérir la confiance de «l'épouse», et c'est à travers les angoisses que l'âme y parvient. Le deuxième signe, constitué par le récit de la guérison du fils de l'officier royal (Jn 4,46-54), trouve dans le dialogue de Jésus avec la Samaritaine (Jn 4,1-42) un approfondissement beaucoup plus explicite. Ce deuxième signe exprime les premiers combats de la foi pour le croyant, c'est-à-dire la mise en place d'une relation avec Jésus.

La guérison du fils de l'officier royal

Nous sommes toujours à Cana. Au cours du premier et du deuxième signe sont développés des gestes et des dialogues relatifs au thème de l'adoration véritable. Voyons comment ce deuxième signe vient aider l'âme du croyant à mieux se situer par rapport à Dieu.

Il retourna donc à Cana en Galilée, où il avait changé l'eau en vin. Or, il y avait un officier du roi dont le fils était malade à Capharnaüm. Ayant appris que Jésus arrivait de Judée en Galilée, il alla vers lui et le pria de descendre pour guérir son fils qui était à la mort. Jésus lui dit: «Si vous ne voyez des signes et des prodiges, vous ne croirez pas!» Le fonctionnaire royal lui dit: «Seigneur, descends avant que ne meure mon petit enfant.» Jésus lui dit: «Va, ton fils vit.» L'homme crut à la parole que Jésus lui avait dite et il se mit en route (Jn 4,46-50).

Le deuxième signe, par lequel saint Jean distingue une deuxième étape de la naissance d'en haut, se déroule encore à Cana. Jean a soin de le répéter: «Jésus retourna donc à Cana en Galilée, où il avait changé l'eau en vin.» Ainsi, le deuxième signe se trouve lui aussi sous l'influence de la ferveur du vin nouveau. Il s'agit toujours de cet élan du premier amour, celui de la jeunesse de la foi, où fait encore défaut la pondération qu'apporte l'expérience. Parce que cette ferveur peut faire commettre des excès! C'est un peu comme si le vin nouveau de Cana était paradoxalement lié à la fièvre de l'enfant de l'officier royal.

C'est que le vin échauffe le cœur! Il peut donc conduire à la fièvre, si l'on s'enivre trop, car la fièvre, c'est le feu. Le mot grec *purétos,* qui sert à désigner la fièvre, vient du mot *pûr,* le feu. Trop d'ivresse fait brûler! Mais ce ne peut être le vin nouveau de Jésus en tant que tel. En tout cas, c'est une maladie, une maladie grave de surcroît, qui peut conduire à la mort.

Il convient de remarquer que le personnage principal ici est non pas l'enfant, mais le père de cet enfant. C'est ce que la guérison à distance met en relief. Cette maladie est une épreuve pour la foi de l'officier royal, et non pour son fils. Or, la réponse de Jésus nous surprend: «Si vous ne voyez des signes et des prodiges, vous ne croirez pas!» Puisque nous savons que le Seigneur ne répondait jamais sous l'accès d'une mauvaise humeur intempestive, mais que chacune de ses paroles était totalement pesée et adaptée à chaque situation, il nous faut marquer ici un arrêt. Cet officier a donc un problème de foi, même s'il vient trouver Jésus parce qu'il a foi en lui. Et le voilà répétant à Jésus: «Seigneur, descends avant que ne meure mon petit enfant.» Rien de nouveau en apparence dans cette répétition de sa prière initiale; et pourtant, cela suffit à Jésus, qui lui accorde alors la guérison de son fils, mais sans condescendre à se déplacer cependant: «‹Va, ton fils vit.› L'homme crut à la parole que Jésus lui avait dite et il se mit en route.»

Il faut se souvenir ici de ce que Jean constatait au cours du premier signe, juste après l'épisode de la purification du temple : beaucoup crurent en Jésus, mais lui « ne se fiait pas à eux ». Nous assistons, au cours de ce deuxième signe, à la correction de la foi du croyant, encore trop persuadé que l'œuvre de Dieu consiste exclusivement à opérer des signes et des prodiges. Certes, ces signes et ces prodiges sont bien l'œuvre de Dieu. Mais ils sont réalisés en vue de communiquer la foi aux hommes. Or, les œuvres de la foi ne sont pas en soi des prodiges. Elles sont des œuvres d'amour ! L'officier royal doit apprendre à entrer dans cette perspective. Les signes et les prodiges sont des moyens utilisés par le Seigneur pour rendre les hommes attentifs, mais ils ne sont pas le but ultime poursuivi par Dieu.

Cet officier est manifestement un homme de haut rang, comme le nombre de ses serviteurs le laisse supposer. Or, le propre d'un officier royal est de donner des ordres… Le récit suggère ici une petite leçon d'humilité, que Jésus décide de lui donner. L'officier royal avait pensé que Jésus devrait l'accompagner : il avait ses plans, sa manière de concevoir les modalités par lesquelles la guérison adviendrait.

On trouve un exemple similaire dans l'Ancien Testament avec l'épisode de Naamân, venant trouver le prophète Élisée pour se faire guérir de sa lèpre (2 R 5,1-19). Naamân était le chef de l'armée du roi de Syrie, et lui aussi avait imaginé les diverses manières selon lesquelles Élisée l'aurait guéri. Mais la façon dont Élisée lui demanda d'accomplir sa purification, en se baignant sept fois dans le Jourdain, ne lui convint pas. C'était trop simple, trop indigne de son rang ! Alors, il se mit en colère : « Naamân fut irrité, et il s'en alla en disant : ‹ Voici, je me disais : il sortira vers moi, il se présentera lui-même, il invoquera le nom du Seigneur son Dieu, il agitera sa main sur la partie malade et guérira le lépreux › » (2 R 5,11). Finalement, ses serviteurs parvinrent à le calmer en lui faisant comprendre que la simplicité n'est pas en soi le contraire de l'efficacité. Il se baigna donc sept fois dans le Jourdain et fut purifié !

De même que Naamân fut guéri, l'officier royal fut exaucé pour avoir cru à la parole de Jésus. Ce renoncement à la joie de recevoir le Seigneur chez lui, en se contentant d'être traité exactement comme les autres, lui permit d'obtenir la grâce désirée. L'épreuve consiste en une courte et salutaire angoisse. Le fonctionnaire royal ne perdra pas cet enfant tendrement aimé. Lu dans le prolongement des noces de Cana, ce fils représente le premier fruit de l'amour semé dans le cœur du croyant. Symboliquement, il représente les premières œuvres d'amour de l'âme, qui viennent à connaître leur première crise, figurée par la fièvre de l'enfant. Jésus doit donc intervenir pour que le vin de Cana continue d'engendrer un feu d'amour, et non un feu secret d'orgueil.

Finalement, ce deuxième signe nous montre qu'à ce stade la foi du croyant est encore trop imparfaite, trop «charnelle», puisqu'elle se polarise exclusivement sur la modalité de l'acte de foi au lieu de se concentrer de toute sa force sur la confiance et l'adoration de Dieu. Le croyant a tendance à commander Jésus à la manière de l'officier royal. Or, la force de la foi ne réside pas dans le «comment» de l'action divine, mais plutôt dans la manière de demander son intervention: humblement. Le croyant du deuxième signe ne se connaît pas encore vraiment: il pense être un sage, alors qu'il est un enfant! «Dieu est amour», dit Jean (1 Jn 4,7); or, l'amour absolu ne suit pas les lois de la psychologie.

Cependant, le dénouement de ce dialogue est heureux: il ne s'agit que d'une première correction de la foi, en vue de poursuivre le chemin de la connaissance de Dieu. Quelle différence avec ce que seront enfin cette prière dans la bouche de Marthe (Jn 11,21) et les larmes de Marie (Jn 11,33), en faveur de leur frère, pourtant déjà mort! Mais cette prière est celle du septième et dernier signe, terme et sommet de la purification spirituelle, quand l'âme vit alors un parfait oubli d'elle-même. Le deuxième signe, lui, représente donc les premiers combats de la foi et, à travers eux, la purification de cette foi.

Jésus et la femme de Samarie

Le récit de la guérison du fils de l'officier royal est très concis. Pour l'approfondir un peu plus, il faut se reporter au dialogue de Jésus avec la Samaritaine. Que peut-il y avoir de commun entre cet homme riche et la femme qui vient puiser de l'eau hors de la ville à l'heure la plus chaude du jour? Le lien qui les unit n'est pas seulement littéraire: il ne se réduit pas au fait d'appartenir à la même section du deuxième signe. Ces deux personnages, l'officier royal et la Samaritaine, sont dans le feu de la passion religieuse.

Ce qui distingue un croyant «passionné» d'un croyant «zélé» (au sens du zèle de Jésus dans le temple) tient dans une différence de maturité religieuse: le croyant passionné, en se faisant trop d'illusions sur l'intensité de son attachement à Dieu, finit par confondre sa volonté propre avec celle du Seigneur, sa fougue soulignant davantage une recherche inconsciente d'accomplissement personnel. La ferveur du croyant zélé, elle, dénote un service désintéressé de Dieu qui s'appuie sur une connaissance plus exacte de la foi. La Samaritaine, tout comme l'officier royal, a des idées bien arrêtées sur le culte à rendre à Dieu. En vérité, ces idées sont encore trop humaines. Tous deux vont rencontrer la Lumière véritable et devront alors modifier leur conception de la foi.

> ***Jésus arrive donc à une ville de Samarie, appelée Sychar, près de la terre que Jacob avait donnée à son fils Joseph. Là se trouvait le puits de Jacob. Jésus, fatigué par la marche, se tenait donc assis près du puits. C'était environ la sixième heure. Une femme de Samarie vient pour puiser de l'eau. Jésus lui dit: «Donne-moi à boire»*** (Jn 4,5-7).

Le dialogue de Jésus avec la femme de Samarie explicite le thème de la soif. On est dans le sillage des noces de Cana, où une joie céleste étanche la soif des convives. Ici, c'est la chaleur qui donne soif: l'enfant embrasé par le feu de la fièvre, et son père consumé par l'angoisse ; à Samarie, c'est le soleil du jour qui brûle tout, à l'image des valeurs culturelles de cette nation, comme nous le verrons bientôt. Il est intéressant de constater que Jean est le seul de tous les évangélistes à développer avec une telle intensité le thème de la soif : la soif de Jésus, et la soif des hommes. Cette soif-là n'est pas physique. Elle est une soif d'amour et de vérité, comme aux noces de Cana, où elle est mentionnée avec force pour la première fois dans le quatrième évangile. C'est la foi en Jésus qui peut seule étancher cette soif dévorante[1] ; et Jean nous précise plus loin que l'eau vive qui sera donnée au croyant est l'Esprit Saint[2]. Enfin, nous retrouvons le cri de la soif ultime de Jésus sur la croix[3], où il accueille en lui cette « soif de feu », afin qu'elle ne devienne pas le tourment éternel de l'humanité.

Mais revenons au bord du puits de Jacob, où, pour la première fois dans notre monde, Jésus manifeste sa soif. La sixième heure, c'est midi, et il fait très chaud. « Donne-moi à boire ! » La demande de Jésus sort tout droit de son cœur, mais la femme ne le perçoit pas. Elle ne voit en lui qu'un Juif anonyme, venant la provoquer dans son propre pays. Cette femme n'est pas nommée : elle représente tous les Samaritains en général. Or, il existe depuis la fondation de la Samarie une haine réciproque entre les Juifs et les Samaritains.

Quel contraste avec le regard que Jésus porte sur les âmes ! L'anonymat n'existe pas dans le royaume de Dieu, pas plus que la division. La demande de Jésus représente une tentative de dépassement du conflit, et cette tentative même

---

1. « Jésus leur répondit : ‹ Je suis le pain de vie : celui qui vient à moi n'aura jamais faim, et celui qui croit en moi n'aura jamais soif › » (Jn 6,35).
2. « Le dernier jour de la fête, qui en est le jour le plus solennel, Jésus, debout, dit à haute voix : ‹ Si quelqu'un a soif, qu'il vienne à moi, et qu'il boive. Celui qui croit en moi, de son sein, comme dit l'Écriture, couleront des fleuves d'eau vive. › Il disait cela de l'Esprit que devaient recevoir ceux qui croient en lui ; car l'Esprit n'était pas encore donné, parce que Jésus n'avait pas encore été glorifié » (Jn 7,37).
3. « Après cela, Jésus, sachant que tout était maintenant consommé, afin que l'Écriture s'accomplît, dit : ‹ J'ai soif › » (Jn 19,28).

enflamme la colère de cette femme. C'est elle qui rappelle à Jésus qu'un Juif ne peut faire une telle démarche auprès d'un Samaritain. La femme est aveuglée par la mémoire collective de son peuple; et pour ce motif, elle ne peut regarder les hommes dans leur vérité. Elle est pourtant fervente dans son attachement à la religion de son pays. Jésus le sait bien; c'est pourquoi il invite la femme à un dialogue qui doit la délivrer de sa prison intérieure. Il lui promet ainsi une eau d'une autre nature que celle de ce puits, une eau qui désaltère éternellement: «Au contraire, l'eau que je lui donnerai deviendra en lui une source d'eau jaillissant en vie éternelle.» Devenir une source de vie, au lieu d'être une source de division! Voilà l'invitation qu'il adresse à cette femme au cœur fermé.

La guerre des traditions

Le dialogue de Jésus et de la Samaritaine nous introduit au cœur d'une discussion de théologie œcuménique! Les deux religions en présence sont assez proches pour entrer en controverse l'une avec l'autre. Car les Samaritains ont en commun avec les Juifs les cinq livres du Pentateuque[4], parfois nommés dans les évangiles «la loi de Moïse». Leur foi est donc finalement la même que celle des Juifs. Or, les Juifs, qui sont le peuple élu, considèrent les Samaritains comme des païens, incapables d'entrer en relation avec Dieu, puisqu'ils ne sont pas les héritiers de la Promesse.

Saint Jean fait référence à deux étapes de la formation de la religion des Samaritains: le puits de Jacob, et les cinq maris de la femme.

Le texte de la Genèse nous relate que le patriarche Jacob avait acheté un champ à Hamor, roi de Sichem. Il y avait érigé comme à son habitude un autel, dédié ici à «El, Dieu d'Israël» (Gn 33,19). Mais les choses se compliquèrent. Le fils du roi Hamor fit enlever Dina, la fille de Jacob, et la viola. Or, il fut

4. Le Pentateuque est constitué des cinq livres suivants: la Genèse, l'Exode, le Lévitique, les Nombres et le Deutéronome.

pris à son propre piège, puisqu'il tomba amoureux d'elle. Il en demanda donc immédiatement la main à Jacob, mais il était déjà trop tard: l'outrage avait été commis. Aussi, pour se venger, deux des fils de Jacob, Siméon et Lévi, imaginèrent une terrible ruse: ils demandèrent à Hamor et à son fils de se faire circoncire, eux et tous les hommes de la ville. Hamor accepta, alors les deux frères et leurs serviteurs profitèrent de leur faiblesse pour les tuer (Gn 34,25). Une bien terrible vengeance !

C'est aussi dans ce champ que les os du patriarche Joseph, fils de Jacob, furent ensevelis, lorsqu'ils furent ramenés d'Égypte jusqu'en Terre promise (*cf.* Jos 24,32). Ce geste concluait le retour d'Égypte des fils d'Israël, montrant du même coup l'importance de ce lieu sous l'angle religieux. Il représentait les prémices de la possession de toute la Palestine.

La femme ne parle pas de ce mauvais souvenir collectif à Jésus. Elle parle seulement du puits: «Serais-tu plus grand que notre père Jacob, qui nous a donné ce puits et y a bu lui-même, ainsi que ses fils et ses bêtes?» Elle se réfère à l'épisode de l'achat du champ de Sichem, mais de façon positive, contrairement aux Juifs, bien sûr. Elle s'affirme comme descendante de Jacob au sens spirituel. Jean veut nous faire comprendre les enjeux de cette conversation. Le «puits» est le symbole de la sagesse. La mention du puits de Jacob signifie que les Samaritains se réfèrent à une haute tradition, antérieure à celle de Moïse, et dont ils sont les gardiens authentiques. Jésus répond par la même image: la qualité d'une connaissance de Dieu (d'une sagesse religieuse) ne dépend pas seulement de l'existence d'une source (d'une tradition religieuse); elle dépend aussi de la richesse et de la pureté de l'eau de cette source. En grec, le même mot signifie «puits» ou «source». La réponse de la femme est provocatrice: si Jésus détient cette sagesse, qu'il lui en donne donc la preuve. Elle est aussi révélatrice: elle montre combien cette femme aimerait goûter de cette eau d'en haut, elle dont le cœur est si assoiffé ! Pour ces deux motifs, Jésus décide de satisfaire sa demande.

L'autre étape importante de la formation de la religion des Samaritains est évoquée maintenant par Jésus lui-même. Il demande à la femme d'aller chercher son mari : « La femme lui répondit : ‹ Je n'ai pas de mari. › Jésus lui dit : ‹ Tu as bien fait de dire : "Je n'ai pas de mari", car tu as eu cinq maris, et celui que tu as maintenant n'est pas ton mari ; en cela tu dis vrai. › La femme lui dit : ‹ Seigneur, je vois que tu es un prophète... › » Cette fois, Jésus atteint le cœur de la femme. Elle a eu cinq maris et vit aujourd'hui hors mariage avec un sixième homme. C'est une vie affective bien remplie, mais ce n'est pas l'amour ! En tout cas, Jésus n'est plus pour elle un « Juif » ; il est un « prophète » : son cœur de femme s'ouvre !

L'histoire de la Samarie (2 R 17,24-41) nous livre la clé de l'énigme des cinq maris de la Samaritaine. En 721, le roi d'Assour, Salmanassar, conquit le royaume de Samarie : il en déporta la population, qu'il remplaça par des colons issus de cinq nations différentes (2 R 17,26). Voilà les cinq maris de la Samaritaine au niveau symbolique ! Ces nouveaux habitants conservèrent leur culte envers leur idole nationale respective. Le culte de Yahvé, le Dieu d'Israël, aurait donc disparu de Samarie, si un événement providentiel n'était alors advenu. Voici que les fauves du pays s'attaquèrent aux populations nouvellement arrivées ! Les récents habitants interprétèrent ce fait comme étant la conséquence d'une colère du Dieu d'Israël, privé de ses adorateurs. Aussi demandèrent-ils au roi d'Assyrie d'autoriser à nouveau l'exercice de ce culte : « Alors vint l'un des prêtres qu'on avait déportés de Samarie, et il s'installa à Béthel ; il leur enseignait comment ils devaient révérer Yahvé. » Cependant, bien qu'adoptant aussi le Dieu du pays, c'est-à-dire Yahvé, ils ne lui rendirent pas un culte exclusif (2 R 17,41). D'où la phrase énigmatique de Jésus : « Le sixième n'est pas ton mari. » Cette femme de Samarie est donc la représentante de tout son peuple aux yeux de Jésus. C'est bien là cette ambiance syncrétiste, déjà préfigurée par la circoncision tragique du peuple de Sichem, qui est mise en relief dans ce dialogue. Cette atmosphère syncrétiste constituait aux yeux des Juifs une véritable impureté religieuse.

Au cours du dialogue de Jésus et de la femme de Samarie, il n'est plus question des cinq religions païennes importées par le roi d'Assyrie. Seul demeure apparemment le culte de Yahvé. Les cinq maris appartiennent désormais au passé. Cependant, la relation avec Dieu n'est pas encore parfaite: «Tu as eu cinq maris, et celui que tu as maintenant n'est pas ton mari.» La Samaritaine va donc devoir se laisser purifier par Jésus pour être introduite dans la perspective d'un culte nouveau.

Le culte nouveau

La Samaritaine représente bien le croyant du deuxième signe: son âme est en travail! Elle est une femme de foi, qui se passionne pour les questions relatives à Dieu. Cependant, sa vie personnelle n'est pas encore conforme à l'amour véritable. On devine chez elle une grande incertitude et une certaine frustration. La question qu'elle adresse à Jésus reflète son angoisse: «Nos pères ont adoré sur cette montagne, et vous, vous dites: c'est à Jérusalem qu'est le lieu où il faut adorer.» Serait-elle dans l'erreur? Les Juifs auraient-ils raison?

Le litige constant entre les Juifs et les Samaritains consistait dans le problème de l'élection divine, question liée au problème concret du lieu de la présence de Dieu sur cette terre. Il existait une rivalité entre le Temple des Juifs à Jérusalem, et le temple des Samaritains situé sur le mont Garizim. Où donc est la vérité? Saint Jean nous introduit de nouveau dans la thématique du temple et dans celle de l'adoration. Jésus, après avoir purifié le culte rendu au temple de Jérusalem, purifie celui qui se rend en Samarie sur le Garizim. Mais cette fois, c'est l'adoration elle-même qui prend le pas sur la question du lieu où elle doit être rendue.

« Crois-moi, femme, l'heure vient où ce n'est ni sur cette montagne ni à Jérusalem que vous adorerez le Père. Vous, vous adorez ce que vous ne connaissez pas ; nous, nous adorons ce que nous connaissons, car le salut vient des Juifs. Mais l'heure vient – et c'est maintenant – où les véritables adorateurs adoreront le Père dans l'esprit et la vérité. Car tels sont les adorateurs que cherche le Père. Dieu est esprit, et ceux qui adorent, c'est dans l'esprit et la vérité qu'ils doivent adorer » (Jn 4,21-24).

C'est vraiment l'acte propre du culte (l'adoration), et non pas le lieu de ce culte (le temple), que Jésus purifie avec la Samaritaine. Il est intéressant de relever que Jésus explique qu'il faut accomplir l'adoration véritable « en esprit et en vérité ». Il ne dit pas « dans le cœur et en amour ». Du cœur, la Samaritaine en a réellement, même s'il est assoiffé. Ce qui lui manque d'abord, c'est l'Esprit de Dieu, guide nécessaire de toute adoration véritable !

Jésus dépasse le clivage des diverses traditions, étant lui-même ce dépassement : il faut maintenant adorer le Père de façon nouvelle. À la place d'un lieu matériel, il propose à la femme d'adorer en esprit, qui est la nature spirituelle de l'homme, et en vérité, qui est son aliment. Or, « techniquement » parlant, l'adoration est un acte religieux particulier, une opération propre de l'esprit et non du cœur. Dans leur contemplation respective, l'esprit adore et le cœur aime. Ne disons pas trop vite que le cœur est le tout de l'âme, et qu'après la venue de Jésus sur la terre l'amour est la seule référence désormais nécessaire. Il est une autre référence, qu'il faut garder aussi jalousement que la première : la vérité. Devant Pilate, lors de son procès, Jésus résume la caractéristique de sa royauté selon la norme de la vérité, et non selon celle de l'amour. Pourtant, la soif de Jésus est bien une soif d'amour ! Mais ni la femme ni Pilate ne peuvent le comprendre d'emblée.

Avoir l'esprit illuminé, c'est adorer «ce que l'on connaît». Jésus tranche donc la question entre l'élection d'Israël ou l'élection de Samarie: «Le salut vient des Juifs.» Mais ce n'est pas pour en rester là, car le «salut» n'est pas la propriété d'une nation déterminée. Le salut appartient à Dieu, qui sauve qui il veut! C'est pourquoi il ajoute de façon énigmatique: «Mais l'heure vient - et c'est maintenant - où les véritables adorateurs adoreront le Père en esprit et en vérité.» Jésus est le nouveau Temple, comme il l'avait affirmé paraboliquement devant les Juifs de Jérusalem: «Détruisez ce sanctuaire, et en trois jours je le relèverai» (Jn 2,19). Il est beau de voir le Seigneur parler à la femme de manière plus explicite, plus tendre dirai-je. C'est qu'il est en train de donner à cette femme l'eau vive dont il lui parlait au début de l'entretien. Cette eau vive est une eau d'espérance pour celle qui se décourage et se referme sur elle-même amèrement; elle est une eau pure pour laver un cœur qui a trop erré; elle est une eau vivante, qui ranime des forces éteintes depuis longtemps; elle est une eau forte, enfin, car elle emporte d'un coup tout ce qui obstruait l'horizon existentiel de la Samaritaine. Jésus lui ouvre une porte qui débouche sur un espace sans fin: devenir une véritable adoratrice!

Ainsi, l'âme, en cette deuxième étape du chemin de la foi, ressemble à cette femme. Elle doit recevoir à ce moment la même leçon. À la lumière de l'enseignement de Jésus, il lui faut renoncer à certaines de ses certitudes religieuses, qui sont des traditions reçues, mais qui ne sont pas le fruit d'un culte en esprit et en vérité. Elle doit impérativement aller jusqu'à la rencontre personnelle avec Dieu, sans s'arrêter en chemin. À l'officier royal et à la femme, Jésus montre combien leurs représentations de Dieu sont d'en bas, et non d'en haut. Pour ce faire, il met chacun devant ses propres limitations ou contradictions: à l'officier, il montre que Dieu est plus grand que les hommes; à la femme, il montre que sa ferveur religieuse est contraire aux exigences de la loi de Moïse quant au mariage, cette loi qu'elle prétend défendre mieux que les Juifs.

Les divorces successifs l'ont rendue infidèle et égoïste. Le croyant doit faire cette expérience prophétique et sapientielle dans sa vie personnelle. Une telle expérience donne confiance ; tout comme à l'officier royal, elle permet de dépasser les angoisses du parcours : « L'homme crut à la parole que Jésus lui avait dite, et il se mit en route. »

La révélation de la vérité

La promesse d'une adoration universelle, en esprit et en vérité, dépassant les limitations des cultes rendus au Garizim ou à Jérusalem, fait mouche dans l'esprit de la Samaritaine. Elle s'exclame alors :

> ***« Je sais que le Messie doit venir, celui qu'on appelle Christ. Quand il viendra, il nous expliquera tout. » Jésus lui dit : « Je le suis, moi qui te parle. »***

Jésus, perçu d'abord comme un « Juif » (v. 9), puis comme « prophète » (v. 19), s'impose maintenant comme « Messie » (v. 25-26.29). Mais quel est donc le Messie attendu par les Samaritains ? La Samaritaine précise à son propos : « Il nous expliquera tout. » Souvenons-nous que la Bible des Samaritains se limite aux cinq livres du Pentateuque, les livres de Moïse ; c'est donc là qu'ils puisaient les éléments de leur attente messianique.

Ce messie, appelé Taèb par les Samaritains (littéralement : « celui qui revient »), avait une caractéristique particulière : il devait révéler la « vérité ». Des sources samaritaines nous disent en effet : « Il révélera la vérité. » C'est en Dt 18,18 qu'il est annoncé : « Je leur susciterai du milieu de leurs frères un prophète comme toi [Moïse], je mettrai mes paroles dans sa bouche et il leur dira tout ce que je lui commanderai. » Cette attente était si vive que les Samaritains ajoutèrent cette prophétie au dixième commandement du Décalogue ! Appartenant à la tribu de Lévi, celle du clergé, il était celui qui devait rétablir le véritable culte de Dieu sur la terre.

En dépassant l'opposition des deux temples, juif et samaritain, et en invoquant le culte en esprit et en vérité, Jésus préparait son autorévélation : « C'est moi *[égô eimi]* qui te parle. » La formule grecque *égô eimi* est une référence à la révélation du nom divin à Moïse en Ex 3,14 [5]. Mais elle est aussi en harmonie avec l'enseignement de Jésus sur le temple : le temple que Jésus se faisait fort de bâtir en trois jours, à savoir son corps glorifié (Jn 2,21-22 ; 7,38), n'est autre que le Temple eschatologique !

La femme alors laissa là sa cruche, courut à la ville et dit aux gens : « Venez voir un homme qui m'a dit tout ce que j'ai fait. Ne serait-il pas le Christ ? »

Comme le mot « amour », le concept de « vérité » recèle quelque chose d'ultime. Tout le message de Jésus dans le quatrième évangile se fonde sur cette lumière d'en haut ouvrant sur l'éternité : « ... la vérité qui demeure en nous et restera avec nous éternellement » (2 Jn 1,2). C'est si vrai qu'on pourrait facilement nommer le récit évangélique de Jean l'évangile de la vérité !

Au cours de ce deuxième signe, Jésus demande au croyant d'élargir son horizon intérieur. Car les œillères culturelles et religieuses empêchent souvent l'élévation de l'âme vers Dieu. La nécessité de la vérité, présentée par Jésus comme une quête à entreprendre, distille l'incomparable parfum d'un « ailleurs » dont le secret habite au fond de notre être. Le deuxième signe est le signal d'une mise en route !

Plus tard, Jésus affirmera de lui-même : « Je suis le Chemin, la Vérité et la Vie » (Jn 14,6). On trouve là les trois qualités de la sagesse divine du Christ. Le chemin se parcourt ; la vérité se contemple ; la vie se goûte. La vérité permet de s'orienter sur le chemin, et la vie est le fruit délicieux qui confirme la vérité.

5. « Dieu dit à Moïse : ‹ Je suis celui qui est. › Et il dit : ‹ Voici ce que tu diras aux Israélites : "JE SUIS m'a envoyé vers vous." › » En hébreu, « Yahvé » signifie « je suis ».

À quoi bon rechercher la vérité si elle ne conduit pas à la vie ? Tel est souvent le raisonnement invoqué par les partisans du *carpe diem* : jouis de ce qu'aujourd'hui te donne, car tu ne sais pas ce que sera demain. Pour eux, jouir, c'est vivre. Mais ils situent cette jouissance dans le domaine strictement matériel. Jésus invite à un dépassement des joies passagères pour s'attacher à celles qui ne passent pas. Aussi demande-t-il à l'officier royal et à la Samaritaine de renoncer à leur logique spontanée et d'entrer dans un apprentissage de la sagesse.

Pour l'instant, Jésus ne détaille pas encore le contenu de son enseignement. Il en montre seulement la finalité. Plus tard, il précisera : « Si vous demeurez dans ma parole, vous êtes vraiment mes disciples, et vous connaîtrez la vérité et la vérité vous libérera » (Jn 8,31-32). La vérité suscite une lumière qui éclaire l'âme, et cette illumination la libère ! Mais de quoi la libère-t-elle donc ? Des illusions et des mirages suscités par les ténèbres. Ce sont les ténèbres qui nous font croire que le bonheur véritable n'existe pas plus que la vérité pure. C'est pourquoi les Samaritains parlent de Jésus comme d'un sauveur : « Ce n'est plus sur tes dires que nous croyons ; nous l'avons nous-mêmes entendu et nous savons que c'est vraiment lui le sauveur du monde. »

Mais comment Jésus peut-il les convaincre avec des affirmations apparemment très subjectives ? Jésus est la vérité ! Or, le propre de la vérité est de pouvoir identifier l'universel dans le particulier, et vice et versa. La mention des cinq maris de la femme de Samarie en est la démonstration : dans sa propre vie se joue le destin de tout un peuple ! Le croyant du deuxième signe prend conscience de l'importance de son engagement de foi, de son exigence aussi : il ne peut plus se gouverner lui-même comme si sa vie n'avait pas d'effet sur celle des autres. C'est cette prise de conscience-là que visent les corrections de Jésus ! Ainsi s'affirme avec plus de force la grande révélation du Prologue du quatrième évangile : « En lui était la vie, et la vie était la lumière des hommes, et la lumière brille dans les ténèbres... » (Jn 1,4-5).

Conclusion

Le deuxième signe exprime les premiers combats de la foi du croyant. L'enfant symbolise la fécondité de cette foi. Mais cette fécondité est en pleine crise de croissance ! La fièvre de l'enfant renvoie à la soif desséchant le cœur de la Samaritaine. C'est la même soif brûlante qui les afflige tous les deux !

Pourtant, lors du premier signe, le croyant s'était largement abreuvé du vin délicieux des noces... Dès lors, ne s'impose-t-il pas une relation de cause à effet entre ce vin nouveau et cette soif intense ? Le vin de Cana semble produire les mêmes effets que le « petit livre » dont parle Jean dans l'Apocalypse : « Dans ma bouche, il avait la douceur du miel, mais quand je l'eus mangé, il remplit mes entrailles d'amertume » (Ap 10,10).

Le deuxième signe exprime symboliquement une deuxième phase du déploiement de la foi en vue de parvenir à une maturité spirituelle. Elle est une période où se mêlent la joie et les épreuves. Car dans les ardeurs de la soif de son cœur, le croyant rencontre la source d'eau vive qui le rafraîchit après sa peine ! De leçon en leçon, le Seigneur conduit l'âme à une compréhension progressive de lui-même et du monde, sans jamais cesser d'être présent. Oh ! quelle belle période que cette jeunesse de la foi !

Le signe suivant apporte à l'âme la maturité de la foi, afin de faire de l'homme un véritable adorateur de Dieu. Mais pour y parvenir, il lui faudra passer par l'épreuve inédite du « vieillissement » spirituel.

Le troisième signe

Le troisième signe est constitué du récit de la guérison du paralytique (Jn 5,1-18) et d'un ample discours de Jésus, venant le commenter (Jn 5,19-47). Il achève le premier cycle, celui «de l'homme», au cours duquel le croyant doit apprendre à devenir un véritable adorateur de Dieu. Jean nous a présenté d'abord, en Galilée, un jeune homme célébrant ses noces, puis un jeune père de famille inquiet pour la vie de son enfant. C'était le temps de Cana. Maintenant, Jean nous entraîne à Jérusalem pour y observer un vieil homme malade!

Une piscine aux eaux guérisseuses

À Jérusalem, près de la porte des brebis (la Probatique), se trouvait une vaste piscine mise au jour par l'archéologie moderne. Creusée dans la roche, et d'une profondeur d'environ sept mètres, elle était alimentée au temps de Jésus (croit-on) par les eaux de pluie, et sans doute aussi par une source. Elle comptait cinq portiques, comme nous le rapporte Jean qui nous livre aussi son nom: la piscine de Bethzata.

Après cela, il y eut une fête des Juifs et Jésus monta à Jérusalem. Or, il existe à Jérusalem, près de la Probatique, une piscine qui s'appelle en hébreu Bethzata et qui a cinq portiques. Sous ces portiques gisaient une multitude de malades, aveugles, boiteux, paralytiques, qui attendaient le bouillonnement de l'eau. Car l'ange du Seigneur descendait par moments dans la piscine et agitait l'eau; le premier alors à y entrer, après que l'eau avait été agitée, se trouvait guéri, quel que fût son mal (Jn 5,1-4).

Jérusalem n'était pas habitée seulement par des gens en bonne santé; s'y trouvaient également des malades, affligés de toutes sortes de maux. Au moment des fêtes religieuses, les malades aussi se rendaient en pèlerinage au temple. Ils espéraient y obtenir une guérison, impossible humainement. La piscine aux cinq portiques était pour eux un lieu de grâce très particulier. Aussi s'y retrouvaient-ils nombreux.

Qu'avait donc de si particulier cette piscine pour attirer autant de monde? Examinons ce commentaire mystérieux que nous livre Jean: « [Ils] attendaient le bouillonnement de l'eau. Car l'ange du Seigneur descendait par moments dans la piscine et agitait l'eau: le premier alors à y entrer, après que l'eau avait été agitée, se trouvait guéri, quel que fût son mal. » Pour commenter le sens littéral de ce texte obscur, plusieurs hypothèses furent énoncées, dont celle d'un soudain jaillissement d'eau intermittent. Mais les anciens connaissaient les lois élémentaires des fluides. Jean, si précis dans sa description du lieu, n'aurait certainement pas manqué de mentionner un tel jaillissement intermittent, s'il avait pensé qu'il était responsable de la guérison de certains malades.

De plus, la précision qu'il nous donne concernant cet ange venant agiter l'eau semble à première vue très archaïque, presque magique. Or, cela ne lui ressemble pas, lui ordinairement si attentif aux détails réalistes. Il convient donc d'essayer de mieux comprendre ce qu'il veut nous dire. Certainement, Jean nous oriente vers un sens symbolique plus riche à scruter! Comme l'eau du puits de Jacob évoquée par la Samaritaine, une piscine aux eaux guérisseuses à Jérusalem renvoie sans aucun doute à un symbolisme de l'Écriture sainte. D'ailleurs, pour saint Augustin, les cinq portiques de la piscine étaient à l'évidence l'image des cinq livres du Pentateuque.

Dans la Bible, l'eau est le symbole d'un univers de valeurs [1], qu'elles soient religieuses ou non, bonnes ou mauvaises. C'est

1. La comparaison des divers passages bibliques comportant une référence au

le contexte immédiat qui permet de définir ces valeurs plus précisément. Dans le cas qui nous intéresse, les eaux de la capitale religieuse d'Israël désignent symboliquement la Bible elle-même. L'Écriture sainte est effectivement la référence des valeurs du judaïsme. C'est seulement grâce à cette clé de lecture que le texte de Jean devient vraiment compréhensible.

Les infirmes gisant sous les cinq portiques de la piscine sont l'image de croyants méditant l'Écriture sainte. Ils ont pour le faire une motivation particulière : ils sont venus à Jérusalem à l'occasion d'une fête religieuse pour demander à Dieu leur guérison. Ils sont bien dans l'attitude d'adorateurs. Mais alors, comment comprendre que quelques-uns seulement obtiennent d'être guéris, et quel sens donner à cette agitation de l'eau ?

La Bible peut être lue de diverses manières. Un type de lecture peut être très extérieur, voire insensible, au message véhiculé par le texte. Je puis aussi, tout en étant très motivé religieusement, ne rien goûter des textes que je lis, ne parvenant pas à y entendre la « voix de Dieu », et n'entendant que celle de ses auteurs humains qui me racontent des histoires merveilleuses vécues par des hommes et des femmes de grande foi. Mais il arrive aussi, heureusement, que la lecture de la Bible soit tout illuminée de la présence divine ! Alors, les passages qui manquaient de saveur prennent soudainement beaucoup de goût, les textes obscurs deviennent simples et évidents, les récits qui m'ennuyaient se transforment en encouragements qui me motivent intimement pour suivre à mon tour l'exemple proposé !

Cette illumination propre à la lecture biblique est signifiée par Jean sous la forme de l'intervention de l'ange. L'eau qui bouillonne sous l'influence d'un ange correspond à la

thème de l'eau, et en même temps susceptibles d'une interprétation symbolique, m'a conduit à conclure que l'image de l'eau en général dans la Bible renvoyait à l'idée des valeurs humaines (au sens individuel ou collectif). Saint Augustin était arrivé à la même conclusion, lorsqu'il écrivait : « La mer, c'est le siècle. »

méditation de la parole de Dieu par le croyant, dont le contenu quelquefois s'illumine, guérissant son esprit des erreurs qui l'alourdissent, l'aveuglent ou le paralysent. En effet, la méditation de la parole de Dieu est la nourriture qui convient adéquatement à l'esprit de l'homme. Agiter l'eau de la piscine, c'est aussi mettre en mouvement l'esprit humain, lieu de «résidence» des valeurs qui le font vivre. C'est susciter une lecture pleine de ferveur et de zèle! L'eau agitée par l'ange rappelle en ce sens le symbole de «l'eau vive», utilisé par Jésus avec la Samaritaine.

Saint Jean énumère quatre types d'indigents gisant au bord de la piscine: des malades, des aveugles, des boiteux et des paralytiques. On comprend mieux maintenant le sens de ces quatre maux, que l'on peut grouper deux à deux. L'affaiblissement de l'intérêt religieux (les malades), à son paroxysme, afflige l'âme d'une incompréhension totale de l'œuvre de Dieu (l'aveuglement); par ailleurs, dans le champ moral qui affecte la volonté, l'âme cesse d'abord de marcher droit (les boiteux) et finit par devenir incapable de mettre en pratique les commandements divins (les paralysés). Ainsi, les «yeux» désignent l'intelligence, et les «jambes» la volonté. Et puisque le discernement précède normalement le choix, il est logique de trouver d'abord la mention des maux spirituels liés à l'intelligence, avant d'en voir les effets concrets dans la volonté de l'homme.

Le paralysé de la piscine de Bethzata

Après avoir situé le cadre général de son récit, Jean en arrive directement au sujet dont il veut nous entretenir: l'état d'âme du croyant du troisième signe.

Il y avait un homme qui était infirme depuis 38 ans (Jn 5,5).

Il s'agit là d'une bien longue maladie; et dans le contexte de l'itinéraire de foi dont nous parle Jean, il s'agit indubitablement d'une maladie de l'âme. Quand on traduit littéralement cette phrase, la maladie prend une tonalité encore plus dense : c'était un homme « gisant dans sa maladie ». Cette formulation nous fait en quelque sorte entrer dans son état d'âme. La maladie prend des allures de possession. Être paralysé au sens spirituel, c'est être vraiment prostré existentiellement !

Saint Jean, toujours précis, nous indique la durée exacte de la maladie : 38 ans. Serait-ce un chiffre biblique ? La mention des 38 ans nous oriente vers les 40 ans de pérégrination d'Israël au désert sous la conduite de Moïse. Mais pourquoi 38 ans au lieu de 40 ans ? Il y a là une nuance à approfondir. Une lecture attentive du livre du Deutéronome nous en livre la clé. Jean fait allusion à Dt 2,14, où il est dit que, deux ans après la sortie d'Égypte, les Hébreux mécontentèrent Dieu, qui leur imposa alors une pérégrination de 38 années dans le désert : « Le temps que durèrent nos marches de Kadès-Barnéa au passage du torrent de Zéred fut de 38 ans, jusqu'à ce que toute la génération des hommes de guerre eût disparu du milieu du camp, comme Dieu le leur avait juré. » Pour les Hébreux, ces 38 ans représentaient ainsi un temps de châtiment ! Que se passa-t-il donc ?

Après la libération d'Égypte du peuple hébreu, Dieu avait prévu un temps de formation religieuse dans le désert, avant de faire entrer Israël dans la Terre promise. Ce temps était court : deux ans. Il fut pourtant intense, comme nous le rappellent les « murmures » du peuple contre Dieu et contre Moïse. Le désert fut un lieu d'épreuves, celles de la soif et de la faim en particulier. Elles devaient renforcer la confiance des Hébreux, en leur montrant que Dieu était assez puissant pour pourvoir à tous leurs besoins, même s'il lui fallait pour cela faire des miracles. Pensons au célèbre épisode des cailles et de la manne, ou à celui de l'eau sortie du rocher. À l'issue de ces deux premières années de pérégrination en compagnie du Seigneur, ils se trouvèrent à l'entrée de la terre dont Dieu leur avait promis la possession.

Il s'agit de l'épisode de la montagne des Amorites. Les Hébreux envoyèrent des espions pour explorer le pays. Ils en revinrent avec une bonne et une mauvaise nouvelle. La bonne nouvelle était que le pays était fertile et riche en toutes sortes de cultures, comme Dieu le leur avait dit. La mauvaise nouvelle concernait ses habitants, les Amorites, dont les Hébreux eurent peur: «Nos frères nous ont découragés en disant: ‹C'est un peuple plus grand et de plus haute stature que nous, les villes sont grandes et leurs remparts montent jusqu'au ciel. Et même nous y avons vu des Anaqim›» (Dt 1,28). Moïse tenta en vain de leur rendre courage; ils refusèrent d'avancer. Ce nouveau murmure devait leur coûter cher cette fois, puisqu'il provoqua la colère de Dieu à leur égard, qui décida d'augmenter de 38 ans leur temps de purification spirituelle!

Si nous en venons maintenant à l'invalide de la piscine, malade depuis 38 ans, nous pouvons mieux saisir la nature exacte de cette «maladie» du croyant du troisième signe. La suite du récit l'éclaire.

> ***Jésus, le voyant étendu et apprenant qu'il était dans cet état depuis longtemps déjà, lui dit: «Veux-tu guérir?» L'infirme lui répondit: «Seigneur, je n'ai personne pour me jeter dans la piscine, quand l'eau vient à être agitée; et, le temps que j'y aille, un autre descend avant moi.» Jésus lui dit: «Lève-toi, prends ton grabat et marche.» Et aussitôt l'homme fut guéri; il prit son grabat et il marchait*** (Jn 5,6-9).

C'est Jésus qui prend lui-même l'initiative. Sans doute ému de compassion envers un homme condamné à une bien terrible passivité, le Seigneur décide de lui donner le petit coup de pouce nécessaire. La question par laquelle Jésus aborde ce malade semble vraiment très étrange: «Veux-tu guérir?» Si cet homme se trouve au bord de cette piscine, n'est-ce pas parce qu'il recherche la guérison? Par cette question en apparence paradoxale, Jésus met au contraire le doigt là où réside le véritable problème du paralysé: sa volonté est blessée!

La réponse du malade est une affligeante confirmation de cet état de fait. Le voilà qui se met à accuser le monde entier. Parmi les bien-portants, aucun ne vient l'aider à se mettre à l'eau; quant aux autres malades, il y en a toujours un qui lui vole son tour en se jetant dans la piscine avant lui! Bref, tout le monde semble comploter contre lui. Il voudrait être guéri, bien sûr, et il ne peut pas l'être. Ce n'est pas sa faute! Jésus devrait comprendre cela!

Ce flot d'autojustification est l'expression de son état d'impuissance, de sa paralysie. Lui aussi médite la parole de Dieu. Il est un croyant. Et comme tous ceux qui persévèrent dans la prière, il assiste de temps à autre au «bouillonnement de l'eau». C'est son esprit qui bouillonne! Il s'enflamme à la considération de tel ou tel mystère divin, de telle ou telle œuvre accomplie par les prophètes. Il admire la sainteté de ces hommes, et même il ressent au plus profond de lui-même la caresse d'une voix consolante qui semble lui dire: «Toi aussi tu peux devenir un fils de la lumière; mais il te faut renaître d'en haut.» En ces moments de grâce, tout lui paraît possible; mais lorsque l'ange cesse de souffler sur son âme, il est de nouveau happé par le doute et la crainte. Il a passé ainsi 38 ans dans ce désert intérieur sans chemins!

À l'époque de Moïse, les 38 ans représentaient le temps nécessaire pour faire disparaître une génération désobéissante. Or, une génération représente aussi un «état d'esprit» commun, et, d'une manière suffisamment significative, une sensibilité particulière à certaines valeurs ou à certains symboles sociaux. Les 38 ans de prostration du paralytique font donc référence à une purification spirituelle déjà profonde. C'est bien une étape critique dans l'itinéraire de foi du croyant: sécheresse dans la prière, paresse, rares élans du cœur, grisaille de la vie quotidienne où Dieu semble ne plus se manifester. C'est le temps où la croissance dans la vie morale semble s'être immobilisée: sans cesse, on retombe dans les mêmes travers, les mêmes faiblesses. Ce vaste horizon sans relief a fini par «conditionner» le paralytique dans une attitude de fatalisme: «Il faut bien savoir se résoudre à vivre avec son mal...»

Le paralysé est spirituellement comparable aux Hébreux auxquels Moïse faisait vainement cette recommandation: «Ne tremblez pas, n'ayez pas peur d'eux [les Amorites], Yahvé votre Dieu qui marche à votre tête combattra pour vous, tout comme vous l'avez vu faire en Égypte. Tu l'as vu aussi au désert...» (Dt 1,29-31). Mais quels sont donc «ces Amorites» qui paralysent cette âme depuis 38 ans? Les Amorites, c'est le monde: «C'est un peuple plus grand et de plus haute stature que nous», avaient dit les Hébreux. Le paralysé est appelé à faire un pas qu'il redoute terriblement. Dieu lui demande de dépasser sa peur face au monde; il lui demande de s'y affirmer comme adorateur de Dieu! Le «monde», selon Jean, s'affirme par la recherche et le déploiement de la puissance: le pouvoir politique, militaire, économique, médiatique, et enfin celui du savant. Le croyant qui, face au monde, ne regarderait que les petites forces personnelles dont il dispose, éprouverait fatalement la paralysie soudaine de sa capacité d'action. C'est Dieu qu'il faut au contraire regarder! Il ne faut jamais le perdre de vue dans notre marche vers lui!

«Veux-tu guérir?» L'enjeu est plus grand que celui de la santé physique. En fait, le paralysé ne répond pas à la question de Jésus, parce que s'il le faisait il devrait avouer qu'il ne sait plus du tout s'il veut guérir ou non. Ainsi, à chaque agitation de l'eau par l'ange, lorsqu'il se décidait enfin à suivre une motion intérieure qui avait bien réussi à d'autres, cet acte ne comportait pour lui aucune efficacité et le laissait dans un découragement plus grand encore. Il faut dire que l'autojustification est un poison pour la foi, comme pour l'amour. Ainsi, peu à peu, sous l'influence des soucis et des joies trop terrestres qui l'attiédirent dans sa quête de l'en haut et finirent même par l'arrêter, le paralytique a perdu l'élan du premier amour de Cana.

La réaction de Jésus est surprenante. Comme si ce spectacle d'un homme gisant dans sa solitude devenait soudainement insupportable à ses yeux, Jésus, coupant court à ce flot de justification, s'écrie: «Lève-toi, prends ton grabat et marche.» Et voilà le miracle accompli! De nouveau, l'homme peut suivre Jésus.

Il faut relever que, à l'instar de l'époux aux noces de Cana, le paralytique ignore l'identité de Jésus. Il est incapable de répondre aux Juifs qui l'interrogent à ce sujet. C'est là le signe d'une initiative et d'une surprise divine dans sa vie. Mais ce fait dénote encore combien l'âme, en ce troisième signe, est loin de l'intimité spirituelle à laquelle Jésus aspire. Tout le thème de cette guérison tourne en effet autour du problème de la confiance en Dieu. Mais comment avoir confiance en un Dieu que l'on ne connaît pas encore vraiment? La confiance exige la connaissance!

Le témoignage du miraculé

Le récit de la guérison du paralysé est prolongé par son témoignage auprès des Juifs. Dans l'évangile de Jean, c'est à Jérusalem et en Judée que sont relatées les polémiques les plus violentes avec les Juifs. Le premier séjour est celui que Jésus lui-même inaugure de façon provocatrice par la purification du temple (Jn 2,13-25). Le récit de la guérison du paralytique, qui s'inscrit dans le second séjour à Jérusalem, s'achève par l'opposition déterminée des Juifs envers le Seigneur: «Aussi les Juifs n'en cherchaient que davantage à le tuer» (Jn 5,18). C'est le début d'une hostilité irréductible entre les Juifs et Jésus. Et qui sont-ils donc, ces «Juifs»? Ce sont ceux qui s'opposent au progrès de l'âme vers Dieu, au nom même de Dieu.

Or c'était le sabbat, ce jour-là. Les Juifs dirent donc à celui qui venait d'être guéri: «C'est le sabbat. Il ne t'est pas permis de porter ton grabat.» Il leur répondit: «Celui qui m'a guéri m'a dit: ‹Prends ton grabat et

marche.›» Ils lui demandèrent: «Quel est l'homme qui t'a dit: ‹Prends ton grabat et marche?›» Mais celui qui avait été guéri ne savait pas qui c'était; Jésus en effet avait disparu, car il y avait foule en ce lieu. Après cela, Jésus le rencontre dans le temple et lui dit: «Te voilà guéri; ne pèche plus, de peur qu'il ne t'arrive pire encore.» L'homme s'en fut révéler aux Juifs que c'était Jésus qui l'avait guéri (Jn 5,9-15).

L'ex-paralysé marche enfin, portant ce grabat qui le portait depuis si longtemps! Le voilà de nouveau libre, ayant retrouvé cette ferveur de Cana qu'il croyait à jamais perdue. «Prends ton grabat et marche!» Ce geste ordonné par Jésus était une invitation à rendre publiquement gloire à Dieu pour les bienfaits reçus. Son zèle restauré n'allait du reste pas tarder à être mis à l'épreuve.

L'interrogation des Juifs est menaçante: elle concerne le sabbat. Le sabbat est un repos hebdomadaire obligatoire, imposé par la loi de Moïse, afin de consacrer ce jour à Dieu. Il est en effet nécessaire aux hommes de faire régulièrement une pause par rapport à la vie ordinaire. Le sabbat devait donc être un jour «extraordinaire», non pas en soi parce qu'on se reposait, mais parce qu'on vivait de manière intense en la présence divine. Le problème des Juifs consistait à se crisper sur la «matérialité» du sabbat, au lieu d'en promouvoir le sens spirituel. Ils avaient donc développé au cours du temps une législation méthodique relative aux gestes qu'on pouvait faire ou non ce jour-là. Était même précisé le nombre maximal de pas qu'on était autorisé à effectuer!

En tout cas, il était impossible de porter quoi que ce soit le jour du sabbat. Porter quelque chose, c'était travailler! Quand l'ex-paralysé est interpellé parce qu'il transgresse le sabbat en portant son grabat, bien loin de s'en excuser, il leur répond que celui qui l'a guéri le lui a demandé. L'homme de Bethzata savait bien que l'ordre de Jésus lui faisait transgresser le sabbat. En obéissant au Seigneur, il considérait donc que l'autorité religieuse de celui qui avait été capable de le guérir était supérieure à celle des Juifs. C'est ce qu'il leur répond, et c'est ce qui inquiète les Juifs, qui lui demandent alors qui est cet homme. Mais le miraculé de Bethzata ne le savait pas lui-même.

C'est dans un deuxième temps qu'il va pouvoir répondre aux Juifs, après avoir rencontré Jésus dans le temple. Désormais, il connaît le nom de celui qui l'a guéri. Ce détail n'est pas anodin. Connaître le nom de quelqu'un, dans la Bible, c'est connaître la personne elle-même, car les noms bibliques indiquent la vocation d'une personne ou d'un lieu. Or, le nom de Jésus signifie «Dieu sauveur». L'ancien paralysé a bien expérimenté cette qualité du Seigneur! Alors, «l'homme s'en fut révéler aux Juifs que c'était Jésus qui l'avait guéri». Ce n'est pas par servilité ou par crainte des Juifs qu'il retourne vers eux; encore moins pour dénoncer Jésus comme maître de transgression religieuse; c'est pour achever son devoir de témoin des œuvres de Dieu. Jésus, en le rencontrant dans le temple, l'a averti de ne plus pécher, c'est-à-dire de ne plus craindre de s'affirmer publiquement comme «adorateur» de Dieu. Cette crainte des hommes l'avait en effet conduit à une grave anémie spirituelle. C'est donc résolument qu'il s'en va maintenant trouver les Juifs pour leur dévoiler le nom de celui qui est «plus grand» qu'eux! Il a vaincu les Amorites!

Il faut interpréter la démarche de l'ex-paralysé auprès des Juifs en ce sens: un témoignage sur l'autorité religieuse de Jésus. L'homme sait bien, en effet, que lui-même n'a pas autorité pour décider de modifier les règles du sabbat. Or, il comprend que Jésus, lui, a bien cette autorité. Ce n'est pas une autorité institutionnelle; c'est une autorité plus grande encore, car elle permet d'accomplir les œuvres de Dieu!

Certains commentateurs interprètent la démarche de cet homme de façon purement négative. Ainsi, oubliant les bienfaits de sa guérison, il se «couvrirait» aux yeux des Juifs en «accusant» Jésus de l'avoir poussé à enfreindre le sabbat. Il y mettrait un zèle déplorable, venant «dénoncer» Jésus après l'avoir de nouveau rencontré, afin d'ôter tout doute sur sa soumission aux autorités religieuses. Cette interprétation est sans fondement. C'est Jésus lui-même qui lui a donné l'ordre d'emporter son grabat. Les Synoptiques mentionnent tous un commandement similaire pour un autre paralysé (Mc 2,11-12; Mt 5,24; Lc 9,6). Et cet ordre est manifestement donné afin que soit publiquement rendu témoignage de la grâce reçue! Puis, rencontrant de nouveau le miraculé dans le temple, Jésus lui demande de ne plus pécher. Comment l'homme pourrait-il aussitôt aller trouver les Juifs pour «dénoncer» son bienfaiteur? Comment pourrait-il pécher immédiatement après un tel avertissement du Seigneur? Et s'il était seulement un «irresponsable», Jésus lui parlerait-il de la sorte? Bien sûr que non! D'ailleurs, dans un tout autre contexte, il fera la même recommandation à la femme adultère: «Va, et désormais ne pèche plus» (Jn 8,11). Un tel avertissement ne pointe pas le doigt sur une volonté mauvaise en soi.

Il faut bien avoir conscience que Jésus ne fait pas des miracles «en cachette», mais qu'il les accomplit en vue de se manifester au monde. Sinon, pourquoi Jean aurait-il choisi, parmi tous les miracles du Seigneur, un cas aussi peu «réussi»? Il n'avait que l'embarras du choix. C'est seulement la brièveté du discours qui incline vers une interprétation négative. Une analyse du texte dissipe ce malentendu. L'important tient dans le témoignage que l'ex-paralysé doit accepter de porter au monde. Et il remplit scrupuleusement sa mission! Les Synoptiques n'ont pas manqué eux aussi de mettre en relief cette nécessité de témoigner de la foi en Jésus Christ: «Je vous le dis, quiconque se sera déclaré pour moi devant les hommes, le Fils de l'homme aussi se déclarera pour lui devant les anges de Dieu; mais celui qui m'aura renié à la face des hommes sera renié à la face des anges de Dieu» (Lc 12,8-9).

Le discours de Jésus

Une polémique s'élève ensuite entre Jésus et les Juifs. Elle concerne le problème de l'autorité de Jésus. Jean nous livre à cette occasion le premier grand discours du Seigneur.

Ce magnifique discours, certes adressé aux Juifs, nous explique à quel état spirituel est parvenue l'âme en ce troisième signe. Le contenu de cet enseignement de Jésus est l'objet même de la contemplation de foi de l'ex-paralysé. Deux thèmes majeurs y sont développés: l'identité réelle de Jésus (son autorité) et la vie éternelle.

> ***Aussi les Juifs n'en cherchaient que davantage à le tuer, puisque, non content de violer le sabbat, il appelait encore Dieu son propre Père, se faisant égal à Dieu. Jésus reprit donc la parole et leur dit: «En vérité, en vérité, je vous le dis, le Fils ne peut rien faire de lui-même, qu'il ne le voie faire au Père; ce que fait celui-ci, le Fils le fait pareillement. Car le Père aime le Fils et lui montre tout ce qu'il fait, et il lui montrera des œuvres plus grandes que celles-ci, à vous en stupéfier. Comme le Père en effet ressuscite les morts et leur redonne vie, ainsi le Fils donne vie à qui il veut»*** (Jn 5,18-21).

Ce que Jésus faisait seulement entrevoir à la Samaritaine, voici qu'il l'explicite totalement en cette troisième étape du cheminement de foi. C'est normal, puisqu'en ce troisième signe le croyant est destiné à devenir un véritable adorateur de Dieu. Et pour y parvenir, il lui faut désormais une «matière dense» à contempler!

Jésus «appelait Dieu son propre Père, se faisant égal à Dieu». Telle est la révélation que reçoit en son cœur l'ex-paralysé, lorsqu'il rencontre Jésus dans le temple. Il ne s'agit pas encore d'une conscience totalement claire de l'identité absolue entre Jésus et Dieu; cependant, Jésus est bien considéré comme le Messie: Dieu s'exprime entièrement par lui. Et la preuve de cette égalité avec Dieu, c'est la puissance illuminatrice qui sort de lui, allant jusqu'à faire des miracles matériels.

En corrélation avec l'autorité que Jésus a reçue du Père, on trouve le thème du jugement divin: «Car le Père ne juge personne; il a donné au Fils le jugement tout entier.» Lors de l'épisode de la purification du temple, l'initiative de Jésus préparait les Juifs à cette proclamation. Mais il ne leur en fit pas alors la confidence; il n'en était pas encore temps. Pour la première fois, Jésus met les choses au point: «Je vous connais: vous n'avez pas en vous l'amour de Dieu» (Jn 5,42). Le paralysé était certes très imparfait, mais son cœur était en attente de Dieu; et cela suffit à Jésus pour venir le trouver et le guérir. Or, cette attente ou soif de Dieu n'habite pas le cœur des Juifs. Aussi n'attendent-ils rien de la part de Dieu. Cette froideur religieuse est un péché d'autant plus grave qu'elle émane de ceux qui se sont faits les gardiens de la foi d'Israël! Ils lisent effectivement la Bible, mais ce n'est pas pour y chercher Dieu; c'est pour y chercher la «vie éternelle», sans nécessité d'aimer Dieu: «Vous scrutez les Écritures, parce que vous pensez avoir en elles la vie éternelle.» Comment comprendre une telle dureté de cœur? Il ne s'agit pas du manque de foi du paralysé, qui ne trouve pas en lui assez d'amour pour oser suivre ouvertement Jésus; pour eux, c'est tout simplement une absence d'amour de Dieu! En ce sens, ils appartiennent au monde; ils gisent dans les ténèbres!

Vient ensuite le développement du thème de la vie éternelle. Le propre de Dieu, c'est d'être la source de la vie, de toutes formes de vie. Cela lui confère indiscutablement l'autorité suprême: «Comme le Père en effet a la vie en lui-même, de même a-t-il donné au Fils d'avoir aussi la vie en lui-même, et il lui a donné le pouvoir d'exercer le jugement...» En Dieu, être la source de la vie ne consiste pas seulement à en être le point de départ, comme c'est le cas chez les hommes; cela signifie aussi que Dieu est la destination de la vie, sa finalité. Ici-bas, nous faisons l'expérience de la vie en tant que créatures autonomes: le vivant est toujours un être autonome, contrairement à la matière qui compose l'univers matériel. Un être vivant est un petit univers à lui seul ! Le malheur, pour l'âme, c'est de ne pas entreprendre un retour vers Dieu, parce qu'elle ne voit plus en lui la source de la vie ! Le retour vers Dieu est une libre offrande de ma vie. Penser que Dieu a la vie en lui-même me fait pressentir que ma vie doit être en lui et qu'elle n'a de cesse de me pousser vers lui.

La corrélation faite ici entre la vie et le jugement doit être mise en parallèle avec celle qui unit la vie et la lumière dans le Prologue de l'évangile : « En lui était la vie, et la vie était la lumière des hommes ; et la lumière luit dans les ténèbres, et les ténèbres ne l'ont pas saisie » (Jn 1,4-5). Le jugement dont parle Jésus est tout à la fois un discernement et une décision. Le jugement en tant que discernement s'opère au cours de la vie terrestre ; à la mort, le jugement se cristallise en décision définitive. Donc, pour se préparer à recevoir la « lumière », l'âme doit s'attacher à méditer le mystère de la vie. C'est ce que fait Jésus avec les Juifs.

À la Samaritaine, Jésus donnait cet avertissement : « Dieu est esprit. » Ce n'est donc pas du côté de la biologie qu'il faut chercher à saisir le mystère de la vie ; c'est bien du côté de l'âme. Le propre de la vie biologique, végétale ou animale, c'est d'apparaître, puis de disparaître. Au niveau de la vie biologique, la mort n'est pas un châtiment ! Il en va tout autrement pour les hommes. Nous n'avons qu'une vie ; et la perdre, c'est tout perdre ! C'est l'existence d'une âme spirituelle en l'homme qui est responsable de cet état de fait !

Si le pouvoir de la mort n'était pas gouverné par Dieu, l'homme perdrait tout ce qui constitue son bonheur : la vie. Les hommes qui désirent disparaître purement et simplement dans le néant sont très rares. Au moins souhaite-on généralement une survivance dans le grand tout de la création, à la manière des bouddhistes, qui espèrent certes l'évanouissement de leur moi « passager », mais ne renoncent pas radicalement à « l'être ». Leur aspiration est envisagée comme une dilution dans une sorte d'énergie primordiale impersonnelle, un retour à un état existentiel indifférencié, mais elle n'est pas un néant absolu. Rares sont les hommes qui contestent Dieu au point de renier leur propre vie ! C'est plutôt au nom même de celle-ci, et afin d'acquérir, pensent-ils, une plénitude de vie plus grande encore, qu'ils se révoltent contre leur Créateur. Jésus tente de nous rendre la raison en nous montrant qu'en Dieu seul se trouve la source de la vie.

Qu'est-ce que la mort pour l'âme? Jésus affirme: «En vérité, en vérité, je vous le dis, celui qui écoute ma parole et croit à celui qui m'a envoyé a la vie éternelle et ne vient pas en jugement, mais il est passé de la mort à la vie.» Le secret de la vie pour l'âme réside dans l'aptitude à entendre la voix du Seigneur. La vie de l'âme, c'est la «vie éternelle»; et cette vie fleurit quand l'âme confesse que Jésus vient de Dieu, et qu'elle l'adore comme son Dieu. L'âme adore Jésus quand elle comprend qu'il a en lui la vie. La mort, sur le plan spirituel, c'est le refus de cette adoration du Verbe de Dieu comme source de la vie des âmes. Et c'est pourquoi Jésus affirme aux Juifs: «Comme le Père en effet ressuscite les morts et leur redonne vie, ainsi le Fils donne vie à qui il veut.» Dans le septième signe, en effet, nous le verrons donner gratuitement la vie à son ami Lazare.

Ce troisième signe s'achève sur la dénonciation des ténèbres de la part de Jésus. Le croyant du troisième signe accède ainsi à une maturité de foi qui lui permet de comprendre les véritables enjeux du salut. Mais il s'agit seulement d'un regard d'ensemble, non d'une intimité partagée avec Jésus. Le croyant, devenu adorateur de Dieu, ne prend part que de loin encore au témoignage de la lumière. Il faut dire qu'il revient d'une si longue prostration spirituelle !

Un bon bout de chemin déjà parcouru

Le premier cycle est vraiment le parcours de foi de l'homme. Cana représente l'âge de sa jeunesse spirituelle. Les noces du premier signe ont mis l'âme en relation avec Dieu.

La guérison de l'enfant, lors du deuxième signe, a marqué le début d'une formation intérieure aux exigences de la foi. L'homme «vieilli» du troisième signe retrouve et dépasse sa ferveur première. C'est désormais le temps d'une maturité dans la foi. Le croyant sait à quoi il s'engage vraiment, quels sont les combats qu'il faut mener pour trouver enfin la force véritable et ainsi adorer Dieu en esprit et en vérité.

On peut comparer le déroulement du premier cycle à la grande expérience spirituelle des Hébreux, en vue de l'accomplissement de la promesse faite aux patriarches. Le premier signe serait alors parallèle à la sortie d'Égypte; le deuxième signe correspondrait aux deux premières années passées dans le désert; le troisième signe, enfin, réaliserait les 38 ans de pérégrination qui suivirent et l'entrée dans la Terre promise.

Le premier signe constitue une rupture avec les valeurs du monde, prises comme un absolu. En ce sens, il s'agit d'une sortie de l'Égypte spirituelle qui faisait de la foi seulement un souvenir lointain, un patrimoine de clan ou de famille. Or, le vin de Cana rend soudainement présent ce Dieu «de nos pères». Son nom est «JE SUIS». Le cœur de l'homme est la première instance de l'âme à en ressentir la présence. Détacher son cœur du monde, c'est déjà en sortir, même si l'on ne sait pas encore où l'on va. Bien sûr, ce «monde», à la manière des soldats égyptiens traquant les Hébreux, nous poursuit avec tout ce qui nous attachait à lui. D'abord avec les personnes qui nous étaient proches dans la vie, ces compagnons de misère spirituelle, qui ne comprennent pas cet appel intérieur et qui nous demandent de ne pas les quitter, de ne pas devenir «autre». Puis c'est tout ce qui composait notre vie et qui en constituait «l'aliment»: nos ambitions, nos conceptions faciles de la vie humaine, nos loisirs, nos calculs de toutes sortes pour déjouer nos peurs de perdre ce qui nous paraissait être le seul «bonheur» accessible ici-bas. Tous ces liens poursuivent l'âme en lui disant: «Si tu pars, tu perdras tout ce que tu avais acquis avec tant de peine!» Mais l'ivresse produite par le vin de Cana donne des ailes au croyant. C'est déjà Dieu lui-même qui se communique à elle. Comme un ciel couvert, s'éclaircissant soudainement, laisse le soleil irradier toutes choses d'une lumière intense et chaude, Dieu, au cours du premier signe, laisse paraître la lumière d'en haut. Elle éclaire certes le monde présent, mais elle met en relief toutes les prémices de la vie véritable qui s'y trouvaient cachées. Jésus n'a plus qu'à commencer son instruction, comme Moïse le fit au désert.

Le deuxième signe est une période d'enseignement intense sous l'angle de la vie de foi. C'est aussi une période assez brève, à l'image des deux premières années vécues par le peuple hébreu au désert, où, de progrès en progrès, l'âme avance dans la connaissance de Dieu. Mais c'est aussi la période des «murmures» d'Israël! Pourtant, Dieu est patient, pardonnant sans cesse ces récriminations de l'âme et lui accordant son secours dès qu'elle le lui demande. Comme les Hébreux qui assistèrent aux grands signes opérés par Dieu, l'âme en ce deuxième signe est témoin de la toute-puissance bienveillante de son Créateur. C'est l'époque de l'enfance de la foi, où Dieu se manifeste très fort comme un Père. Il est alors, pour les croyants, un Père plein de patience et de tendresse. Il intervient sans délai, même si les âmes se comportent à son égard avec beaucoup d'exigence. Elles ne se connaissent pas encore elles-mêmes, et c'est pourquoi il les reprend sans les éconduire. Ainsi, durant les deux premières années au désert, les Hébreux firent beaucoup de reproches à Dieu, mais lui ne leur en tint jamais rigueur. Certes, il les reprenait, comme Jésus reprit l'officier royal, mais sans les châtier ou les abandonner. Le deuxième signe est un temps de grâce très intense.

Le troisième signe, en revanche, n'a pas la même tonalité. Après le refus d'entrer dans la Terre promise par peur des Amorites, le Seigneur se mit cette fois en colère contre les Hébreux qui, ayant reçu la lumière et la force nécessaires, se laissèrent encore impressionner par la puissance du monde. Il s'agissait là d'un authentique péché! Ainsi furent-ils maintenus 38 ans de plus au désert, pour acquérir cette confiance qu'ils n'avaient pas su accueillir pleinement. Alors seulement, ils furent en état d'entrer dans la Terre promise à leurs pères. Le croyant du troisième signe vit la même expérience par rapport à Jésus. Cette troisième étape de la foi est une sorte de crise de croissance. L'âme voudrait rester l'enfant choyée et gâtée du Père. Mais Dieu veut au contraire qu'elle grandisse et qu'elle entre dans une maturité plus grande par rapport aux conditions et aux enjeux de la foi. C'est ainsi seulement qu'elle pourra commencer à rendre témoignage de la miséricorde divine. Les 38 ans de paralysie représentent un sevrage des grâces accordées sans mesure lors du deuxième signe. Cette longue durée exprime un temps «qualitatif», c'est-à-dire une expérience profonde de l'âme. La guérison de la volonté est une très grande victoire dans l'ordre du développement spirituel. La coopération active avec Dieu devient possible.

Mais comment, en ce troisième signe, Jésus peut-il rendre confiance au croyant? Nicodème, lors du premier signe, lui avait demandé: «Comment un homme, quand il est déjà vieux, peut-il naître?» (Jn 3,4). À présent, le Seigneur répond clairement à cette question: avec le récit de la guérison du paralysé, nous assistons à la première grande étape de cette renaissance; puis, dans le discours qui suit ce récit, Jésus annonce le don effectif de la vie éternelle.

La vie est la «hantise» des hommes! Les jeunes gens veulent goûter la vie jusqu'à l'ivresse. Les hommes mûrs voudraient la «maîtriser», en quelque sorte, et ils commencent à craindre qu'elle passe sans qu'ils puissent la retenir. Devenus vieux, ils regardent en arrière et aspirent à une seconde vie, que beaucoup effectivement recommencent aujourd'hui. Mais cette seconde vie n'est pas une nouvelle naissance. Elle est trop extérieure! Et la vie continue de s'écouler sans qu'aucun effort de l'homme ne parvienne à la retenir. La vie ne peut pas être domptée, car il faudrait avoir la vie «en nous-mêmes»! Or, c'est le propre de Dieu d'avoir «la vie en lui-même» (Jn 5,26). Mais cette réalité échappe généralement aux hommes. Aussi recherchent-ils tous azimuts les moyens d'esquiver la mort. Et le premier réflexe de cette fuite est le refus de penser à la mort. Jésus, au contraire, nous oriente résolument vers la considération de la vie et de la mort.

> ***«En vérité, en vérité, je vous le dis, celui qui écoute ma parole et croit à celui qui m'a envoyé a la vie éternelle et ne vient pas en jugement, mais il est passé de la mort à la vie. En vérité, en vérité, je vous le dis, l'heure vient – et c'est maintenant – où les morts entendront la voix du Fils de Dieu, et ceux qui l'auront entendue vivront»*** (Jn 5,24-25).

Bien sûr, la notion de «jugement» est relative à Dieu. Mais on peut dire aussi que, derrière la peur de la mort, se cache, de façon diffuse, cette réalité du jugement divin. «Venir en jugement», n'est-ce pas déjà ressentir au fond de soi les avertissements même lointains de la vie qui nous échappe? Dans sa dynamique propre, «le monde» voudrait plonger les hommes dans une pure immanence, afin qu'ils soient seulement «d'en bas». Le monde exalte la vie terrestre, mais il ne propose que des épanouissements éphémères. Car la vie vient de Dieu et appartient à Dieu; et c'est vers sa source qu'elle se déploie, sans s'arrêter en chemin. Que serait une «immobilisation» de la vie, sinon une sorte de paralysie existentielle? C'est pourtant ce que préconise le monde qui, n'étant pas le détenteur de la vie, ne peut qu'essayer de creuser de grandes fosses pour l'empêcher de s'écouler librement. Le monde paralyse les âmes justement à cause de la vie qu'il veut à tout prix accroître ou conserver.

C'est pourquoi les hommes vivent ici-bas dans une crainte permanente. Le monde tire fondamentalement son pouvoir de leur peur de mourir. Seul l'enseignement de Jésus peut briser ces chaînes qui lient inexorablement les âmes à la terre et les font «gésir» dans la matière comme dans des tombeaux. Vivre sans la perspective de la vie éternelle, c'est vraiment être «enseveli» en un lieu obscur! Jésus est très net dans ses enseignements à cet égard, car l'enjeu est d'importance: «Qui veut en effet sauver sa vie la perdra; mais qui perdra sa vie à cause de moi, celui-là la sauvera» (Lc 9,24). Perdre sa vie à cause de Jésus, c'est lui donner sa vie, la remettre entre ses mains. Pour y parvenir, il faut écouter sa parole et croire au Père qui l'envoie. Telle est la condition, nous confie Jésus, pour échapper au jugement, pour passer de la mort à la vie. Car celui qui craint de mourir est vraiment au pouvoir de la mort! Au contraire, celui qui sait tenir sa vie de Dieu, et qui la lui offre, n'a plus de crainte. Personne ne peut arracher qui que ce soit de la main de Dieu. Seules les âmes ont le pouvoir de se détacher de lui.

L'enseignement de Jésus aux Juifs met en relief les causes de la paralysie de l'homme qui gisait au bord de la piscine. Jésus dénonce encore par un autre biais les attachements de l'âme au monde lorsqu'il déclare: «Comment pouvez-vous croire, vous qui recevez votre gloire les uns des autres, et ne cherchez pas la gloire qui vient du Dieu unique?» (Jn 5,44). C'est toujours le thème de l'immanence qui est souligné ici. Le monde religieux lui-même est clos! Il n'est pas ouvert à la transcendance divine, parce qu'il fonctionne désormais en système fermé. Le «discernement des esprits» a été remplacé par la cooptation, système qui consiste à accueillir celui qui est dans le même état d'esprit que ceux qui le reçoivent. Cette communion aux mêmes valeurs est ce qui empêchait un air nouveau d'entrer dans le milieu synagogal de cette époque. Jean-Baptiste fut toute sa vie un marginal en Israël, comme le fut Jésus lui-même. Le discernement des esprits aurait évité cette impasse, puisqu'il permet de reconnaître ceux qui viennent de Dieu ou non. Mais ce discernement exige une certaine maturité dans la foi. Curieusement, les Juifs ne savent pas si Jésus vient de Dieu; en revanche, «qu'un autre vienne en son propre nom», et il est accueilli. La cooptation est ici une reconnaissance réciproque entre ceux qui n'admettent pas d'autorité au-dessus d'eux-mêmes, parce qu'ils détiennent l'autorité pour définir le bien et le mal, et tirent ainsi leur gloire les uns des autres.

Le paralysé s'est laissé impressionner par cet état d'esprit du monde, comme les Hébreux face aux Amorites. Il n'a su ni reconnaître ni dénoncer cette pseudo-autorité religieuse. Pourtant, les enseignements de Jésus ne lui avaient pas manqué. Et maintenant, en ce troisième signe, le Seigneur passe devant lui pour abattre ces forteresses immenses de «papier mâché»! Jésus aurait pu intervenir plus tôt, comme il le faisait au temps de Cana, mais sa patience était pédagogique. L'âme devait reconnaître l'impasse d'un monde replié sur lui-même, et l'impuissance des hommes à en sortir par leurs seules forces. Ne pas entendre les avertissements de Jésus à propos de la cooptation, c'est demeurer au bord de la piscine, «gisant dans sa maladie»! Recevoir la gloire les uns des autres, c'est comme tenir sa vie les uns des autres, car la gloire est ce qui nous fait exister aux yeux des hommes. Dans l'Antiquité, la recherche de la gloire était considérée comme la vertu des âmes bien nées. Le culte des héros en est le reflet mythique. Mais la réalité concrète de l'accès à la gloire était souvent bien moins noble que l'idéal invoqué. Pour les Juifs du temps de Jésus, accéder à une notoriété religieuse passait impérativement par la cooptation de ceux qui exerçaient l'autorité, et le prix à payer était un culte à rendre à la gloire des hommes. Ceux qui entrèrent par une autre porte, comme Jean-Baptiste et Jésus, durent le payer de leur vie.

Jésus vient offrir au croyant du troisième signe la possibilité d'échapper à la médiation des hommes, cette médiation opaque qui paralyse l'âme et l'empêche de s'élever vers Dieu! Ce n'est pas une institution religieuse en tant que telle que dénonce Jésus; c'est cette opacité spirituelle qui sert l'œuvre des ténèbres dans le monde. Désormais, Dieu est directement accessible au croyant. Les morts entendent enfin la voix du Fils de Dieu!

Conclusion

Le troisième signe se comprend comme une « stabilisation » du deuxième. Ce que le deuxième signe commençait à faire dans l'âme, le troisième le réalise pleinement. Le croyant du troisième signe devient un véritable adorateur de Dieu, un véritable croyant, qui connaît le nom de son Dieu.

La soif des eaux vives de la Samaritaine se prolonge par la contemplation du paralysé observant l'agitation de l'eau. Mais 38 ans après avoir entendu cette annonce de l'eau vive, il ne comprend toujours pas comment se l'approprier. Il voudrait se jeter dedans tout entier, et pourtant, chaque fois, quelque chose l'arrête. Son désir ne parvient pas à se muer en décision. Au long de ces années symboliques, sa soif s'est extraordinairement intensifiée. N'est-ce pas justement ce qu'attendait Jésus pour le désaltérer? La Samaritaine n'était pas prête à recevoir cette eau du Ciel, car Dieu n'était pas encore vraiment son Époux: il n'était que le « sixième » homme. Aussi doit-on affirmer avec Jean que les 38 ans d'épreuves sont une nécessité du cheminement de foi. Il s'agit là bien sûr d'un chiffre symbolique. La chronologie de chaque croyant varie au gré de sa liberté, et surtout de son amour !

Pourquoi nous attarder au bord de la piscine, puisqu'elle n'a pas d'autre fonction que de nous permettre de nous éloigner d'elle? Allons au plus vite au Temple édifié par Jésus. Ce Temple est d'amour, et c'est son Cœur !

Le signe suivant, en effet, va introduire le croyant dans le monde divin. Jésus a dit aux Juifs, lors de ce troisième signe, qu'il donnait la vie à qui il voulait. Voici que, dans le quatrième signe, il réalise effectivement ce don !

Deuxième cycle :
le disciple

Le quatrième signe

Le quatrième signe ouvre un nouveau cycle du cheminement de foi. À l'issue du troisième signe, le croyant est devenu un véritable « adorateur ». À ce titre, il est déjà l'objet du salut divin. Mais saint Jean nous montre que la découverte de Dieu est bien loin d'être achevée. Car l'âme n'est pas encore toute remplie de Dieu ; elle n'est pas encore totalement purifiée et illuminée. Une nouvelle profondeur de la foi se découvre à l'âme qui, pourtant, aurait pu croire que tout était accompli à l'issue des 38 années symboliques évoquées par Jean. De même qu'après les 40 ans de pérégrination au désert l'entrée du peuple d'Israël en Terre promise s'ouvrit sur l'immense horizon de l'occupation matérielle et spirituelle de la Palestine, de même, en ce deuxième cycle, s'ouvre pour le croyant l'infinie contrée intérieure qu'est le partage de l'intimité du Cœur de Jésus !

Tout comme les deux premiers signes, qui étaient en relation étroite de par leur unité de lieu, les quatrième et cinquième signes sont intimement liés l'un à l'autre. Il s'agit ici de la multiplication des pains et de la marche sur les eaux. Cette fois, aucun discours de Jésus ne vient séparer ces deux événements : ils se suivent sans transition. Les textes qui les commentent l'un et l'autre, et qui sont amplement développés, sont placés à la suite du cinquième signe. Cependant, pour une plus grande clarté et une meilleure compréhension du cheminement de foi qui nous est proposé dans le deuxième cycle, j'ai choisi de commenter ces textes dès ce quatrième signe.

La multiplication des pains

Dieu est amour. Et la logique divine ne peut être comprise qu'à partir de ce constat. Celui qui a créé les hommes ne cesse de vouloir les attirer toujours plus profondément dans l'intimité de son Cœur. La progression des sept signes reflète ce mouvement. Le quatrième signe, quatrième pas de ce chemin merveilleux d'illumination spirituelle, conduit le croyant vers une nouvelle perspective: Jésus veut maintenant l'introduire dans le mystère de la vie!

Saint Jean n'ignore pas qu'il y eut deux multiplications des pains, comme le mentionnent les Synoptiques. Son but est non pas de nous relater tous les miracles accomplis par le Seigneur, mais de nous en enseigner principalement le sens spirituel. Dans cette perspective, un seul récit de multiplication est suffisant.

> ***Après cela, Jésus s'en alla de l'autre côté de la mer de Galilée ou de Tibériade. Une grande foule le suivait, à la vue des signes qu'il opérait sur les malades. Jésus gravit la montagne, et là, il s'assit avec ses disciples*** (Jn 6,1-3).

La foule suit Jésus au désert. Tout comme le premier signe, qui s'ouvrait sur la prédication de Jean-Baptiste au désert, le quatrième signe débute aussi dans un lieu retiré. Pourtant, le comportement de Jésus paraît moins intentionnel que celui du Baptiste. Jésus n'a pas donné explicitement rendez-vous à la foule au désert. Ce détail nous fait comprendre que le deuxième cycle est parcouru par les âmes qui désirent entrer plus profondément dans l'intimité divine. Un tel désir exige de l'âme une réaction immédiate, car Jésus est toujours en mouvement; pour le suivre, l'âme doit elle aussi se mettre en mouvement. À partir du quatrième signe, les âmes vivent désormais quotidiennement en présence du Seigneur et se laissent conduire par lui. La volonté doit être désormais mise en branle par un plus grand désir: ne pas perdre Jésus des yeux. Ces âmes ont été frappées par les miracles accomplis par Jésus sur les malades. Grâce à tout le travail effectué en elles par Dieu au cours des trois premiers signes, Jésus leur apparaît désormais comme la lumière du monde, celui-là seul qui peut conduire les hommes jusqu'aux sources de la vie.

Le désert est le lieu où Jésus avait entraîné ses disciples pour se reposer. Il est en effet le lieu de formation idéal pour introduire l'âme en de nouvelles perspectives intérieures. Ce repos est contemplatif. Une distance par rapport à l'univers des hommes est la préparation immédiate et nécessaire à cette nouvelle phase spirituelle que le Seigneur désire amorcer chez le croyant. Le désert symbolise un état d'âme particulier, où Dieu seul est entendu. L'unique condition est d'ouvrir son cœur à Celui qui l'habite de façon mystérieuse et invisible. Le désert a cette capacité de nous aider à «faire silence». Beaucoup de problèmes qui accaparent notre esprit, et beaucoup de sentiments qui agitent notre cœur, ne sont pas nôtres pour autant. Ils sont venus habiter chez nous, sans raison profonde apparente, et ils ont transformé notre contrée intérieure. Alors, la simplicité a fait place à la complexité du monde, et la douce sérénité du cœur à la tempête de ses caprices. «Faire silence», c'est faire taire ces bruits et ces agitations extérieures. Mais notre liberté peut refuser cette invitation, même si elle n'est que temporaire. Le désert devient alors soudainement insupportable, car il se fait le miroir de la vie intérieure. Et quand la vie intérieure est anémiée, la perte des repères humains plonge l'âme dans sa pauvreté! Il faut pourtant laisser Jésus nous conduire à cette «extrémité», certains qu'il nous donnera la nourriture dont nous avons besoin. Car le désert restaure la paix de l'âme, même si, au commencement, l'effet peut sembler contraire. Il simplifie notre intelligence et notre cœur en les ramenant sans cesse à l'essentiel: le mystère de la vie. La création est le domaine de Dieu, et elle parle continuellement de la majesté et de la beauté de son Créateur. C'est pourquoi le désert, pris en son sens absolu, est un lieu où la pensée n'est plus conditionnée par la culture des hommes. Les tensions, les interrogations, les échecs, comme les triomphes sociaux, s'évaporent et se perdent dans la solitude immense du désert. Ainsi, Jésus conduit les âmes à l'écart pour qu'elles soient disposées à entendre sa voix.

La montagne renforce cet isolement. Comme le désert, la montagne est, dans la Bible, un lieu préservé de l'action des hommes, qui concentrent leurs efforts dans la plaine. Ce lieu élevé symbolise une contemplation globale de la vie humaine, un regard de sagesse, dont le point de départ se situe entre Ciel et terre. Dieu avait choisi une montagne dans le désert pour se révéler intensément à Moïse et lui donner les tables de la loi, sources de sagesse individuelle et collective. C'est encore sur une montagne, l'Horeb, qu'il entraîna le prophète Élie, à l'issue de 40 jours de marche dans le désert, lui permettant de voir son Dieu «face à face» (1 R 19,9-13). Ces montagnes se trouvent dans le désert, dont elles représentent le parachèvement, parce qu'elles sont les lieux les plus pénétrés de la présence divine. Elles sont le cœur du désert, en même temps qu'un lieu sacré ! Quand Moïse arrive au pied du Sinaï, Dieu lui commande en effet de monter seul jusqu'au sommet, tandis que le peuple qui l'avait accompagné dans le désert devait rester en bas (*cf.* Ex 19,16-21). Seul Moïse était alors en état de paraître aussi directement en présence de Dieu. En venant dans le monde, Jésus permet au croyant de vivre ce que Moïse et Élie avaient pu seuls connaître.

Lorsque Jésus accueille la foule au sommet d'une montagne qui domine le lac de Tibériade, il propose une expérience de ce face-à-face divin, sous la forme d'un repas :

Or, la Pâque, la fête des Juifs, était proche. Levant alors les yeux et voyant qu'une grande foule venait à lui, Jésus dit à Philippe : «Où achèterons-nous des pains pour que mangent ces gens ?» Il disait cela pour le mettre à l'épreuve, car lui-même savait ce qu'il allait faire. Philippe lui répondit : «Deux cents deniers de pain ne

> ***suffisent pas pour que chacun en reçoive un petit morceau.» Un de ses disciples, André, le frère de Simon-Pierre, lui dit: «Il y a ici un enfant, qui a cinq pains d'orge et deux poissons; mais qu'est-ce que cela pour tant de monde?» Jésus leur dit: «Faites s'étendre les gens»*** (Jn 6,4-10).

Le quatrième signe est avant tout une instruction. C'est sous l'aspect d'une leçon que débute le dialogue avec Philippe: comment nourrir cette foule? La question de la nourriture est l'objet même de cette leçon magistrale du quatrième signe: Jésus, lui, «savait ce qu'il allait faire».

La présence des disciples est importante ici. Tandis que, durant les trois premiers signes, ils n'occupent pas encore une place très significative, ils sont maintenant des témoins privilégiés du Christ, qui leur explique ses actes. Jésus attire l'attention de Philippe; il accueille la réflexion d'André concernant les cinq pains et les deux poissons; et c'est encore aux disciples qu'il demande de préparer la foule à la distribution des pains. Saint Jean nous montre ainsi comment, en ce deuxième cycle, l'âme est appelée à devenir disciple du Seigneur. La dimension apostolique n'est pas un appel particulier, venant seulement compléter ce qui manquerait à l'animation spirituelle du peuple de Dieu, un service clérical qui se trouverait en quelque sorte un peu «à part». L'état de disciple est inséré dans l'itinéraire de foi du croyant. Au cours du premier cycle, les douze disciples de Jésus furent formés comme tous les autres aux premières mises en place de la foi, en vue de devenir de véritables adorateurs de Dieu. En ce deuxième cycle, qui est justement le «cycle du disciple», ils symbolisent les âmes qui poursuivent leur approfondissement de la foi. C'est cet approfondissement qui fait de ces âmes des disciples authentiques du Seigneur. Le disciple est en effet plus qu'un simple adorateur: il est un coopérateur du Christ. Or, cet état de coopération n'est pas réservé au clergé, mais il est proposé à tous les fidèles. Voilà ce que Jean nous fait comprendre, en nous montrant comment Jésus associe de façon nouvelle ses disciples à ses œuvres. Les disciples sont désormais plus intensément à l'école du Maître. Il est vrai qu'ils devront un jour l'imiter !

Saint Jean précise: «Or, la Pâque, la fête des Juifs, était proche.» Il s'agit de la seconde Pâque mentionnée par Jean ; la première était évoquée lors du premier signe, à l'occasion de la purification du temple (Jn 2,13). Et voici que le quatrième signe est réalisé à l'occasion de la deuxième année de prédication de Jésus. La troisième et dernière Pâque, celle de la Passion, est mentionnée à l'occasion du septième signe (Jn 11,55). Les trois cycles de la foi font directement référence aux trois années de la vie publique de Jésus.

Le récit est introduit par une formule spéciale: «Levant alors les yeux...» Cette expression, bien sûr, ne sert pas à désigner un mouvement physique, comme si Jésus avait préalablement les yeux baissés; elle sert à désigner un mouvement spirituel ! Déjà, en Samarie, Jésus invitait ses disciples à «lever les yeux» pour comprendre que la moisson des âmes était lancée (Jn 4,35). Au moment de ressusciter Lazare, il lèvera de nouveau les yeux pour glorifier Dieu devant les hommes (Jn 11,41). Enfin, durant le discours d'adieu à ses disciples, Jésus lèvera les yeux pour prier son Père en leur faveur (Jn 17,1). Cette expression cache une vision très particulière, qui est pour le croyant une vision dans la foi, c'est-à-dire une vue claire et distincte de la volonté du Père et des «signes des temps» qui la caractérisent. Elle s'accorde admirablement avec la nécessité de se tourner vers les réalités «d'en haut», comme Jésus l'expliquait à Nicodème. Sa question à Philippe est donc tout à fait pesée et pensée: «Levant alors les yeux et voyant qu'une grande foule venait à lui, Jésus dit à Philippe: ‹Où achèterons-nous des pains pour que mangent ces gens ?› Il disait cela pour le mettre à l'épreuve, car lui-même savait ce qu'il allait faire.» La réponse de Philippe, «deux cents deniers de pain ne suffisent pas», prouve que ce dernier ne franchit pas l'épreuve proposée. Jésus n'avait fait allusion ni à la quantité de pain nécessaire ni à son coût; sa question se concentrait sur l'adverbe de lieu: «où». En ce lieu désert, une telle demande semble plutôt inattendue. Mais comme il s'agit ici en réalité d'une question de foi, la réponse logique serait: «C'est auprès du Père qu'il faut acheter le pain nécessaire.» C'est ce que Jésus a déjà résolu de faire. Mais il laisse encore les disciples dans leur perplexité: «Un de ses disciples, André, le frère de Simon-Pierre, lui dit: ‹Il y a ici un enfant, qui a cinq pains d'orge et deux poissons; mais qu'est-ce que cela pour tant de monde?›» Par ce test de la foi, Jésus invite ses disciples à se situer sur un plan différent du plan humain ordinaire. Voilà en tout cas leur attention fixée et disponible pour accueillir le signe de la multiplication des pains. Et comme si Jésus voulait qu'ils ne l'oublient pas, coupant court à leur impuissance, il les fait participer au miracle, leur donnant finalement un rôle similaire à celui des serviteurs de la noce de Cana: ils font asseoir les gens, puis ils rassemblent les morceaux qui restent.

André fait le compte de ce qui est disponible: cinq pains d'orge et deux poissons. À l'époque du Christ, c'est la nourriture de base des petites gens en Palestine. Comme à Cana, il existe donc une matière initiale, point de départ du miracle. Saint Augustin interprète ainsi les cinq pains: «Par les cinq pains, on entend les cinq livres de Moïse: c'est, à vrai dire, de l'orge, et non du blé, car ils appartiennent à l'Ancien Testament. Vous le savez: l'orge est conformée de telle manière qu'on parvient difficilement à y trouver la farine, car elle est renfermée dans une enveloppe de paille épaisse et résistante; on ne l'en fait sortir qu'avec peine. Ainsi en est-il de la lettre de l'Ancien Testament, car elle est enveloppée dans les ombres de figures charnelles. Mais si on parvient jusqu'à son sens caché, elle nourrit et rassasie l'âme.» Quant aux deux poissons, Augustin les interprète en tant que figures des deux principales autorités religieuses dans l'Ancien Testament: le sacerdoce et la royauté. Or, c'est bien le Christ qui réunit en lui-même ces deux autorités séparées. Pour saint Augustin, les deux poissons complètent le symbolisme des cinq pains, pris dans le sens général de la méditation des Écritures. Ce commentaire nous rappelle la nécessité de rechercher le sens profond des actes de Jésus, dont le sens ultime est souvent caché à notre conscience, afin de nous obliger à «mastiquer» la parole de Dieu et ainsi à mieux nous en pénétrer. Il faut cependant aller plus loin dans l'interprétation des Écritures pour tenter d'en comprendre le sens spécifique. Sinon, à trop répéter une conception encore générale, on risque d'oublier de mettre en relief l'évolution qui, peu à peu, se dévoile au long de l'itinéraire de foi tracé par les sept signes. Augustin, effectivement, n'a jamais envisagé ce cheminement de foi du croyant.

Le symbole des poissons est également en relation avec le thème de la vie, puisqu'il est une nourriture. On sait bien que Jésus a souvent mangé du poisson grillé avec ses disciples au bord du lac de Tibériade. On retrouve ce même menu, pain et poisson, après la résurrection, lors de l'épisode de la pêche miraculeuse à la fin de l'évangile de Jean (Jn 21,9-10). Personnellement, j'aime à voir dans ces deux poissons mis à la disposition du Seigneur le symbole de la charité fraternelle, ce second commandement de la loi que Jésus a si bien mis en relief dans ses enseignements (Lc 10,27). Le chiffre deux évoque si opportunément l'idée de réciprocité qui caractérise l'amour ! Pas étonnant dès lors que la nourriture céleste que Jésus veut apporter dans notre monde comporte ces deux poissons.

L'amour «apostolique» pour le prochain a décidément sa source dans l'amour de Dieu. À ce titre, les deux poissons sont une véritable nourriture pour la vie de l'âme, une nourriture qui lui permet de produire des gestes concrets en faveur des autres hommes. Le «pêcheur d'hommes», apôtre de la nouvelle alliance, se nourrit de sa contemplation du mystère (les cinq pains) et de son amour agissant (les deux poissons). Le disciple de Jésus devient un homme mû par l'Esprit Saint. D'ailleurs, la somme des ingrédients que Jésus s'apprête à offrir à la foule correspond au chiffre sept, le chiffre de l'Esprit Saint !

Jésus leur dit: «Faites s'étendre les gens.» Il y avait beaucoup d'herbe en ce lieu. Ils s'étendirent donc, au nombre d'environ 5000 hommes. Alors Jésus prit les pains et, ayant rendu grâces, il les distribua aux convives, de même aussi pour les poissons, autant qu'ils en voulaient. Quand ils furent repus, il dit à ses disciples: «Rassemblez les morceaux en surplus, afin que rien ne soit perdu.» Ils les rassemblèrent donc et remplirent douze couffins avec les morceaux qui, des cinq pains d'orge, se trouvaient en surplus à ceux qui avaient mangé.

Le pain désigne une nourriture de l'âme. Mais de quelle nature est cet aliment? Il s'agit ici d'une nourriture universelle qui doit permettre au croyant du deuxième cycle de devenir un disciple du Seigneur. Le vin de Cana avait fait de lui un adorateur véritable; la multiplication des pains doit maintenant l'introduire plus avant dans le mystère de la foi. Le pain complète le vin, comme dans le repas eucharistique.

Le pain constitue l'une des deux espèces eucharistiques. Cette similitude nous invite à comprendre la portée symbolique du pain. Jésus est le vrai pain descendu du Ciel. Ses enseignements contiennent une nourriture cachée, seule capable de rassasier les hommes en quête de vérité et de plénitude. «À la vue des signes qu'il opérait sur les malades», la foule a suivi Jésus au désert. Une âme qui ne vit pas de la plénitude pour laquelle elle fut créée peut bien être comparée à une personne malade. Quand le corps est en bonne santé, il ne se fait pas entendre. En revanche, lorsqu'il est malade, il ne cesse de se rappeler à nous, se plaignant douloureusement à intervalles réguliers de ses dysfonctionnements. Il en va de même pour l'âme: quand elle n'est pas en bonne santé spirituelle, elle gémit sur tout ce qui lui manque pour être heureuse! C'est donc bien pour être guérie spirituellement que la foule suit Jésus jusque dans le désert. Sur la montagne, Jésus partage le pain comme il partage ses enseignements, c'est-à-dire librement : liberté du donateur et liberté de celui qui les reçoit. Sans cette liberté, qui réclame un appétit spirituel, il n'est pas possible de digérer un tel aliment.

Le pain est un des éléments de base de la nourriture quotidienne des hommes auxquels s'adressait Jésus. À ce titre, le pain représente ce qu'il y a de plus essentiel au maintien de la vie biologique. Transposée dans le domaine de l'âme, cette qualité du pain renvoie au thème de la vie éternelle. Elle est fondamentalement un don de Dieu. Ce n'est pas la nature de l'homme qui fait de lui un être voué à subsister éternellement. Dieu seul justifie cette pérennité. L'épisode du péché originel commente cette réalité. Ayant mangé le fruit défendu, l'homme compromit partiellement cette possibilité de vie éternelle. Le récit de la Genèse met en effet dans la bouche de Dieu l'exclamation suivante : « Voilà que l'homme est devenu comme l'un de nous, pour connaître le bien et le mal ! Qu'il n'étende pas maintenant la main, ne cueille aussi de l'arbre de vie, n'en mange et ne vive pour toujours ! » (Gn 3,22-24). Certes, Adam et ses descendants ne furent pas anéantis, mais ils subsistèrent après leur mort dans un lieu que la Bible nomme le shéol. L'épisode du péché originel marque donc une coupure significative avec la vie, cette vie véritable dont la source est désormais scellée : l'arbre de vie, dont furent écartés Adam et Ève au commencement du monde. L'Ancien Testament ne permet pas de remonter spirituellement jusqu'à la source de la vie. Il ne connaît de l'outre-tombe que le shéol, lieu vague et indifférencié, où les âmes des justes devaient attendre le renouvellement de la fin des temps, que seul le Messie pouvait leur apporter. Au shéol, les âmes sont comme des ombres sans vitalité ! Tout le contraire de l'accomplissement de la vie bienheureuse. C'est alors que Jésus se présente comme « le pain vivant descendu du Ciel ».

Jésus ne fait pas que donner le pain (Philippe propose d'en acheter) ; il le multiplie. Dans la Bible, la multiplication est l'opération propre de la vie. La vie, en effet, procède par multiplication : « Croissez et multipliez », ordonne Dieu lors de la création du monde (*cf.* Gn 1). Sur le plan biologique, l'observation du phénomène de la division cellulaire est un fascinant exemple du pouvoir multiplicateur de la vie. D'elles-mêmes, les cellules se multiplient en se dédoublant. Quelque chose, au plus intime d'elles-mêmes, leur communique ce pouvoir étrange. Leurs chromosomes, porteurs de leur identité biologique, se dédoublent pareillement. Le vieillissement d'un organisme advient quand ses cellules cessent petit à petit de se renouveler. La vie, en effet, se présente comme une source jaillissante !

La vie, en multipliant les êtres qu'elle engendre, les diversifie également. « L'identique » n'existe pas dans la création : aucun arbre n'est semblable à un autre. Le clonage est l'antithèse de la vie. La nature ne crée jamais une copie exacte de ce qu'elle a déjà créé. Le clonage n'est pas une multiplication : il est une « division ». Or, le quotient de la division est toujours moindre que ce qu'on avait au départ !

La putréfaction du cadavre est l'image exemplaire de la division. L'organisme perd progressivement sa cohésion ! C'est ainsi que Dieu annonça à Adam qu'il devrait mourir : « Tu es poussière, et tu retourneras à la poussière » (Gn 3,19).

En mangeant le pain multiplié, le croyant reçoit la possibilité d'une intimité nouvelle avec Jésus. Le Seigneur donne à goûter ici cette manne dont les Hébreux, au temps de l'Exode, ne connurent dans le désert que la préfiguration. On peut dire que Dieu communique à l'âme une vision nouvelle du monde, enrichie d'une dimension spirituelle qui lui manquait encore. Comme le rocher au désert, laissant jaillir de l'eau à l'invocation de Moïse, Jésus multiplie la nourriture de vie, là où il ne s'en trouve plus assez pour subsister.

Les gestes de Jésus sont manifestement très liturgiques : « Alors Jésus prit les pains et, ayant rendu grâces, il les distribua aux convives, de même aussi pour les poissons, autant qu'ils en voulaient. » Jésus prend soin d'offrir d'abord ces pains au Père. « Rendre grâces » a le sens fondamental de remercier quelqu'un, qu'on exprime par le verbe *eucharistéô*, d'où dérive le mot français «eucharistie». La bénédiction et la distribution du pain évoquent bien sûr la dernière Cène, où Jésus donne l'eucharistie à l'Église. Jean a soin également de préciser que c'est Jésus qui distribue les pains et les poissons à la foule, comme pour insister sur le fait que, dans le processus de la multiplication, multiplication et distribution sont liées.

Mais en quoi consiste finalement le mystère de la multiplication? Jean ne mentionne même pas ici le fractionnement du pain ni celui des poissons. C'est sans doute pour nous dire que la modalité n'est pas à notre portée, mais que ce qui doit être pris en compte, c'est l'acte même de la distribution. Autrement dit, distribuer, c'est multiplier, et vice-versa. Ce mystère se réalise dans une attitude de foi pure et sans faille. Ainsi, l'âme comprend que la foi nourrit constamment celui qui en vit, et que Dieu est inépuisable et infini. Et cette multiplication du pain de vie engendre en l'âme une confiance tout à fait nouvelle. Le mystère de la multiplication évoque la tendresse de la Providence divine, cette mère qui surveille son enfant et qui multiplie le peu qu'il possède. La foi ne multiplie-t-elle pas également les biens de l'âme?

Tout comme Cana, le quatrième signe a une dimension collective, la présence et le rôle des disciples faisant songer à une entrée dans l'apostolat. Cette dimension aussi est implicitement contenue dans le mystère de la vie: la vie se propage par multiplication, la multiplication consiste dans l'intervention d'intermédiaires, et ces intermédiaires sont toujours reliés à la source par la communion au même pain. Ainsi, la vie est une source qui engendre des sources: «Celui qui croit en moi, selon le mot de l'Écriture: ‹De son sein couleront des fleuves d'eau vive›» (Jn 7,38). L'apôtre doit donc être lui-même une source.

Le mystère de la multiplication nous entraîne dans la perspective de la charité fraternelle. N'est-ce pas dans le don du pain de vie que se trouve parfaitement restauré l'amour fraternel? Tout vient de Jésus, même la distribution du pain, mais la communion qu'il établit englobe tous ceux qui mangent cet aliment unique. Or, l'amour fraternel est le partage de l'amour du Christ pour tous les hommes. Son amour doit emplir le cœur des croyants ; et ce faisant, il les relie entre eux en tant que frères et sœurs. L'amour fraternel est un grand mystère, puisqu'il est suscité par Dieu lui-même. C'est le partage du pain de vie qui introduit les croyants dans cette dimension nouvelle de la foi et qui nous fait comprendre que le disciple est effectivement dans les traces du Seigneur. Car la vocation du disciple, c'est de travailler à l'édification de l'amour en ce monde !

À la vue du signe qu'il venait de faire, les gens disaient : « C'est vraiment lui le prophète qui doit venir dans le monde. » Alors Jésus, se rendant compte qu'ils allaient venir s'emparer de lui pour le faire roi, s'enfuit à nouveau dans la montagne, tout seul.

D'un point de vue matériel, le miracle de la multiplication des pains et des poissons est très étonnant. On comprend que la foule en fut stupéfaite. L'enthousiasme fut tel que les gens désirèrent faire de Jésus le roi d'Israël. Devant Pilate, Jésus expliquera que sa royauté « n'est pas de ce monde ». C'est aussi ce qu'il dit maintenant à la foule, en prenant hâtivement congé d'elle. Ce n'est pas qu'il refuse en soi le titre de « roi d'Israël », puisque c'est pour recevoir ce sacre théologal qu'il est venu dans le monde, mais il sait que les croyants du quatrième signe ne sont pas encore préparés à devenir ses sujets. Car son règne est celui de l'amour ; et pour s'y soumettre, il faut savoir vraiment aimer !

Jésus s'enfuit dans la montagne. Par ses enseignements sur la vie, donnés sur cette montagne déserte, il a accueilli les gens dans un espace de vie contemplative. Mais les auditeurs ne peuvent encore y demeurer. C'est le cas du croyant de ce quatrième signe, qui doit faire ce que les disciples durent faire eux-mêmes: s'embarquer et aller sur la mer, c'est-à-dire retourner dans le monde.

Jean relève bien le motif de la fuite de Jésus dans la montagne. Le fait de vouloir «s'emparer» de Jésus, fût-ce pour le faire roi, signifie ne plus le laisser maître d'agir en notre âme. Aussi, en prenant ainsi brutalement congé de son auditoire, Jésus semble vouloir lui donner un temps de réflexion. Le croyant qui chemine selon l'itinéraire des sept signes peut être tout autant du côté de Jésus que du côté de la foule. Les disciples du Christ recherchent la parole de vie; les autres recherchent le pouvoir.

La contemplation du mystère de la vie

Dans le prologue de son évangile, Jean donne à Jésus le titre de «Verbe de Dieu» et déclare à son sujet: «Tout fut par lui, et rien de ce qui fut ne fut sans lui. En lui était la vie, et la vie était la lumière des hommes» (Jn 1,3-4). Ce passage nous intéresse directement, car c'est ainsi que Jésus se présente lui-même aux Juifs à Capharnaüm, au lendemain de la multiplication des pains: «Je suis le pain de vie» (Jn 6,35).

La vie est en soi une évidence: elle ne se démontre pas; elle s'impose d'elle-même. Dans le monde matériel, les particules qui composent la matière sont constamment en mouvement, mais elles ne sont pas pour autant vivantes. Dans la nature, la vie se déploie à travers les végétaux, les animaux et les hommes. Or, ces trois formes de vie ont pour point commun, sur le plan biologique, de constituer un organisme autonome, capable d'être à lui-même sa propre fin. L'être vivant travaille pour lui-même à sa croissance et à sa conservation.

En ce quatrième signe, Jean nous convie à la contemplation du mystère de la vie, mais il s'agit de la vie spirituelle. La vie biologique n'est que la dimension matérielle de la vie tout court. C'est chez les hommes que ce constat s'impose avec le plus de force. Dans la vie humaine, l'autonomie est dépassée, et elle s'épanouit en liberté. C'est à cette unique condition qu'un être peut être «spirituel», car seule la liberté permet à l'amour de s'épanouir dans le partage de la vie. Quand le partage de la vie n'est qu'une affaire de conditionnement, l'amour ne peut grandir. Le conditionnement n'admet pas la gratuité. Or, la gratuité est le milieu vital de l'amour, et elle en fait toute la beauté! À Capharnaüm, c'est à cette liberté humaine que Jésus se trouve confronté. Les interlocuteurs de Jésus ne comprennent pas cette gratuité d'amour.

Jean nous décrit tout d'abord la surprise de la foule de ne plus trouver Jésus sur la montagne, puis le départ des gens vers Capharnaüm pour le rejoindre. L'ayant rejoint, ils l'interrogent: «‹Rabbi, quand es-tu arrivé ici?› Jésus leur répondit: ‹Amen, amen, je vous le dis. Vous me cherchez non pas parce que vous avez vu des signes, mais parce que vous avez mangé du pain et avez été rassasiés›» (Jn 6,25-26). Tandis que la foule s'intéresse au «comment» du voyage de Jésus, celui-ci renvoie son auditoire au «pourquoi». Leur recherche n'est pas pure, elle n'est pas désintéressée. Dès lors, elle ne peut déboucher sur le mystère auquel le Seigneur les convie. Jésus place ces hommes dans leur vérité nue, leur reprochant de négliger les signes pour ne se préoccuper que de leur propre satisfaction par la nourriture. La Tradition met constamment en garde les croyants contre la tentation de délaisser le donateur, Dieu, pour ne considérer que ses dons. Ce qui compte dans la multiplication des pains, c'est le sens de ce signe donné pour nourrir la foi.

Ainsi, Jésus déclare lui-même que le pain qu'il a multiplié (il ne mentionne pas les poissons) est comme cette manne obtenue par l'intercession de Moïse: une nourriture transitoire, et non pas la nourriture ultime, le véritable pain qui descend du Ciel: «Car le pain de Dieu, c'est celui qui descend du Ciel et donne la vie au monde» (Jn 6,33).

C'est pourquoi Jésus invite ses auditeurs à travailler en vue d'obtenir la nourriture ultime, celle «qui demeure en vie éternelle». Et cette œuvre consiste dans la foi: «L'œuvre de Dieu, c'est que vous croyiez en celui qu'il a envoyé.» Les Juifs du temps de Jésus attendaient, comme signe des temps messianiques, le renouvellement des prodiges opérés par Moïse au désert. C'est pourquoi la multiplication des pains leur paraît être le renouvellement du miracle de la manne (Ex 16,15-35). Aussi s'apprêtent-ils à suivre Jésus, comme les Hébreux suivaient Moïse, et à vivre pareillement en tirant profit des miracles divins. Les Juifs pensaient alors que le Messie de la fin des temps les conduirait jusqu'à la domination sur les peuples de la terre. Il s'agit là d'un mirage que nous avons l'habitude de nommer «spiritualité millénariste». Cette optique se fonde sur la croyance que l'histoire touche à sa fin et que Dieu va venir châtier immédiatement le monde rebelle. En ce cas, la foi se réduit pour le croyant à être du bon côté, à applaudir Dieu qui vient mettre à bas tout ce qui, pense-t-on, se dressait contre lui. Il s'agit d'assister au jugement de tout ce qui est caduc dans le monde! Mais le talon d'Achille de la foi millénariste, c'est de faire oublier au croyant qu'il est lui-même engagé dans cette transformation universelle, et donc dans le jugement du monde. La passivité morale est la grande tentation de cette perspective religieuse. Elle incline vers une complaisance qui fait jouir davantage de la fin d'un monde, au lieu de travailler à l'avènement d'un autre. Il ne s'agit pas d'une communion avec les projets du Cœur de Dieu, mais il s'agit plutôt d'un bouillonnement imaginatif infécond. Cette religiosité doit être purifiée par Dieu pour devenir une authentique ordination au royaume des Cieux. L'auditoire de Jésus ne mesure pas combien ses espérances sont par trop terrestres. Jésus dénonce ici un comportement religieux sans dimension morale: les hommes sont séduits par la puissance, alors qu'ils devraient être fascinés par l'amour!

Jésus développe ensuite son enseignement sur le vrai pain céleste: «Je suis le pain de vie. Qui vient à moi n'aura jamais faim; qui croit en moi n'aura jamais soif» (Jn 6,35). Vraiment, la communication de la vie est la plus merveilleuse des œuvres d'amour de Jésus! Mais il faut pour cela admettre qu'il est, en tant que Verbe de Dieu, l'unique nécessaire à la vie de notre âme. Parvenir à une telle prise de conscience, c'est faire un grand progrès dans la foi. Il y a là une adhésion libre qui doit conduire le croyant à la confession de Pierre, qui conclut ce discours et prépare une proclamation explicite de la divinité du Christ. Car la confession de Pierre n'est pas encore parfaite. Elle traduit toute sa confiance en Jésus, mais trahit encore une vague incertitude: «Seigneur, à qui irons-nous? Tu as les paroles de la vie éternelle. Nous, nous croyons, et nous avons reconnu que tu es le Saint de Dieu» (Jn 6,68-69). Pierre comprend que Jésus est le portier de la vie éternelle, mais il n'arrive pas encore à le reconnaître comme Dieu lui-même. Tel est le croyant du quatrième signe.

Pourtant, le miracle de la multiplication des pains fait résonner les paroles de Jésus dans toutes les âmes qui se trouvent unies à lui spirituellement sur la montagne. Jean ne nous parle pas de l'épisode de la transfiguration du Seigneur (*cf.* Mt 17,1-8). Cependant, la multiplication des pains a une tonalité qui lui ressemble. Les Synoptiques nous montrent que Jésus est la lumière du monde. Trois des apôtres furent les témoins privilégiés de cette transfiguration: «Son visage resplendit comme le soleil, et ses vêtements devinrent blancs comme la lumière» (Mt 17,2). Cette irruption du divin dans le corps de Jésus s'accompagne de l'apparition de Moïse et d'Élie, les deux prophètes de l'Ancien Testament qui se tinrent face à face devant Dieu. Pierre, Jacques et Jean, qui assistent à cet événement sur la montagne, sont d'abord complètement déroutés. Ils sont «saisis d'effroi» lorsqu'une voix retentit du ciel pour proclamer la filiation divine de Jésus.

Les deux miracles ont un contexte très différent, mais ils ont en commun de manifester la gloire de Jésus. Tandis que chez les Synoptiques, cette manifestation est très explicite, elle est indirecte chez Jean: il faut, pour y parvenir, passer par la méditation du mystère de la vie. Mais qui suit ce chemin y parvient assurément! L'obstacle à surmonter est celui de notre logique humaine. Lors de l'épisode de la transfiguration, Pierre prend la parole pour proposer à Jésus de dresser des tentes pour lui et ses deux invités célestes. À cette occasion, Luc constate « qu'il ne savait pas ce qu'il disait » (Lc 9,33). Il en va de même pour l'auditoire de Jésus, qui ne comprend pas la signification profonde du miracle de la multiplication des pains. Si les gens avaient compris que ce miracle avait pour but de les introduire dans la logique divine, ils n'auraient pas refusé l'enseignement de Jésus à Capharnaüm. Comprendre en effet que Jésus est le Verbe qui a en lui-même la vie illumine l'âme ; telles sont les paroles du Prologue de Jean.

La vie de foi consiste à demeurer avec Jésus. Je demeure en lui avec toutes les parties de mon être : avec mon intelligence, avec mon cœur et aussi avec mon corps. Comme pour la nourriture matérielle, mon être tout entier désire, goûte, connaît, aime celui qui est sa vraie nourriture. Mais cette nourriture du Ciel ne me donne pas seulement une énergie nouvelle pour faire à mon tour les œuvres du Père. Elle produit elle-même, en moi, les œuvres du Père. Elle me sanctifie, c'est-à-dire me consacre et m'introduit dans le royaume de Dieu, auquel j'aspire sans le connaître encore vraiment. Je suis ici-bas dans le devenir, et c'est pourquoi il me faut croître dans la foi. Car la foi n'est pas un état définitivement atteint. Un croyant a besoin d'une nourriture solide. La foi ainsi acquise recèle une puissance merveilleuse. La Tradition chrétienne nous fait diviser cette attitude en trois vertus théologales (foi, espérance et charité), mais dans la bouche de Jésus il n'y a entre ces vertus ni dualisme ni séparation. La foi, dans l'évangile de Jean, c'est tout autant espérer et aimer ! C'est pour cela qu'il nous la présente comme recelant un pouvoir si transformant.

Certes, en tant qu'envoyé du Père, Jésus se heurte à l'incrédulité des Juifs. Même ses enseignements, qui commentent les signes qu'il opère, ne parviennent pas à engendrer en eux la foi véritable. Les Juifs ont leurs schémas, auxquels ils ne renonceront pas : « Vous me voyez et vous ne croyez pas. Tous ceux que me donne le Père viendront à moi » (Jn 6,36-37). Voilà une étonnante présentation de la doctrine de la prédestination des élus ! Les élus sont ceux qui écoutent la « voix » du bon berger, parce qu'ils « connaissent » cette voix, ou qu'ils y reconnaissent la proclamation de la « vérité ». Finalement, l'humanité peut être représentée sous deux formes animales : les brebis, qui sont les âmes soumises à Dieu, et les poissons, qui sont les âmes immergées dans le monde. Les poissons n'entendent pas la voix du Fils de l'homme, à cause du « monde » dans lequel ils sont plongés. C'est pourquoi ils ne peuvent pas distinguer par eux-mêmes les choses du Ciel de celles de la terre. Pour leur permettre d'entendre à leur tour, il faut donc que les disciples les extraient de ce monde. Leur liberté fera qu'ils se laisseront prendre ou non !

Du pain multiplié à l'eucharistie

Le récit de la multiplication des pains et le discours polémique de Capharnaüm nous introduisent au cœur du mystère eucharistique. Ce pain multiplié par Jésus sur la montagne est en effet porteur d'un sens inouï.

Le discours de Jésus peut être subdivisé en deux parties : la première partie est un regard de sagesse mettant en relation la foi et la vie éternelle (Jn 6,26-51) ; puis, dans une seconde partie, Jésus développe le thème du pain « eucharistique » (Jn 6,52-59). C'est cette deuxième partie qu'il faut méditer pour entrer plus avant dans la contemplation du mystère de la vie.

Ce nouveau développement du thème de la vie éternelle ne vient pas brutalement dans l'évangile de Jean. Au cours du deuxième signe, Jésus expliquait à Nicodème qu'il fallait croire au Fils pour avoir la vie éternelle (Jn 3,16). Le thème était lancé. Lors du troisième signe, on l'a vu, Jésus le développera de façon considérable en expliquant qu'il faut non seulement croire au Fils de Dieu, mais également « écouter sa parole » et « entendre sa voix » (Jn 5,24-25). À présent, en ce quatrième signe, il explique qu'il faut communier avec lui en « mangeant sa chair » : « Qui mange ma chair et boit mon sang a la vie éternelle, et je le ressusciterai au dernier jour » (Jn 6,54). C'est ce que font les chrétiens lors de la messe : après avoir écouté les lectures bibliques du jour, ils assistent à la célébration eucharistique, qui s'achève par la communion.

Mais pourquoi Jésus évoque-t-il « sa chair et son sang », au lieu d'en rester simplement à l'adhésion à sa parole et à sa personne ? En effet, par son enseignement, il est déjà une nourriture pour l'âme, à laquelle il communique ainsi la vie. Or, Dieu ne veut pas seulement sauver les hommes ; il désire aussi les introduire dans une intimité et une connivence vraiment extraordinaires avec lui. L'amour a cette exigence incompréhensible, puisqu'il dépasse toujours les limites de la seule libération spirituelle, comme il dépasse aussi les limites de la mort. L'amour et la vie vont de pair en un perpétuel dépassement de ce qui est !

Pour mieux saisir l'invitation eucharistique du Seigneur, il faut distinguer le corps et la chair. En grec, comme en français, le mot « corps » renvoie à l'ensemble de la personne physique, tandis que le mot « chair » est plus restrictif. Lorsque l'apôtre Paul évoque l'Église en tant que « Corps du Christ » (Ép 4,12), il se situe dans une perspective d'ensemble qui montre que les croyants sont agrégés au Seigneur au point de ne plus être qu'un avec lui. Le Christ est la tête de ce Corps (Col 1,18), dont les croyants sont les membres. Mais saint Jean a entendu Jésus parler plus spécifiquement de sa « chair ». Si le « corps » du Seigneur renvoie à un tout organisé qui, à ce titre, évoque l'Église, la « chair » quant à elle demeure un symbole strictement personnel de Jésus. Ainsi, manger le « corps » du Seigneur met le croyant en communion avec le Christ et avec son Église (1 Co 10,17) ; tandis que manger la « chair » de Jésus semble se limiter à l'idée d'une communion d'amour avec lui seul. Ces deux conceptions ne s'opposent pas ; elles se complètent. Car l'intégration à l'Église, Corps du Christ, suppose une relation personnelle du croyant avec Jésus, qui la précède et la fonde. C'est cette communion intime dont parle Jésus à ceux qu'il destine à l'état de disciples.

Cette communion est totalement vivifiante : « De même que le Père, qui est vivant, m'a envoyé et que je vis par le Père, de même celui qui me mange, lui aussi vivra par moi » (Jn 6,57). La communion au pain de vie transforme dans l'amour celui qui le mange. Telle est la dimension mystique de l'eucharistie : elle est une transformation d'amour, car elle insuffle l'amour en celui qui la reçoit. Ses effets sont très profonds, et il n'est pas possible de les mesurer dans les commencements. Or, petit à petit, la vie du Seigneur fait germer l'amour dans l'âme, au point qu'un jour elle se découvre en « état d'amour », sans même y avoir jamais pensé. Vivre, c'est aimer ; aimer, c'est vivre ! Voilà le secret du pain de vie. Manger la « chair » et boire le « sang » offerts par le Seigneur, cela permet de vivre de la vie même que Jésus reçoit du Père. Il ne s'agit pas de la vie biologique : il s'agit de la vie éternelle, qui seule peut vivifier une âme. Les Juifs qui écoutent Jésus s'imaginent qu'il leur offre sa chair matérielle. Leurs espérances, en effet, sont toujours liées au monde présent. L'offre du pain de vie leur semble dès lors absurde. Pourtant, Jésus les prévient nettement : ce pain n'est pas « comme celui qu'ont mangé vos pères » au désert. La manne était matérielle, même si son origine était miraculeuse, car sa fonction était d'être une nourriture pour le corps.

Le pain multiplié par Jésus est un signe qui renvoie à l'eucharistie. Par son sacrifice sur la croix, Jésus s'apprête à donner sa chair à manger aux croyants. C'est pourquoi l'eucharistie est vraiment un aliment d'amour. La résurrection de Jésus communique à cet amour une dimension d'éternité. Par lui, l'amour devient plus fort que la mort ! Le pain de vie est donc une merveilleuse source de « transfiguration » de l'âme. Car passer de la mort à la vie est bien une authentique transformation en Dieu ! Jésus invite le croyant du quatrième signe à pénétrer dans un grand mystère : le mystère de la vie ! Étant un secret d'amour, le mystère de la vie se déploie en un échange des cœurs : Jésus attire l'âme en son Cœur divin, et le cœur de l'homme reçoit celui du Christ comme sa source de vie. Le quatrième signe n'est que le commencement de cette divine métamorphose intérieure. L'accueil du mystère de la vie fera d'abord du croyant un disciple, puis il en fera un ami.

On voit bien, dans ce dialogue polémique, le soin qu'a Jésus d'apporter son témoignage à tous les hommes ; on voit aussi la liberté humaine prendre position par rapport à lui. La prédestination chrétienne n'est pas la doctrine grecque du destin implacable. Il est toujours possible aux hommes de se tourner vers Dieu. Cependant, Jésus n'exerce de responsabilité qu'envers ceux qui croient en lui : « Or, c'est la volonté de celui qui m'a envoyé que je ne perde aucun de tous ceux qu'il m'a donnés, mais que je les ressuscite au dernier jour » (Jn 6,39). Le pain de vie trouve une forme concrète dans l'eucharistie. Par la communion « au corps et au sang du Christ », le croyant entre en état d'intimité surnaturelle avec Jésus, sans autre mérite de sa part que le désir de connaître Dieu. C'est l'eucharistie qui permet ensuite au disciple de marcher au-dessus des eaux mouvementées de ce monde. Cette aptitude de la foi est déjà le gage de la vie éternelle. La voix de Jésus semble dire : « Vois où je marche, et suis-moi ! » Le signe suivant nous montrera comment le croyant parvient à imiter son maître.

Conclusion

Le quatrième signe nous décrit Jésus communiquant la vie au croyant. La communication de la vie est une œuvre d'amour. Elle nous fait donc entrer dans le Cœur du Seigneur. Le signe de la multiplication des pains inaugure en effet une intimité nouvelle entre l'âme et son Dieu.

L'homme, tout vivant qu'il soit, n'a pas la vie en lui-même. Dieu seul a la vie en lui-même. Biologiquement, les hommes tiennent leur vie les uns des autres. Mais où donc se trouve la source de ce pouvoir ? Car nous autres, hommes, nous communiquons ce qui ne nous appartient pas. L'aptitude à transmettre la vie met aussi dramatiquement en relief l'incapacité à préserver la vie reçue. Il nous faut affronter la mort ! En ce quatrième signe, Jésus nous place en face de notre destinée, afin de nous introduire dans une contemplation merveilleuse du mystère de la vie !

Spirituellement, c'est de Dieu que nous tenons la vie. Il nous la partage, comme Jésus distribue le pain à la foule sur la montagne. Et cette vie de la foi rejaillit en vie éternelle ! Mais une telle nourriture est si nouvelle qu'il faut attendre de la digérer pour en comprendre la richesse. Et la digestion du pain de vie trouve sa réalisation dans le cinquième signe : la marche de Jésus sur les eaux.

Le cinquième signe

Le cinquième signe est constitué du miracle de la marche de Jésus sur la mer. Comme je l'ai dit, ce signe prolonge et explicite le quatrième signe. Venant immédiatement après le récit de la multiplication des pains, la narration de la marche sur les eaux est la deuxième étape du deuxième cycle de l'apprentissage des disciples. La puissance transformante que recèle le pain de vie va maintenant produire ses premiers effets dans l'âme.

Le mal de mer et son vertige

Ce récit, très bref, est assez étrange. Serait-ce dû justement à sa concision?

> ***Quand le soir fut venu, ses disciples descendirent à la mer, et, montant en bateau, ils se rendaient de l'autre côté de la mer, à Capharnaüm. Il faisait déjà nuit, Jésus n'était pas encore venu les rejoindre; et la mer, comme soufflait un grand vent, se soulevait. Ils avaient ramé environ 25 ou 30 stades, quand ils voient Jésus marcher sur la mer et s'approcher du bateau. Ils eurent peur. Mais il leur dit: «C'est moi. N'ayez pas peur.» Ils étaient disposés à le prendre dans le bateau, mais aussitôt le bateau toucha terre là où ils se rendaient*** (Jn 6,16-21).

Comment comprendre le sens d'un tel miracle? Jésus s'est retiré seul dans la montagne et a laissé ses disciples se rendre par voie d'eau à Capharnaüm. Tout dans ce récit paraît un peu étrange: Jésus quittant ses disciples, et semblant ensuite se raviser; puis marchant sur la mer, comme pour les rattraper hâtivement avant qu'ils ne parviennent à Carpharnaüm. N'eût-il pas été plus simple de les accompagner? Comme pour la multiplication des pains, on peut penser cependant qu'il savait ce qu'il allait faire. Ce n'est pas sans raison, en effet, que Jésus laisse ainsi aller sans lui ses disciples. Son but est pédagogique et se révèle dans toute son évidence lorsqu'il les rejoint sur le lac, tandis qu'ils sont sur le point de toucher terre. Ce n'est évidemment pas pour des motifs utilitaires que Jésus rejoint ainsi les disciples dans la barque!

Cette démonstration miraculeuse rappelle encore l'épisode de la transfiguration: tout comme dans le quatrième signe, Jésus laisse ici paraître un peu de sa divinité, mais cette fois de manière plus «inquiétante». La toute-puissance divine dépasse tellement les capacités humaines! Pour surmonter notre peur de Dieu, il nous faut parvenir à comprendre ses desseins d'amour.

Dans cette narration, nous trouvons deux éléments symboliques généralement négatifs: la nuit et la mer. «Il faisait déjà nuit, Jésus n'était pas encore venu les rejoindre; et la mer, comme soufflait un grand vent, se soulevait.» Dans le Prologue, les ténèbres s'opposent à la lumière: elles sont une force de refus de Dieu (Jn 1,5). La nuit est l'image de l'impuissance: «Tant qu'il fait jour, il nous faut travailler aux œuvres de celui qui m'a envoyé; la nuit vient, où nul ne peut travailler» (Jn 9,4). Elle est une atmosphère spirituelle négative qui égare les âmes, les éprouvant par le doute et l'erreur. Elle est enfin l'heure de la trahison de Judas, l'apôtre qui livra son Maître (Jn 13,30). Le contraire des ténèbres, c'est la lumière; et cette lumière procède de la vie, comme nous le dit Jean dans son Prologue. Jésus lui-même insiste: «Je suis la lumière du monde. Qui me suit ne marchera pas dans les ténèbres, mais il aura la lumière de la vie» (Jn 8,12). La nuit est donc une image de la mort spirituelle. C'est pourquoi elle est l'attribut qui qualifie particulièrement les démons.

Le second élément symbolique négatif est la mer. Pour les Hébreux, une grande étendue d'eau porte le nom de «mer», même s'il s'agit d'un lac. Dans la Bible, la mer est le symbole du monde «païen», c'est-à-dire d'un monde qui ne connaît pas Dieu. À l'image des eaux, les valeurs de ce monde sont mouvantes: n'étant pas finalisées par des idéaux qui dépasseraient l'homme et lui permettraient de se hisser au-delà de lui-même, elles fluctuent en fonction des intérêts du moment. Le fondement de la religiosité païenne réside dans un panthéon de divinités multiples qui représentent les forces de la nature et ne sont que le miroir du comportement humain. La surface de la mer est toujours ballottée, et cette agitation constante des flots évoque les multiples contradictions et conflits du monde. Contrairement à la terre, la mer se présente comme une immensité sans repères, c'est-à-dire sans chemins. La mer est le lieu moral par excellence du «chacun pour soi[1]»! Elle est aussi le symbole des nations essentiellement commerçantes, comme les Cananéens par exemple, dont les vaisseaux sillonnent ses eaux. Enfin, la mer a une «épaisseur» propre: ses profondeurs sont obscures, et elles sont le lieu d'habitation des démons (les «monstres marins»)!

Le symbolisme de la nuit et celui de la mer nous font comprendre quel genre d'épreuve les disciples vont devoir affronter. Une épreuve courte, mais dense!

Considérons la situation des disciples en l'absence de Jésus: «Il faisait déjà nuit, Jésus n'était pas encore venu les rejoindre; et la mer, comme soufflait un grand vent, se soulevait.» C'est un jour de tempête et la navigation est très difficile. Impossible pour les disciples de dormir paisiblement dans la barque! Et comme il faisait nuit, on comprend aisément qu'une telle navigation pouvait engendrer une réelle inquiétude dans leurs cœurs. Voilà donc le petit groupe des

1. C'est ainsi que saint Augustin, dans son commentaire du psaume 64, résumait la vie des païens de son temps. Pour lui, l'image de la mer symbolisait le «siècle présent», et les hommes qui y vivaient sans connaître l'idéal évangélique lui paraissaienet être comparables à «des poissons se dévorant les uns les autres».

apôtres se dirigeant à tâtons dans un espace immense et mouvementé où il n'y a rien à saisir pour se raccrocher ! Ils sont, comme tous les marins, à la merci des caprices de la mer déchaînée. Et leur embarcation est si frêle, de surcroît !

Cette situation matérielle des disciples correspond à une expérience de foi précise. Il s'agit de ce que l'on nomme la « nuit spirituelle ». Cette nuit de l'âme est tout à la fois une épreuve et une grâce. L'épreuve réside dans le fait que le croyant, après avoir goûté un peu le doux commerce du Seigneur, se voit soudainement privé de lui. L'âme se retrouve seule, comme elle l'était auparavant lorsqu'elle ne connaissait pas encore Jésus de façon sensible. Il ne s'agit pourtant pas d'un retour en arrière pur et simple. La situation est différente désormais, car le souvenir de Dieu continue d'exercer son attrait irrésistible. Mais revenir à ses limites et à ses pauvretés de créature, quand on a connu l'ivresse et le rassasiement du cœur, devient une épreuve insupportable. Revenir à la vie ordinaire, quand on a vécu de l'extraordinaire de la foi, est une bien grande souffrance en vérité ! Les témoins les plus illustres de la foi ont tous souligné la dureté d'une telle nuit de l'âme.

Pourtant, Dieu n'est pas sadique. En faisant mine de se retirer de la vie du croyant, il poursuit un but très précis, car en vérité il ne cesse de le surveiller, comme Jésus le fit avec ses disciples. La pédagogie divine consiste à se faire désirer par l'âme, afin d'accroître la capacité d'amour de celle-ci. Comme sont grands les gémissements de l'âme en cette nuit si obscure ! En se voyant si seule et si inaccomplie, et en comprenant l'immense don de la foi, elle redouble d'amour pour Dieu : après la multiplication des pains, Jésus n'est-il pas devenu la vie de l'âme ? L'âme se détache alors plus radicalement du monde, qui lui apparaît vide et insipide, et se tourne résolument vers Dieu.

Or, dans cette nuit épaisse souffle un vent violent qui agite dangereusement les flots. C'est une autre méditation sur le mystère de la vie qui commence ici : la vie se présente cette fois comme une lutte ! Il ne s'agit plus de la paisible méditation sur la montagne. Maintenant, Jésus choisit la mer comme nouveau cadre de son enseignement. Et cette mer est déchaînée... Lors du signe précédent, la douceur eucharistique du pain multiplié avait mis l'âme des disciples dans la contemplation savoureuse du mystère de la vie. Le récit de la marche de Jésus sur les eaux d'une mer démontée veut introduire le croyant dans le domaine de la face cachée du mystère de la vie. L'autonomie du vivant peut devenir un motif de révolte. La mer est ici l'image d'un monde qui veut «s'affranchir» de son initiale dépendance de Dieu. La violence de la tempête évoque l'idée que la rupture de la paix originelle de l'homme avec Dieu conduit l'humanité en un état d'âme tout contraire à celui des commencements. Cette rupture, au nom d'une liberté existentielle totale, est une violence faite au cœur même de l'homme. Bien sûr, c'est l'homme lui-même qui la consomme et qui déchaîne en lui un vent furieux. Les apôtres n'apprennent pas seulement ce qu'est l'esprit du monde extérieur: ils commencent aussi à comprendre la nature intime de leur mal-être profond.

Il existe une connivence étymologique entre le souffle matériel et l'esprit immatériel. C'est le même mot, en grec comme en hébreu, qui sert à désigner le souffle, le vent et l'esprit. Il y a en effet une corrélation secrète entre le thème de la vie et celui de l'âme. De même que le souffle «anime» biologiquement le vivant, le vent anime la création, image de l'esprit sur le plan spirituel. L'esprit de l'homme est ce qui lui permet d'être véritablement un «vivant».

Si l'on considère le vent furieux qui agite la mer, en cette nuit obscure, comme étant une image de l'intériorité humaine, secouée rudement par ses crises de croissance et par le tohu-bohu de ses refus, alors Jean nous donne à comprendre combien notre esprit est «agité» et très éloigné du repos contemplatif auquel il aspire cependant. Pourquoi la vie humaine, au lieu d'être un «repos», se présente-t-elle au contraire comme une lutte? Tous les hommes constatent cette amère réalité, mais sans pouvoir expliquer la raison qui la gouverne.

Qu'est-ce qui nous rend finalement insatisfaits de la vie au point d'abriter cette violence au fond de nous? Ne serait-ce pas de ne pouvoir encore reposer en Dieu? La difficulté de la navigation invite les disciples à souhaiter ardemment la présence du Seigneur.

C'est le moment fixé par Jésus pour rejoindre ses apôtres: «Ils avaient ramé environ 25 ou 30 stades, quand ils voient Jésus marcher sur la mer et s'approcher du bateau. Ils eurent peur.» Nous arrivons maintenant à l'essentiel du sujet. Dans ce bref récit se dégagent deux éléments majeurs: la marche extraordinaire de Jésus sur les eaux, et la peur qu'il engendre chez les disciples. Comme Marc et Matthieu, Jean met en relief la peur des disciples: ce n'est pas seulement la peur de la tempête elle-même, c'est également celle qu'inspire Jésus, avec son pouvoir extraordinaire sur les eaux. On peut comprendre la peur qu'éprouve Pierre, tentant de marcher sur les eaux, puis s'enfonçant par manque de foi, comme saint Matthieu nous en livre un récit très coloré (Mt 14,29-31). Mais comment comprendre leur peur de Jésus lui-même?

Marc et Matthieu nous donnent la réponse de façon plus explicite: «Les disciples, le voyant marcher sur la mer, furent troublés: ‹C'est un fantôme›, disaient-ils; et, pris de peur, ils se mirent à crier» (Mt 14,26). Nous savons tous que les fantômes font peur. Mais pourquoi? Qu'est-ce au juste qu'un fantôme? Il s'agit de l'esprit d'un défunt qui erre sur la terre. Le drame du fantôme consiste en cette errance même. Il n'est pas à sa place. Ne faisant plus partie des vivants, il n'habite pourtant pas encore le royaume des trépassés. Le fantôme est comme «coincé» entre le monde des vivants et celui des morts. Il apparaît donc comme suspendu entre Ciel et terre, en une solitude existentielle terrible. Souvent d'ailleurs, on interprète la possible existence des fantômes comme un châtiment d'outre-tombe.

Voilà justement l'objet de la crainte des disciples. L'aspect glorieux de la divinité de Jésus leur inspire soudainement une grande frayeur. Or, n'oublions pas que c'est sous l'angle de la foi que se déroule leur épreuve. Jésus donne l'exemple du comportement exemplaire d'une âme de foi : celui d'une liberté retrouvée. Et c'est cet exemple même qui affole les disciples. Marcher sur les eaux, c'est démontrer une souveraine liberté envers le monde que symbolise l'image de la mer. Marcher sur les eaux, c'est ne plus être ballotté continuellement par les problèmes du moment ; c'est ne plus être soumis aux grandes peurs collectives qui tiennent l'humanité sous un joug de fer ; c'est ne plus s'exténuer à suivre les modes idéologiques et commerciales ; c'est ne plus être soumis à la tyrannie du jugement de l'autre ; c'est échapper au despotisme du désir ; c'est être affranchi de la corvée de main-d'œuvre pour la construction d'un monde en tour de Babel ! Bref, marcher sur les eaux de ce monde, c'est pouvoir vivre enfin pleinement d'amour et de vérité !

Cette liberté sans retenue que Jésus montre si ouvertement à ses disciples semble paradoxalement faire de lui un fantôme à leurs yeux. C'est comme s'ils se disaient en cet instant : « Si je continue ainsi à m'élever vers Dieu, je vais devenir un étranger aux yeux des autres hommes, qui ne me regarderont plus comme un des leurs. Je deviendrai un errant en ce monde, étiré entre le Ciel et la terre ; et tout cela à cause de ma foi en Jésus ! » Mais ce raisonnement est le fruit des ténèbres, et non celui de la lumière. C'est la peur qui obscurcit alors l'intelligence.

Cette vision d'un fantôme nous dit que les disciples regardent celui qui marche sur la mer comme un homme qui n'est plus de ce monde. Dès ce moment, Jésus cesse de se présenter à eux sous la forme rassurante de la compassion divine envers les faiblesses de la nature humaine. Il exige maintenant le dépassement ; ce dépassement qu'il faisait miroiter de loin à Nicodème, venu lui aussi le trouver de nuit (Jn 3,2) : « renaître d'en haut ». Or, un tel dépassement engendre cette grande angoisse de devenir à leur tour des fantômes ; l'angoisse que la foi ait ce pouvoir de les mettre « hors » et « au-dessus » du monde, au point que les autres hommes en viennent à les regarder comme des fous. C'est là le sens de la peur des disciples à l'égard de la foi. Rien ne sera plus comme avant !

Une création nouvelle

Le récit de la Genèse nous donne aussi une autre piste pour l'interprétation de ce récit : « Au commencement, Dieu créa le ciel et la terre. Or, la terre était vide et vague, les ténèbres couvraient l'abîme, un vent de Dieu tournoyait sur les eaux » (Gn 1,1). Jésus accomplit ici spirituellement une nouvelle création, c'est-à-dire une nouvelle séparation entre le Ciel et la terre, entre les croyants et les profanes. Il ne s'agit pas d'une séparation sociale : Jésus ne fait pas de coup d'État ! Avant sa venue, la « terre » était spirituellement « informe et vide ». Et c'est l'enseignement de Jésus, particulièrement celui du pain de vie, qui va orienter le monde selon l'axe « haut-bas », « Ciel-terre ». Le dépassement du niveau de la mer constitue le véritable relèvement de l'homme. Il n'est pas un refus de la mer, mais il est l'accomplissement du destin de « mère porteuse » de la terre : laisser les âmes prendre leur envol vers leur Créateur. Comment ce mouvement des âmes peut-il paraître étonnant ou scandaleux pour le monde ?

Thomas d'Aquin disait que « l'âme est la forme du corps ». Une terre « informe » est une terre sans âme ! Jésus vient donner aux âmes la vie véritable qui leur permettra de donner une forme au monde. Et qu'est-ce qu'un monde sans des âmes vivantes pour le peupler, sinon une terre « vide » ? Ni les végétaux ni les animaux ne suffisent alors à la remplir. Sa vocation profonde est d'accueillir la vie spirituelle donnée d'en haut.

Marcher sur les eaux constitue le véritable relèvement de l'homme. Il est faux de prétendre que le redressement du singe fut l'élan initial de l'émergence de l'humanité. Le seul redressement significatif est celui opéré par Jésus. En cette nuit si étrange, la toute-puissance manifestée par Jésus nous l'affirme avec tant de force ! Se tenir, comme Jésus, debout au-dessus de la mer, voilà ce qui fait l'homme authentique, le seul roi régnant vraiment sur la création.

Les épreuves et les malheurs de toutes sortes, dit-on souvent, mettent l'homme en position horizontale, et l'aider à en sortir reviendrait à le remettre debout, sans qu'il soit besoin pour cela d'un dépassement du monde. Dans cette optique, l'expression «remettre l'homme debout» signifie justement l'intégrer pleinement au monde! Or, comment réduire le mystère de l'homme à la perspective purement matérielle où le cantonnerait une vision qui ne dépasserait pas les limites du champ propre de l'anthropologie contemporaine? Un singe qui se dresserait sur ses membres postérieurs demeurerait un simple primate! Pour faire une créature humaine à partir de ce «corps organisé» (le primate), il faut lui adjoindre une âme. Bien sûr, l'âme sommeille longuement dans la matière avant de s'éveiller progressivement à elle-même. C'est ce que nous fait découvrir l'itinéraire tracé par Jean. La nouveauté, affirme saint Jean, ne peut pas provenir du monde matériel; elle ne peut venir que «d'en haut».

Cette idée d'une création nouvelle se trouve également dans le sixième signe, celui de la guérison de l'aveugle de naissance, auquel Jésus rend la vue en faisant de la boue avec sa salive; ce même geste que fit Dieu pour la création d'Adam: «Alors le Seigneur Dieu modela l'homme avec la glaise du sol, il insuffla dans ses narines une haleine de vie, et l'homme devint un être vivant» (Gn 2,7). Par le signe de la marche sur les eaux, Jésus prépare directement cette imminente recréation.

Jésus est en quelque sorte le Créateur venant inspecter les prémices de la création. Il est celui qui apporte la vie, tout comme l'Esprit de Dieu lors de la création du monde. Jésus n'est-il pas le porteur de l'Esprit du Père? Or, le monde n'est pas ordonné quand il demeure sous l'état liquide de la mer. Il faut faire paraître le «sec», comme le dit le récit de la Genèse, cet élément dur sur lequel seule la vérité peut être édifiée de façon durable. Le «sec» devient alors un lieu habitable, qui ne se distingue de la mer que parce qu'il laisse la lumière le baigner de toute part. Les profondeurs océanes, quant à elles, demeurent inaccessibles à la clarté d'en haut. La vie est le fruit de la rencontre de la vérité et de l'amour, et de leur union en l'homme. La fusion des deux engendre le salut, c'est-à-dire un homme véridique et aimant.

Jésus prépare donc l'émergence d'un élément spirituellement ferme sur lequel les hommes pourront désormais se tenir debout sans risquer de se noyer. Jean ne mentionne pas la tentative de Pierre de marcher sur les eaux. Il met ainsi en relief l'initiative irremplaçable de Jésus; il s'agit là en effet d'un privilège divin: on ne marche pas sur les eaux par ses seules forces! Non, l'esprit de l'homme ne sera plus informe, et son cœur ne sera plus vide, car Dieu met aux eaux «une limite à ne pas franchir», pour «qu'elles ne reviennent couvrir la terre» (Ps 104,9). La puissance des eaux est désormais contrebalancée par l'œuvre de la rédemption. Cet examen est un discernement radical entre ce qui est terrestre et ce qui est céleste. La foi des disciples dans les paroles de Jésus sur le pain de vie va leur permettre d'accéder à cette contemplation de la préparation d'une création nouvelle. Il s'agit d'un dépassement radical de la spiritualité purement moraliste: «Tu feras... Tu ne feras pas...» N'oublions pas que la mer est le réservoir de la vie terrestre, le lieu où les disciples devront jeter les filets pour ramener les poissons vers le royaume. Mais pour y parvenir, le pêcheur doit impérativement se tenir au-dessus des eaux. C'est seulement ainsi qu'il est libre vis-à-vis du monde et qu'il peut appartenir au royaume de Dieu.

La lévitation de la foi

En ce cinquième signe, Jésus insuffle dans l'âme du croyant une liberté nouvelle. Une liberté qui devra croître, bien sûr, afin de devenir un jour une disposition permanente. Mais la leçon que reçoit le croyant, par l'exemple de Jésus marchant sur les eaux, est d'emblée une grâce intense : l'âme commence à « naître d'en haut » !

Pour mieux comprendre le mystère de la mer dont nous parle Jean, il faut évoquer l'histoire de Jonas. C'est Jésus lui-même qui attire notre attention sur cette figure prophétique de l'Ancien Testament (Mt 12,40). Jonas, semble-t-il, n'aimait pas se mettre en avant. Aussi, lorsque le Seigneur lui demanda d'aller prêcher à Ninive, préféra-t-il se sauver « loin de Dieu ». Il s'embarqua donc pour Tarsis. Mais ses plans furent bouleversés : « Dieu lança sur la mer un vent violent, et il y eut grande tempête sur la mer, au point que le vaisseau menaçait de se briser » (Jon 1,4). Tandis qu'il dormait dans le bateau, les marins vinrent le réveiller ; en l'interrogeant, ils comprirent qu'il était responsable de leur malheur. Pour faire cesser la colère de Dieu, et à la demande de Jonas lui-même, ils décidèrent de jeter le coupable dans les flots. C'est alors que le prophète fut avalé par un énorme poisson, dans les entrailles duquel il demeura trois jours et trois nuits, avant d'être recraché sur le rivage. Voilà comment Jonas se décida enfin à remplir sa mission prophétique !

Mais pourquoi Dieu impose-t-il à Jonas ce séjour dans le ventre du monstre marin ? Tout simplement pour le motiver à sa vocation prophétique ! Durant trois jours et trois nuits, Jonas va connaître intimement les fonds de la mer, c'est-à-dire qu'il va méditer « en profondeur » l'esprit et les valeurs du monde. Cette méditation a pour effet de décider Jonas à aller à Ninive, l'une des grandes capitales du paganisme en ce temps. Que découvre-t-il donc au fond de la mer ? Saint Augustin, qui commente abondamment le thème de la mer dans ses œuvres, nous dit : « Considérez ce monde comme une vaste mer ; le vent y est grand et la tempête violente. Qu'est-ce que cette tempête, sinon la convoitise de chacun ? Aime-t-on Dieu ? On marche alors sur la mer, et on foule aux pieds l'orgueil du siècle. Aime-t-on le siècle ? On y sera englouti, car il dévore ses amis au lieu de les porter. A-t-on le cœur agité par la convoitise ? Il faut, pour la dompter, recourir à la divinité du Christ[2]. » Jonas comprend la nécessité de proclamer la parole de Dieu pour offrir au monde la possibilité d'échapper aux ténèbres de la mer. Il y découvre un univers effrayant, où les poissons se dévorent cruellement les uns les autres. Dieu révèle à son serviteur les pensées secrètes qui obscurcissent les abîmes. Et rien ne semble pouvoir enrayer cette logique du monde marin. C'est une oppression mutuelle et permanente ! Le cœur de Jonas s'ouvre alors à la compassion envers ces « poissons » qui sont des hommes, mais des hommes ignorants de la douceur de l'amour divin. Voilà pourquoi Augustin nous invite à marcher résolument au-dessus des eaux : « À ton tour, marche aussi, non plus sur ces eaux de la mer, où la marche de Pierre était une figure, mais sur d'autres eaux, puisque ce siècle est une mer. Il a son amertume dangereuse, il a ses flots de tribulations, ses tempêtes de tentations : il a pour poissons des hommes qui paraissent heureux de leur malheur et se dévorent mutuellement ; c'est là que tu dois marcher, c'est là ce que tu dois fouler aux pieds[3]. »

La foi peut donc être considérée comme une lévitation sur les eaux de la mer. Lorsque Jésus évoque la figure de Jonas, il nous parle de manière énigmatique de sa Passion : « De même, en effet, que Jonas fut dans le ventre du monstre marin durant trois jours et trois nuits, de même le Fils de l'homme sera dans le sein de la terre durant trois jours et trois nuits » (Mt 12,40). Par sa mort sur la croix, Jésus est descendu dans le « grand abîme », et bien plus profondément que Jonas. Là, il délivra les âmes que la mort tenait captives. Ce n'est pas pour se mouvoir à la compassion que Jésus se laissa de la sorte engloutir dans la mer ; c'est pour satisfaire son immense amour des hommes ! Mais en ce cinquième signe, la leçon qu'il donne à ses disciples n'est pas cette descente aux enfers. Au contraire, il leur demande de demeurer au-dessus des eaux ! Par la foi, ils en seront rendus capables. Marcher sur la mer atteste le refus d'être englouti par elle !

2. Augustin, Sermon LXXVI.

3. Augustin, Ps XXXIX.

Apprendre à marcher sur les eaux

Rassurés par Jésus, les disciples retrouvent leur joie à se tenir en sa présence. Bien que Jean ne fasse pas mention de la tentative de Pierre[4], je veux pourtant m'y arrêter un instant, en raison de la clarification qu'apporte cette scène pour la compréhension de notre sujet. Jean, l'un des évangélistes qui nous parle pourtant le plus de Pierre, ne veut pas que la tentative de ce dernier puisse donner le ton du cinquième signe. Ici, Jésus seul donne l'exemple de cette marche. Pour le croyant, l'apprentissage de la « marche sur les eaux » ne s'accomplira qu'au cours du signe suivant, avec la guérison de l'aveugle. Cependant, l'épisode cité par Matthieu est intéressant pour notre propos.

La tentative de Pierre constitue une première mise en pratique de l'enseignement de Jésus. Bien sûr, la marche de Pierre sur les eaux, comme celle de Jésus, est d'abord une expérience concrète, réalisée sur un vrai lac. Mais Jésus n'est pas venu en notre monde pour accomplir ce genre de miracles « terrestres ». Il poursuit avant tout une œuvre de sagesse qui dépasse ses disciples.

Voici le récit de Matthieu, tandis que les disciples sont désormais rassurés sur l'identité de l'apparition qui les inquiétait : « Sur quoi, Pierre lui répondit : ‹ Seigneur, si c'est bien toi, donne-moi l'ordre de venir à toi sur les eaux › – ‹ Viens ›, dit Jésus. Et Pierre, descendant de la barque, se mit à marcher sur les eaux et vint vers Jésus. Mais, voyant le vent, il prit peur et, commençant à couler, il s'écria : ‹ Seigneur, sauve-moi ! › Aussitôt Jésus tendit la main et le saisit, en lui disant : ‹ Homme de peu de foi, pourquoi as-tu douté ? › » (Mt 14,28-31).

Pierre a saisi l'importance de la leçon que Jésus veut lui donner. Il est intéressant de noter que c'est le vent, et non

4. Parmi les quatre évangélistes, Luc est le seul à ne pas parler de la marche sur les eaux. Marc, Matthieu et Jean sont très proches dans leur description de l'épisode. Mais c'est Matthieu qui donne le plus d'ampleur au récit, en y ajoutant la tentative de Pierre : Jean et Marc sont plus concis.

l'eau, qui provoque son émoi. Ce n'est pas en soi le fait de marcher sur la mer qui l'inquiète, mais c'est l'agitation des flots qui lui semble soudainement effrayante. La barque offrait au moins une certaine sécurité. Pierre est soudainement saisi par un vertige irraisonné. Il lui semble prendre maintenant toute la mesure de la colère du monde. Il est bien plus facile de vivre comme les poissons dans les eaux, plutôt que de se tenir à la surface. La tempête qui agite les flots est le résultat d'une lutte, d'une révolte ! Tant que Pierre garde les yeux fixés sur Jésus, tout va bien. Mais voici que la violence des vagues capte son attention et l'impressionne. Alors, il commence à ne considérer que ses propres forces, au lieu de continuer à se reposer sur l'autorité du Seigneur. Il prend conscience, en quelque sorte, d'être en train de faire une chose dont il n'a pas la pleine maîtrise !

Plus concrètement, on pourrait comparer Pierre, à cet instant, à un pasteur qui commencerait à envisager tous les problèmes « techniques » que posent les exigences de la proclamation de la foi. Regardant les flots hostiles, il entendrait soudainement les récriminations des adversaires de Dieu : le message de la foi est inadapté à la modernité ; il est contraire à la liberté ; il est étroit et moraliste ; il ne respecte pas les autres religions ; il est une fuite des problèmes concrets ; il ne prend pas en compte la science ; bref, il s'oppose à l'épanouissement humain ! Notre pauvre pasteur d'âmes, oubliant de se tourner vers Jésus, serait alors pris de vertige en considérant les moyens humains qui lui manquent pour répondre à toutes ces contestations. Mais la mer ne le laisserait pas tranquille pour autant. Ses vagues se feraient menaçantes : « Si tu persistes dans une telle foi, tu vas être exclu du monde ; la charité de ton Dieu ne commande-t-elle pas d'entrer en communion avec les autres hommes ? » Le résultat, c'est qu'il commencerait à couler ! Il lui faudrait alors, comme Pierre, avoir le réflexe de se tourner vers Jésus pour éviter d'être englouti tout entier.

La tempête évoque une intensification du combat de la foi. L'enseignement reçu sur la montagne appelle à un dépassement vraiment radical des valeurs humaines. Voilà pourquoi il souffle en réaction un vent fort qui, du reste, peut tout aussi bien provenir de Dieu, l'Esprit Saint planant sur les eaux pour les animer, afin de ne pas abandonner le monde dans la torpeur du cadavre. Le monde est tout autant agité par son absence de finalité que par la présence de Dieu, un Dieu qui ne peut rester indifférent.

Jésus marchant sur la mer nous dit que les pains multipliés (et les poissons) portent leurs fruits dans l'âme du croyant. Celui-ci reçoit du Christ une force qui le rend capable de vaincre sa peur de se tenir «hors» du monde. Les deux signes sont conjoints pour cette raison. Le «fantôme» dont nous parlions au début de ce chapitre est en quelque sorte un homme mort aux conditionnements du monde et qui n'a plus à se préoccuper ni des limitations humaines (les règles du jeu social) ni des frayeurs que lui inspire le monde (le grand vent). C'est par la peur que règne le prince des ténèbres (le diable). À l'opposé, la foi communique au croyant une sagesse qui n'est pas de la terre. La foi apprend à «naître d'en haut», ce qui a pour effet d'accroître la connaissance de soi-même. Or, cette sagesse révèle bien des peurs qui nous paralysent. C'est pourquoi Jésus effraie délibérément ses disciples en les rejoignant sur la mer.

Jean, pour conclure l'épisode de la marche sur les eaux, nous livre en sourdine un enseignement de Jésus: «Il leur dit: ‹C'est moi. N'ayez pas peur.›» La formule «c'est moi» paraît bien anodine à première vue, mais en grec *(égô eimi)*, elle fait référence au nom divin (Ex 3,14), comme je l'ai déjà relevé dans la conclusion du dialogue avec la Samaritaine. Cette formule de Jésus nous prépare, en même temps qu'elle prépare ses disciples, au discours qu'il donnera le lendemain dans la synagogue de Capharnaüm.

La grande marche de l'amour

La création nouvelle opérée par Jésus concerne globalement l'âme. C'est d'abord l'intelligence qui est illuminée d'une clarté inédite sous la motion du pain de vie : la méditation du mystère de la vie transfigure le regard de l'âme sur le monde lui-même. Mais le cœur de l'homme n'est pas en reste ; il se sent investi d'un amour nouveau.

Dans une telle perspective, que signifie donc la marche sur les eaux ? Le mystère du pain de vie bouleverse totalement le cœur de la création, qui ne comprend pas ce qui se passe alors en elle. Mais ce qui est évident, c'est l'irruption de cet amour fou, né d'une initiative de Jésus sur la montagne, et qui domine la mer en furie. L'âme est amoureuse ! Soumise à un transport d'amour sans précédent, la nécessité du dépassement du monde s'impose à elle comme une évidence. Pourtant, ce dépassement n'est pas facile, car l'âme gît dans le monde depuis si longtemps, y recherchant toutes ses joies et toutes ses consolations. Or, depuis l'expérience du désert et du pain multiplié, l'âme est habitée par un amour surhumain. Elle ne connaît pourtant pas encore celui qu'elle aime, et c'est pourquoi le vertige d'amour d'un Dieu qui n'est pas de ce monde l'envahit soudainement. L'âme aspire à connaître « celui que son cœur aime ». Voilà une chose bien étrange que d'aimer quelqu'un qu'on ne connaît pas ! Bien sûr, c'était déjà le cas de Cana, lorsque l'âme vivait une joie intime et nouvelle dont elle ne connaissait pas l'origine. Mais dans ce cinquième signe, cet amour même se révèle enfin et attire l'âme au-delà des confins de ce monde.

Marcher sur les eaux, c'est se laisser emporter par le souffle de Dieu, qui plane au-dessus de la surface mouvante et dont la voix charme et électrise les hommes qui, soudainement, l'entendent. Ils se tiennent ainsi eux-mêmes au-dessus des « eaux », n'y puisant plus les joies et les consolations qu'ils en tiraient auparavant. C'est bien une transfiguration de l'âme qui s'opère ici par le mouvement d'élévation au-dessus des eaux.

Le propre de l'amour est d'obombrer tout ce qui n'est pas le bien-aimé : c'est seulement par sa présence que tout est consistant, et son absence fait au contraire tout disparaître.

La marche sur les eaux, dont Jésus donne l'exemple à ses disciples, rappelle les recherches nocturnes de la fiancée du Cantique des Cantiques. Les peurs qui voudraient arrêter la fiancée, les doutes de ses proches, les limites des murailles de la ville et les gardes eux-mêmes : rien ne parvient à l'intimider désormais. Elle n'est cependant qu'une frêle jeune fille s'aventurant dans des lieux non surveillés. Dans la Bible, la nuit est l'heure des dangers, celle des assassins et des voleurs. La fiancée du Cantique sort néanmoins, poussée par l'impétuosité d'un amour qui la dépasse. Ainsi, Jésus demande au croyant de s'abandonner au souffle divin qui veut emporter les âmes pour les élever jusqu'à lui. Mais, dans les commencements, une telle marche paraît démesurée.

Parallèlement, cette marche de l'âme semble mettre le monde en furie. Ses vagues se succèdent et mugissent comme de terribles avertissements, sans pouvoir cependant atteindre celui qui ne lui appartient déjà plus. La force de Dieu réside dans cet amour incompréhensible, rendant l'âme aérienne par le don d'une pureté et d'une transparence de cœur que l'amour seul peut susciter. Le propre de l'amour est de « réassumer » toutes choses, car plus rien n'a en soi de valeur, sinon de devenir un véhicule permettant à l'amour de se diffuser davantage. Tout ce qui ne tombe pas sous l'empire de l'amour devient terne et inutile. Le monde, lui, devenu opaque, ne peut retenir les âmes simples et pures : il les laisse filer malgré lui, comme s'échappent les bulles d'air du milieu des flots !

La tempête de Capharnaüm

Le lendemain, les foules se pressent à Capharnaüm pour écouter Jésus. Celui-ci se présente alors comme le véritable pain qui descend du Ciel.

Les Juifs alors se mirent à murmurer à son sujet, parce qu'il avait dit: «Je suis le pain descendu du Ciel.» Ils disaient: «Celui-là n'est-il pas Jésus, le fils de Joseph, dont nous connaissons le père et la mère? Comment peut-il dire maintenant: ‹Je suis descendu du Ciel›?» Jésus leur répondit: «Ne murmurez pas entre vous. Nul ne peut venir à moi si le Père qui m'a envoyé ne l'attire; et moi, je le ressusciterai au dernier jour» (Jn 6,41-44).

Cet enseignement provoque le murmure des Juifs. On les imagine parlant soudainement entre eux de façon nerveuse et animée. Le «murmure» en Israël était presque une institution: il s'agissait d'une consultation commune, en même temps que d'une colère collective. Les auditeurs de Jésus, qui furent pourtant témoins de la multiplication des pains, se mirent à douter de lui. Le propre du murmure des Juifs, c'est qu'il empêchait le contact personnel avec Dieu, à cause de la nécessité qu'ils éprouvaient alors d'adopter une position commune. Ce murmure rappelle les divers murmures des Hébreux au désert, décrits dans le texte de l'Exode, lorsqu'ils manquaient de pain ou d'eau. Ainsi, pour leur permettre de marcher sur les eaux à sa suite, Jésus puise dans la Bible elle-même: «Il est écrit dans les prophètes: ‹Ils seront tous enseignés par Dieu.› Quiconque s'est mis à l'écoute du Père et à son école vient à moi» (Jn 6,45). Mais le témoignage n'est pas la vision: il requiert l'acte de foi.

La mentalité de son auditoire est une carapace hermétique qui rend la nuque très raide. Finalement, les Juifs refusent l'intervention libre de Dieu parmi les hommes: «Celui-là n'est-il pas Jésus, le fils de Joseph, dont nous connaissons le père et la mère?» Cette réflexion est à rapprocher du mauvais accueil de Jésus à Nazareth, que nous relate Matthieu dans son évangile (Mt 13,53-58). L'argument est identique: Dieu n'a pas de parents; Dieu ne peut pas se faire homme! Les Juifs sont prêts à suivre Jésus comme un nouveau Moïse, mais pas comme le Fils du Père.

Certes, Moïse jugeait le peuple, mais il le faisait comme tous les hommes en ce monde : il jugeait des paroles et des actes extérieurement audibles et visibles. Il en va autrement de Jésus qui, lui, est capable de connaître les pensées secrètes des cœurs. Un tel homme fait soudainement peur aux Juifs. C'est la fin de leur « souveraineté populaire », cristallisée autour de la « tradition des anciens », particulièrement mise en relief chez les Synoptiques (Mc 7,1-9). Un terrible vertige les saisit ! Un prophète ou un sage, peut-être, mais surtout pas Dieu lui-même !

Or, Jésus n'est pas venu dans le monde pour laisser les hommes à leur misère spirituelle. C'est pour nous délivrer de cette misère qu'il est venu dans notre monde. Et il le réalise d'une manière si simple et si sublime : « Qui mange ma chair et boit mon sang demeure en moi et moi en lui. » Décidément, impossible de ne pas faire référence au mystère eucharistique. Or, cet enseignement « scandalise » les Juifs, nous dit Jean (Jn 6,61). Scandaliser, étymologiquement, c'est faire tomber quelqu'un, le faire trébucher ; aussi, quand la vérité scandalise, c'est le signe d'un barrage intérieur infranchissable. Car le propre de la vérité est d'illuminer et de libérer ! Le scandale résulte du choc entre deux mentalités antinomiques : « C'est l'esprit qui vivifie, la chair ne sert de rien. Les paroles que je vous ai dites sont esprit et elles sont vie. Mais il en est parmi vous qui ne croient pas » (Jn 6,63-64). La mentalité de la chair ne peut coexister avec la mentalité de l'esprit.

Désormais, la ligne de fracture est irrémédiable entre les croyants et ceux qui ne croient pas, et qui sont résolument d'en bas : « Dès lors, beaucoup de ses disciples se retirèrent, et ils n'allaient plus avec lui » (Jn 6,66). Cet affrontement entre Jésus et ceux qui voulaient être ses disciples (mais à la condition qu'il fît leur volonté d'hommes) est la suite de l'enseignement de la marche sur les eaux. Marcher sur la mer, c'est donc aussi l'affronter, la dominer, et finalement être mis en marge de cette société des hommes. Marcher sur la mer exprime le refus d'être englouti par elle. La transition avec le sixième signe (Jn 7,1) confirme le rejet de Jésus par le monde: «Après cela, Jésus parcourait la Galilée; il n'avait pas pouvoir de circuler en Judée, parce que les Juifs cherchaient à le tuer.»

Marcher sur la mer implique aussi une connaissance lucide des hommes: «Jésus savait en effet dès le commencement qui étaient ceux qui ne croyaient pas, et qui était celui qui le livrerait.» Ainsi, il n'est pas difficile de transposer cette situation évangélique avec celle de l'Église de tous les temps: toutes les vocations qui se présentent ne sont pas pour autant celles d'authentiques disciples du Christ. Jésus ne recherche pas le nombre; il recherche la foi véritable qui implique le dépassement des espérances du monde présent. Cette exigence doit être une lumière pour les croyants. Elle débouche dans la vie éternelle.

Ce nouveau cap critique de l'itinéraire de la foi oblige les Douze, par l'intermédiaire de Pierre, à faire une authentique confession de foi: «Nous croyons et nous savons que tu es le Saint de Dieu.» Mais Jésus veut aller jusqu'au bout de la division entre les faux croyants et les vrais: il fait mention du traître (Jn 6,70-71), et cela vient s'ajouter encore au mystère d'endurcissement qui se joue au cœur de l'homme. L'évocation de Judas, c'est l'évocation de la Passion. Ce doit être bien important, si Jésus prend ainsi la peine de l'annoncer par avance. La Passion n'est pas un accident dans le parcours de la foi. Elle en est l'indispensable étape!

Tandis que Jésus, par son enseignement sur le pain de vie, vient de faire le tri parmi son auditoire, l'évocation du traître sert de préparation à une réflexion sur la condition du disciple. Judas aussi, à cet instant, aurait dû se retirer! Pourquoi a-t-il choisi de rester avec Jésus, alors qu'il n'accepte pas qu'il soit le pain vivant descendu du Ciel? Il fut l'un des rares témoins de la marche sur les eaux. La velléité de dominer le monde se serait-elle à cette occasion insinuée dans son esprit? Il choisit de vivre désormais dans le mensonge, ou au moins dans l'ambiguïté. Il deviendra «opaque» à Jésus et aux autres apôtres. Quel calcul peut donc motiver un tel choix? La puissance du témoignage de Jésus doit continuer à l'impressionner. Peut-être songe-t-il déjà à exploiter l'immense sympathie des foules envers Jésus, en vue de provoquer un mouvement de révolte contre les Romains et leurs satellites juifs ?

À ce stade, le croyant doit intégrer fermement tous les aspects et les conditions requises pour devenir un véritable disciple. La figure de Judas fait partie de cette formation. Judas peut-il être un homme de « bonne foi » ? Ce n'est pas impossible dans le sens courant où l'on utilise habituellement cette expression. Mais comment, de bonne foi, devenir « un démon » ?

Il me semble qu'un tel égarement n'est explicable que par un malentendu très grave qui trouverait son fondement dans une confusion inextricable entre le domaine céleste et le domaine terrestre. La souveraineté sur le monde n'est pas la finalité recherchée par Dieu. Jésus dira explicitement à Pilate, à ce propos : « Mon royaume n'est pas de ce monde. Si mon royaume était de ce monde, mes gens auraient combattu pour que je ne sois pas livré aux Juifs. Mais mon royaume n'est pas d'ici. » Au contraire, croire à l'établissement d'un royaume « tout humain » de Dieu sur la terre, c'est accepter d'utiliser les moyens humains pour réaliser sa fondation. Cela implique de faire régner politiquement le représentant de Dieu. Et si l'on est ambitieux ou illuminé, on peut croire être soi-même ce représentant idéal. En ce cas, cela signifie que Judas était un idéologue. L'idéologue est en effet un homme pleinement convaincu d'être dans la vérité. Pour lui, « l'idée » l'emporte sur les personnes et sur le réel lui-même. Dans l'idéologie, c'est l'idée (le programme) qui est première ! Dans une telle perspective, le « sacrifice-trahison » de Jésus pouvait apparaître comme une stricte nécessité : le sacrifice de Jésus provoquerait l'indignation du peuple, qui se révolterait contre les meurtriers du Christ et se tournerait alors vers le groupe des Douze pour lui trouver un successeur. Jésus, lui, n'était pas un idéologue ; c'est pourquoi la transformation immédiate du monde n'était pas son objectif : « Rendez à César ce qui est à César, et à Dieu ce qui est à Dieu » (Lc 20,25). Le but de Jésus, c'est la transformation des âmes ! Bien sûr, la transformation des âmes implique aussi une certaine transformation du monde, mais dans un deuxième temps seulement, comme une conséquence bienfaisante de la conversion. Pour l'idéologue, au contraire, c'est la transformation du monde qui conduit à la conversion des personnes.

En tout cas, Jésus nous oblige à méditer sérieusement sur l'impasse où Judas s'est englouti : « N'est-ce pas moi qui vous ai choisis, vous, les Douze ? Et l'un d'entre vous est un démon » (Jn 6,70). Bien sûr, cet avertissement ne concerne pas seulement le groupe des apôtres ; d'évidence, il doit servir à tous les disciples, afin de leur permettre d'acquérir la logique propre du royaume des Cieux. Jésus nous dit que l'Église ne sera jamais parfaite ici-bas, qu'elle ne sera pas « l'Éden retrouvé » dont rêvent les idéologues ; elle restera également un lieu de combats et de scandales ! Cette conception est équilibrée et réaliste : elle n'exclut pas un progrès objectif, et elle évite une vision purement utopique et extérieure de la foi. L'Église est comme le champ où Dieu laisse croître ensemble le bon grain et l'ivraie (Mt 13,30). Pour Jésus, « être un démon », ce n'est pas changer de nature : c'est simplement penser et agir, consciemment ou inconsciemment, comme un démon, c'est-à-dire comme un adversaire du royaume des Cieux. L'expression est très forte, mais elle n'est pas encore une condamnation. Jésus dit cela de Judas avant que celui-ci ait pris la bouchée, et que « Satan entre en lui » (Jn 13,27). Judas était donc un « démon », c'est-à-dire qu'il était sur la mauvaise pente, avant de devenir en son cœur la demeure de Satan. La descente en enfer est aussi progressive que la montée vers Dieu ! Ce récit nous montre qu'il est possible, jusqu'au tout dernier moment, de choisir son destin. Judas entendait, comme les autres disciples, l'avertissement de Jésus. Sa liberté seule explique le mystère de sa destinée tragique !

Conclusion

La marche sur les eaux constitue un enseignement spirituel de Jésus à ses apôtres. Elle n'est pas seulement une démonstration, un peu gratuite, de la toute-puissance divine. En cette cinquième étape de l'itinéraire de foi, Jean veut nous montrer que le détachement du monde est incontournable pour entrer franchement dans la perspective du salut. La marche sur les eaux est la digestion du pain multiplié lors du quatrième signe, image du pain de vie.

Or, l'accueil de la révélation de Jésus en tant que pain vivant descendu du Ciel introduit le croyant dans un grand vertige de foi ! Car la marche sur les eaux est aussi une étape conflictuelle avec le monde. La désaffection d'un nombre important des disciples de Jésus à cette occasion en est la preuve. Le croyant, à l'image de Pierre, en arrive à formuler un acte de confiance envers Jésus, même s'il ne contemple pas encore clairement sa divinité. Pour y parvenir enfin, il lui faudra encore attendre le signe suivant.

Pourtant, Jésus montre tant de majesté et une si grande simplicité dans sa marche sur les eaux ! Avec quelle tendresse ne rassure-t-il pas les disciples effrayés ! Mais il leur demande maintenant de se décider résolument à vivre de la dimension surnaturelle de la foi. Alors, et seulement alors, ils deviendront vraiment des « pêcheurs d'hommes » !

Le sixième signe

Le récit de la marche de Jésus sur les eaux a ouvert au croyant une vaste perspective d'élévation au-delà des valeurs du monde. À la suite du divin guide, l'âme doit apprendre à devenir si aérienne que les flots eux-mêmes, dans leur furie, ne pourront plus l'intimider ni la retenir captive. Or, cette mer déchaînée est l'image d'une violence prête à s'abattre sur les disciples du doux maître de la liberté de l'amour.

Le sixième signe est celui de la guérison de l'aveugle de naissance. L'ensemble de ce signe, aux rebondissements nombreux et variés, correspond à une étape spirituelle longue et riche, à l'image des diverses phases du récit de la guérison de l'aveugle. Ce nouveau degré de la foi doit conduire à l'ouverture complète des «yeux de l'âme» et achever de faire du croyant un disciple véritable.

La guérison de l'aveugle

La scène se déroule à Jérusalem. Même pour un esprit religieux, le problème de la maladie est difficile à situer sous l'angle de la foi. Comment Dieu, qui est bon, pourrait-il affliger ainsi un homme, par un aveuglement de naissance? Les disciples présument donc qu'un tel mal ne peut avoir pour origine que le péché; ce mal constituerait alors un juste châtiment du pécheur. Mais la question n'est pas si simple.

En passant, il vit un homme aveugle de naissance. Ses disciples lui demandèrent: «Rabbi, qui a péché, lui ou ses parents, pour qu'il soit né aveugle?» Jésus répondit: «Ni lui ni ses parents n'ont péché, mais c'est afin que soient manifestées en lui les œuvres de Dieu» (Jn 9,1-3).

La réponse de Jésus au questionnement de ses disciples a de quoi dérouter leurs concepts ordinaires de morale. La maladie est un mal. Aussi, dans l'esprit des disciples, est-elle liée immédiatement au péché. Et comme la maladie est un mal qui atteint directement l'homme, elle serait la conséquence d'un péché personnel. Quand on a été élevé dans la doctrine du «œil pour œil et dent pour dent» (Dt 19,21), comme l'étaient les Juifs du temps de Jésus, on a en effet du mal à imaginer que le péché ne soit pas strictement volontaire. Comment peut-on naître malade, sans avoir péché soi-même, ou au moins ses parents? Et comment un nouveau-né pourrait-il pécher au point de mériter un tel châtiment? Or, Jésus nie bien qu'il y ait un péché de l'aveugle ou de ses parents. Est-il possible de naître aveugle sans que le péché en soit la cause? Notons tout de suite que Jésus n'a pas dit qu'il n'y avait pas de péché en cette maladie; il a seulement dit que le péché ne devait être attribué ni à l'aveugle ni à ses parents.

La suite du récit nous fait comprendre la nature exacte de ce péché: l'aveuglement spirituel. Ce n'est pas n'importe quel aveuglement; c'est un aveuglement congénital, un empêchement radical et incontournable à la contemplation de la vérité. Tout le récit va développer ce thème de la lumière qui brille soudain au milieu de l'obscurité: «Tant que je suis dans le monde, je suis la lumière du monde.» Cette affirmation de Jésus est une revendication à initier les hommes à la vérité. C'est l'un des thèmes majeurs de l'évangile de Jean: «La vérité vous rendra libres» (Jn 8,32). Le concept de lumière-vérité utilisé par Jésus recèle l'idée d'un «complément» offert aux hommes: une telle lumière vient combler le manque chez celui qui soudain l'aperçoit. Voilà pourquoi cette lumière qui émane du Christ est si fascinante pour ceux qui la regardent. Et cette puissance d'attraction tient dans son efficacité unique et fulgurante. L'ordination à la vérité est une caractéristique fondamentale de l'âme. Dans un monde trop pluriel, les hommes cherchent toujours, au-delà des vérités multiples qui se proposent à eux de toutes parts, la lumière véritable qui les dépasse. En ce sixième signe, Jésus répond ainsi au désir le plus profond de l'homme : voir clair sur lui-même et sur les influences qui le gouvernent. Tout le problème est de savoir comment ouvrir les yeux !

C'est donc l'aveuglement du monde qui est ici en cause, et dont cet homme est affligé. Jésus ne fait ni plus ni moins, en ce sixième signe, que s'attaquer à la conséquence désastreuse du péché originel ! L'aveuglement du monde en est la conséquence directe, lui qui coupe de Dieu l'humanité. Rendue incapable de discernement des esprits, le genre humain est devenu le jouet des démons trompeurs. Cette guérison se situe logiquement après la leçon de la marche sur les eaux : il faut en effet sortir des eaux pour commencer à voir un peu clair ! Jésus, par le don de la foi, permet à l'homme de revenir en amont de la faute d'Adam et Ève. Le Tentateur, figuré sous la forme d'un serpent, leur proposa alors le moyen d'ouvrir leurs yeux en mangeant le fruit défendu : « Mais Dieu sait que, le jour où vous en mangerez, vos yeux s'ouvriront, et vous serez comme des dieux, connaissant le bien et le mal » (Gn 3,5). À cause de ce premier péché des hommes, la descendance d'Adam et Ève devint aveugle à sa naissance !

C'est ce que nous suggère saint Jean, et il poursuit en nous montrant les gestes très évocateurs de Jésus à cet égard. Le récit proprement dit de la guérison est extrêmement bref :

> ***Ayant dit cela, il cracha à terre, fit de la boue avec sa salive, enduisit avec cette boue les yeux de l'aveugle et lui dit : « Va te laver à la piscine de Siloé » – ce qui veut dire : « Envoyé ». L'aveugle s'en alla donc, il se lava et revint en voyant clair*** (Jn 9,6-7).

La guérison de l'aveugle-né avec de la poussière et de la salive nous fait reconnaître immédiatement le geste créateur du « céleste Potier » (Gn 2,7). De même que Dieu, au commencement du monde, « modela l'homme avec la glaise du sol », Jésus refaçonne les yeux de l'aveugle avec un peu de boue.

Mais il faut aller plus loin. La salive du Verbe de Dieu est une «matérialisation» de sa parole (la salive est au contact de la langue). Elle est une «eau vive» (vivifiante) unie à la matière (cette poussière dont fut tiré Adam). C'est en somme sa parole qu'il mélange à la terre et qu'il applique sur les yeux de l'aveugle. Il s'agit bien sûr ici des yeux de l'âme! Or, sa parole ainsi incarnée, c'est son enseignement, dont émane tout au long de l'évangile une autorité qui va grandissant. Ainsi, le croyant, ayant reçu les enseignements du Christ jusqu'en ce sixième signe, est désormais capable d'une contemplation nouvelle du mystère de la foi. Ses yeux s'ouvrent et il lui devient possible de discerner les réalités spirituelles dont vit le monde.

Mais il faut ensuite que l'aveugle aille se «laver» à la «piscine de l'Envoyé». Cette purification renvoie à la confession sacramentelle: elle est un délai qui éprouve la foi de l'aveugle, un temps nécessaire à l'ouverture de ses yeux. L'«Envoyé» évoque Jean-Baptiste, et la piscine évoque le baptême d'eau qu'il administrait pour la conversion des pécheurs. C'est la même démarche pénitentielle. L'homme doit prendre position par rapport au péché, en le refusant délibérément. Il doit désormais exclure de son cœur toute forme de complicité avec les ténèbres. C'est uniquement ainsi que les yeux de l'aveugle peuvent «s'ouvrir sur la connaissance du bien et du mal» dont parle le livre de la Genèse. Il ne s'agit plus seulement d'une connaissance générale et théorique; il s'agit également d'une connaissance pratique et vivante, permettant de comprendre les choix que font les autres hommes et les influences qu'ils subissent. Or, une telle aptitude requiert une authentique conversion du cœur. L'humilité est le milieu vital de la sagesse!

Les trois témoignages

Une fois guéri, l'ex-aveugle va devoir porter trois fois témoignage. Un effet crescendo découle des divers auditoires auxquels l'ex-aveugle explique sa guérison. Ce sont d'abord «les voisins» et ceux qui le connaissent (v. 8-12); puis les «pharisiens» (v. 13-17); et enfin les «Juifs» (v. 18-34), catégorie qui intègre les diverses classes religieuses dirigeantes (ils ont autorité pour exclure de la synagogue, au verset 22).

Le premier témoignage, il le rend auprès des gens qui le connaissent déjà. Ils lui demandent de raconter comment la chose s'est produite. Nul refus de la part des curieux; seulement un émerveillement devant une telle guérison. Les gens se frottent en quelque sorte les yeux pour s'assurer qu'ils ne rêvent pas. L'ex-aveugle connaît le nom de celui qui l'a guéri, ce qui n'était pas le cas du paralysé du troisième signe; mais, comme le paralysé, il ignore où se trouve Jésus. Du reste, si ces gens le questionnent ainsi, c'est sans doute pour aller écouter Jésus immédiatement. Cette interrogation sur le lieu où «demeure» Jésus rappelle celle des premiers disciples (Jn 1,38). Pourtant, c'est encore pour l'ex-aveugle une manière vague de connaître l'homme qui l'a guéri, puisqu'il ne le connaît finalement qu'à travers ce que les gens disent de lui: «l'homme qu'on appelle Jésus».

Le second témoignage, il doit le donner aux pharisiens. À leur tour, ils se font raconter la guérison; mais, comme on le pressent, les choses commencent à s'aggraver, à cause de la question de la violation du sabbat. On assiste alors à une division entre les pharisiens: «Certains des pharisiens disaient: ‹Il ne vient pas de Dieu, cet homme-là, puisqu'il n'observe pas le sabbat›; d'autres disaient: ‹Comment un homme pécheur peut-il faire de tels signes?›» Ils interrogent ensuite l'ex-aveugle pour connaître son opinion: «C'est un prophète», répond alors ce dernier. Voilà que ce second témoignage devient pour l'aveugle une occasion de méditer sur le mystère de celui qui l'a guéri. Le miraculé passe alors du signe à l'autorité de celui qui l'accomplit. Nous commençons à saisir que l'aveugle est en train de parcourir un itinéraire de foi.

Le troisième témoignage est le plus long et le plus fructueux spirituellement pour l'ex-aveugle. L'interrogatoire des Juifs est très serré. D'abord, ils interrogent les parents, pour s'assurer qu'il s'agit bien d'un aveugle de naissance. On apprend à cette occasion une décision officielle des Juifs à l'encontre des disciples de Jésus: «Si quelqu'un reconnaissait Jésus pour le Christ, il serait exclu de la synagogue»; autrement dit, il serait mis purement et simplement au ban de la société. Puis les Juifs font comparaître une seconde fois l'ex-aveugle, tentant de le conditionner de façon à ce qu'il adopte leur point de vue: «Rends gloire à Dieu! Nous savons, nous, que cet homme est un pécheur.» Jésus est pécheur, selon eux, pour avoir violé le sabbat. Telle est la leçon qu'ils demandent à l'ex-aveugle de répéter, comme pour mieux se convaincre eux-mêmes. Mais l'intelligence de l'ex-aveugle commence à se libérer des injonctions et schèmes extérieurs. Il raisonne librement, revenant à la question essentielle posée par le miracle de Jésus: «Si c'est un pécheur, je ne sais pas; je ne sais qu'une chose: j'étais aveugle, et à présent j'y vois.»

Les Juifs intensifient alors leur pression, lui demandant de tout répéter depuis le début, afin de découvrir une brèche possible à exploiter. Mais lui ne se laisse pas démonter. Au contraire, il manifeste une certaine impatience face à leur comportement obtus: «Il leur répondit: ‹Je vous l'ai déjà dit et vous n'avez pas écouté. Pourquoi voulez-vous l'entendre à nouveau? Est-ce que, vous aussi, vous voudriez devenir ses disciples?›» L'ex-aveugle commence à pressentir un durcissement étrange de la part des Juifs. L'ironie de sa réponse en est l'indice. C'est lui qui maintenant pose les questions. Son intelligence devient de plus en plus pénétrante, éprouvant les intentions cachées des autorités qui l'interrogent.

La réponse violente des Juifs fait écho aux discours polémiques avec Jésus qui précédaient cette guérison. Les voilà contraints d'élever l'interrogatoire au niveau d'un débat théologique, comme Jésus lui-même les y oblige systématiquement. Tel est l'effet provoqué par une intelligence soudainement illuminée! «Ils l'injurièrent et lui dirent: ‹C'est toi qui es son disciple; mais nous, c'est de Moïse que nous sommes disciples. Nous savons, nous, que Dieu a parlé à Moïse; mais celui-là, nous ne savons pas d'où il est.›» La misère de ce pseudo-plaidoyer est patente aux yeux désormais ouverts de l'ex-aveugle. C'est bien la même question que lui posaient les gens qui le connaissaient (v. 12), mais cette fois avec un *a priori* négatif qui fausse toute perspective d'approfondissement. C'est alors que celui qui n'avait jamais vu la vérité depuis sa naissance leur dit: «C'est bien là l'étonnant: que vous ne sachiez pas d'où il est, et qu'il m'ait ouvert les yeux. Nous savons que Dieu n'écoute pas les pécheurs, mais si quelqu'un est religieux et fait sa volonté, celui-là il l'écoute. Jamais on n'a ouï dire que quelqu'un ait ouvert les yeux d'un aveugle-né. Si cet homme ne se tenait auprès de Dieu, il ne pourrait rien faire.» Dans un contexte polémique aussi brouillé par les Juifs, cette déclaration est étonnante de bon sens et de rigueur. Le voici devenant un spécialiste de la loi, un théologien, bien plus performant et pénétrant que ne le sont ces hommes desséchés par l'orgueil et la haine, et qui se tiennent face à lui en position de juges. C'est cela, être dans la lumière de la vérité!

L'ex-aveugle, nous précise Jean, comprend que Jésus n'est pas seulement «un homme de Dieu», comme l'est un prophète, mais qu'il est un homme «qui se tient auprès de Dieu». C'est la formule déjà utilisée par Jean dans le Prologue de son évangile, à propos du Verbe de Dieu: «Au commencement... le Verbe était auprès de Dieu.» L'expression de l'ex-aveugle met en relief une autorité unique, supérieure à toutes les formes d'intimité avec Dieu connues de son temps: Jésus «demeure» en Dieu. Comme tout le monde, y compris les Juifs, il sait bien la grandeur de ce signe opéré par le Seigneur. Il n'en est pas de plus grand, hormis celui de ressusciter un mort. Le dialogue entraîne l'ex-aveugle dans un approfondissement toujours plus grand du mystère de Jésus et le prépare progressivement à y entrer lui-même. Jean nous montre qu'une âme qui recherche la vérité se retrouvera dans des situations identiques à celles que vécut le Christ: ainsi, l'ex-aveugle se trouve maintenant face aux Juifs, comme Jésus au cours de ses controverses avec eux. La vocation essentielle du croyant est de suivre la vérité, sans se laisser intimider par les pressions extérieures. Les Juifs n'ont rien à répondre ; et pour tout argument, ils n'ont que la menace de leur autorité : « ‹ De naissance tu n'es que péché et tu nous fais la leçon ! › Et ils le jetèrent dehors. » Finalement, sans le savoir, l'ex-aveugle vient de suivre un itinéraire de purification, un chemin de foi qui le conduit jusqu'à l'exclusion des synagogues, au même titre que Jésus. Le voilà devenu son disciple et son imitateur !

La dernière étape de la guérison de l'âme de l'ex-aveugle consiste en une nouvelle rencontre avec Jésus. Celui-ci n'a plus alors qu'à parfaire la foi de ce nouveau disciple en lui révélant complètement le mystère de son identité divine : « Jésus apprit qu'ils l'avaient jeté dehors. Le rencontrant, il lui dit : ‹ Crois-tu au Fils de l'homme ? › Il répondit : ‹ Et qui est-il, Seigneur, que je croie en lui ? › Jésus lui dit : ‹ Tu le vois ; celui qui te parle, c'est lui. › Alors il déclara : ‹ Je crois, Seigneur ›, et il se prosterna devant lui » (Jn 9,35-38). Ce que Jean nous décrit ici, c'est l'accès à la foi en la divinité du Christ. « Se prosterner », c'est adorer ; et l'adoration n'a que Dieu pour objet. L'ex-aveugle est donc passé par quatre connaissances successives de Jésus : une connaissance tout extérieure (« l'homme qu'on appelle Jésus ») ; un homme de Dieu (« un prophète ») ; « un homme qui se tient auprès de Dieu » ; et, pour finir, la connaissance de la divinité même du Christ (« le Fils de l'homme »). De disciple et imitateur de Jésus, voici que l'ex-aveugle est devenu un homme dont la destinée est désormais commune avec celle du Seigneur.

Le jugement de la vérité

La conclusion de Jésus débouche sur un jugement : « C'est pour un jugement que je suis venu en ce monde : pour que ceux qui ne voient pas voient, et que ceux qui voient deviennent aveugles. » Celui dont les yeux étaient fermés à cause du péché originel, prototype de tous ceux qui ne connaissent pas Jésus, ouvre progressivement les yeux sur le mystère divin de la foi. Et ce que Jésus lui donne à voir, c'est d'abord la miséricorde, bien sûr; mais immédiatement après, c'est le péché! Par le spectacle de l'endurcissement des Juifs, l'ex-aveugle comprend combien étaient épaisses les ténèbres dans lesquelles il gisait lui-même avant d'être guéri. Car l'endurcissement des cœurs, si nettement observable chez les Juifs, lui fait comprendre combien la vie divine est différente de tout ce qu'on avait pu lui en dire. Il accède ainsi à une pensée propre sur le monde et sur Dieu. Telle est cette liberté nouvelle, dont Jésus avait dit qu'elle procédait du don de la vérité (*cf.* Jn 8,32).

Au lieu donc de s'ouvrir sur la lumière, c'est d'abord sur le spectacle des ténèbres que s'ouvrent les yeux de l'ex-aveugle. Son état antérieur l'avait condamné à un terrible abaissement social et psychologique. Réduit à devoir mendier pour gagner son pain, il est au plus bas de la société, en marge de celle-ci. Sans instruction, il doit se contenter de laisser les autres parler haut et fort. Or, la guérison de Jésus le tire soudainement de cet état. Il retrouve ainsi une dignité au milieu des autres hommes. Et voilà qu'à peine rétabli sa fidélité à la vérité exige qu'il compromette ce récent progrès! Jésus, finalement, lui demande d'y renoncer pour le suivre comme disciple, ce qui pour lui signifie retourner à son état premier de déchéance sociale, causée cette fois par son exclusion de la synagogue. L'homme, cependant, n'a aucune hésitation: il est authentiquement engagé dans la recherche de la vérité.

Quant aux Juifs, ils se condamnent eux-mêmes, parce qu'ils refusent de se dépouiller de leur orgueil: «Si vous étiez aveugles, vous n'auriez pas de péché; mais vous dites: ‹Nous voyons!› Votre péché demeure.» On revient à la thématique lancée par les disciples au début du récit: «Qui a péché?» Jésus confirme ainsi sa première déclaration, qui innocentait l'aveugle et ses parents. Le péché, c'est de prétendre voir ce que l'on ne voit pas; c'est de légiférer sur ce qu'on ne connaît pas! Qui connaît Dieu, sinon celui qui vient d'auprès de Dieu? Pour l'ex-aveugle, cette énigme est désormais une évidence. Il est dans la lumière!

Cette guérison est une conversion radicale. Elle se traduit par le changement tangible opéré dans la vie de cet homme. Jean nous précise qu'il était un mendiant. Certes, il avait une famille, ses parents chez lesquels il vivait semble-t-il, puisque les Juifs les font venir pour les interroger sur la maladie de leur fils. Mais il n'avait pas pu fonder de famille ni trouver un métier. Il était un homme seul et sans avenir. Tout ce qu'il pouvait faire était de mendier pour essayer de ne pas être totalement dépendant de ses parents. Ceux-ci ne devaient pas être bien riches pour le laisser ainsi demander aux autres ce qu'ils auraient dû lui donner eux-mêmes. Durant leur interrogatoire, les Juifs laissent éclater leur sentiment à son égard: «‹De naissance tu n'es que péché et tu nous fais la leçon!› Et ils le jetèrent dehors.» Bien sûr, il n'avait aucune instruction et n'était pas préparé à affronter des notables du judaïsme. Voilà l'homme que Jésus fixe du regard et qu'il trouve digne de devenir «voyant».

Il faut imaginer le renversement copernicien que le Seigneur opère ainsi dans la vie de cet homme qui pouvait croire être passé à côté de la vie! Jésus le restaure dans sa dignité de créature spirituelle qui tire non pas des hommes, mais de Dieu, sa capacité de se regarder positivement. Les hommes l'avaient rabaissé pour qu'il mendie auprès d'eux un peu d'attention. Jésus, au contraire, lui donne le pouvoir de s'affranchir de cette dépendance humiliante en lui montrant que la soumission à Dieu est la voie idéale de la liberté. L'intelligence aiguë de l'ex-aveugle, si longtemps inhibée par les ténèbres, trouve maintenant un terrain où se déployer: la contemplation des œuvres de Dieu, et le témoignage de la vérité. Le mendiant est devenu disciple, c'est-à-dire le dispensateur des biens divins!

Le sixième signe est une étape très longue, comme le troisième signe; mais les fruits en sont bien plus grands. Il constitue à lui seul tout un itinéraire de foi: c'est la découverte du combat spirituel, où la fidélité à la vérité nous entraîne, sans même que nous ayons à y penser, à la suite de Jésus.

L'ex-aveugle comprend que la neutralité morale n'existe pas. Ses yeux ont vu le mystère du salut se heurter au mystère d'iniquité. Il lui a aussi fallu prendre position, ce qui n'était pas encore le cas du paralysé du troisième signe, sur cette même question du sabbat, et être ainsi rejeté par les Juifs. Mais s'il est rejeté par le monde, c'est qu'il est devenu en quelque sorte «inutilisable», parce que n'appartenant plus au monde. Les Juifs ne le jugent pas encore dangereux au point de vouloir sa mort. Ce stade ultime est seulement atteint lors du septième et dernier signe.

Jésus et la femme adultère

Dans l'ensemble des textes relatifs au sixième signe, on trouve le fameux épisode de la femme adultère. Cet épisode, antérieur à la guérison de l'aveugle-né, nous montre comment, dans tous les actes de Jésus, l'amour accompagne nécessairement la vérité.

> ***Mais, dès l'aurore, de nouveau il fut là dans le temple, et tout le peuple venait à lui, et s'étant assis il les enseignait. Or, les scribes et les pharisiens amènent une femme surprise en adultère et, la plaçant au milieu, ils disent à Jésus: «Maître, cette femme a été surprise en flagrant délit d'adultère. Or, dans la loi, Moïse nous a prescrit de lapider ces femmes-là. Toi donc, que dis-tu?» Ils disaient cela pour le mettre à l'épreuve, afin d'avoir matière à l'accuser*** (Jn 8,2-6).

Le mensonge ne craint pas de se servir de la vérité elle-même. On dit à juste titre que plus une proposition erronée recèle de vérité, et plus elle est dangereuse. Les scribes et les pharisiens s'appuient ici sur un désordre moral indubitable et punissable par la loi. De ce point de vue, ils paraissent s'appuyer sur la vérité. Cependant, le but véritable de leur démarche ne consiste pas à approfondir le problème de l'adultère, mais seulement à tendre un piège à Jésus.

Les autorités religieuses se gardaient bien en général d'intervenir systématiquement en matière de relations adultères, puisque les Romains étaient les premiers à les excuser, les considérant comme parfaitement normales ; et beaucoup de Juifs pensaient de même. Leur zèle était souvent lié à d'autres fins, comme c'est ici le cas. Le péché d'adultère de la femme n'est qu'un prétexte pour condamner Jésus lui-même. Il faut relever au passage le mépris de ces hommes pour cette femme, qui utilisent ses faiblesses sans lui prêter la moindre attention en tant que telle. Son progrès et son repentir ne sont pas évoqués ici.

Mais Jésus, se baissant, se mit à écrire avec son doigt sur le sol. Comme ils persistaient à l'interroger, il se redressa et leur dit : « Que celui d'entre vous qui est sans péché lui jette le premier une pierre ! » Et se baissant de nouveau, il écrivait sur le sol. Mais eux, entendant cela, s'en allèrent un à un, à commencer par les plus vieux ; et il fut laissé seul, avec la femme toujours là au milieu. Alors, se redressant, Jésus lui dit : « Femme, où sont-ils ? Personne ne t'a condamnée ? » Elle dit : « Personne, Seigneur. » Alors Jésus dit : « Moi non plus, je ne te condamne pas. Va, désormais ne pèche plus. »

Jésus parvient merveilleusement à excuser la pécheresse sans renier pour autant la vérité. Le geste du Seigneur consistant à écrire sur le sol avec son doigt est symbolique. De même que Dieu écrivit « de son propre doigt » sur les tables de la loi remises à Moïse (*cf.* Ex 31,18), Jésus se présente comme le véritable législateur de la loi divine. Le sol, c'est la poussière d'où l'homme est tiré, et c'est dans cette « matière » qu'il inscrit la volonté du Père des miséricordes. On trouve encore Jésus faisant de la boue avec cette poussière du sol pour guérir l'aveugle-né. Jean nous montre ainsi que ces deux actes qu'accomplit le Seigneur rétablissent en profondeur la dignité perdue de ces deux pauvres. Certes, lorsque Jésus les enveloppe de son amour miséricordieux, ils ne sont pas des saints, mais ils sont cruellement la risée du monde. La vie humaine est dure quand elle n'a pas pour attelage la vérité et l'amour.

«Que celui d'entre vous qui est sans péché lui jette le premier une pierre!» Il ne s'agit pas seulement d'une réponse à effet miroir de la part de Jésus. Par ces quelques mots, il souligne le fondement de l'autorité religieuse véritable. Seul l'innocent peut être juge, et en ce monde aucun homme n'est innocent. C'est pourquoi «le Verbe s'est fait chair». Jésus est bien l'agneau sans tache capable d'exercer le jugement. Et il ne se défile pas. La sentence de miséricorde qu'il énonce pour la femme adultère est remplie d'une douce mais très ferme exigence! Sur la croix, Jésus pourra porter le péché du monde, et le vaincre, en raison de son innocence totale. Il donnera alors à voir de manière ultime la nature de son jugement sur le monde. Ce jugement ne cache en rien l'horreur des ténèbres, capables d'une telle haine, mais il permet aux hommes pécheurs de contempler en Jésus un juge plein de tendresse pour eux. Il est juge parce qu'il est Dieu: telle est la manière unique d'être sans péché! Celui qui se fait juge des autres oublie qui il est. Pire, il refuse cette connaissance de soi qui l'inclinerait à un repentir.

Il est navrant de constater que les corrections de Jésus envers les scribes et les pharisiens n'ont pas la même efficacité libératrice qu'avec la femme pécheresse ou l'aveugle de naissance. Jamais les scribes et les pharisiens ne feront de retour véritable sur eux-mêmes. S'ils lâchent prise ici, c'est seulement parce qu'en démasquant leur péché la toute-puissance de Jésus les retient. Jésus n'est jamais moralisateur au sens étroit du terme. Il ne sépare pas les commandements de leur finalité spirituelle: une finalité qui doit conduire les hommes au salut. Ses adversaires, au contraire, ne cessent d'utiliser les commandements pour condamner les autres, ou pour les obliger à marcher selon leurs propres vues. Le moralisme des scribes et des pharisiens est en relation étroite avec leur appétit de pouvoir et la dureté de leur cœur. Cette attitude n'est d'ailleurs pas le seul fait des autorités religieuses du temps de Jésus. Elle est le fait de toutes les autorités lorsqu'elles n'ont pas de finalité supérieure à leur pouvoir personnel. Dieu seul peut contester toutes ces autorités «ténébreuses» qui quadrillent le monde.

La lumière luit dans les ténèbres

Le sixième signe est très ample. Il couvre l'ensemble des chapitres 7 à 10. Ce n'est pas le détail de tous ces textes que je voudrais maintenant souligner, mais c'est leur atmosphère spirituelle de fond.

La caractéristique de ce sixième signe, c'est l'affrontement entre le mystère de la lumière et celui des ténèbres. La tonalité d'ensemble est très négative. Saint Jean parvient merveilleusement à nous la restituer. C'est en Judée, la région située autour de Jérusalem, que se trouve le centre de l'opposition envers Jésus. Jérusalem est en effet la capitale religieuse et politique d'Israël.

Ainsi, un avertissement dramatique marque le début du signe: «Jésus parcourait la Galilée; il n'avait pas pouvoir de circuler en Judée, parce que les Juifs cherchaient à le tuer» (Jn 7,1). Jésus s'étant néanmoins rendu à Jérusalem, les gens s'étonnent de l'entendre prêcher ouvertement dans le temple, alors qu'une menace de mort pèse sur lui. Cette réflexion montre au passage que la décision n'émane pas encore d'un tribunal dûment constitué. Il faudra attendre pour cela le temps de la Passion. À la fin du discours de Jésus dans le temple, on tente bien de s'emparer de lui, mais en vain: «Personne ne porta la main sur lui, parce que son heure n'était pas encore venue» (7,30). Plus loin, à l'occasion d'un autre discours adressé aux Juifs, ceux-ci envoient les gardes pour se saisir de Jésus; mais les gardes sont tellement impressionnés par son enseignement qu'ils renoncent à s'emparer de lui (7,44-45). Le jour suivant, les scribes et les pharisiens amènent à Jésus une femme surprise en flagrant délit d'adultère

«… afin d'avoir matière à l'accuser» (8,5). Jésus sauve la vie de la femme, puis il prophétise de façon voilée son retour vers le Père. Plus tard, devant les Juifs «qui avaient cru en lui», Jésus ne tarde pas à provoquer de nouveau la colère de son auditoire. Ils l'injurient, l'accusant d'être un possédé; puis, après que Jésus eut proclamé sa divinité, ils tentent de le lapider: «Ils ramassèrent alors des pierres pour les lui jeter, mais Jésus se déroba et sortit du temple» (8,59). On apprend ensuite qu'une sanction d'excommunication sera appliquée aux personnes qui reconnaîtraient Jésus comme le Messie (*cf.* 9,22). Après la guérison de l'aveugle-né, Jésus tient alors un long discours sur le thème du bon Pasteur, à la fin duquel une grande scission advient parmi les Juifs à son propos (10,19). Jésus quitte alors Jérusalem. Il revient en hiver, tenant dans le temple un autre vaste discours qui confirme ses précédents enseignements. Les Juifs tentent alors de le lapider (10,31), mais ils ne parviennent pas à s'emparer de lui.

Ce regard d'ensemble suffit à démontrer l'intensité du conflit qui oppose désormais Jésus aux Juifs. Quel grand mystère que celui du combat spirituel! Lorsque saint Jean, dans le Prologue, nous montre «la lumière brillant au milieu des ténèbres», on pourrait croire à une évocation poétique, saluant un roi cosmique venant prendre pacifiquement possession de son royaume. La suite de l'évangile nous fait comprendre qu'il n'en est rien. En ce sixième signe, la contemplation du mystère d'iniquité devient un thème central qui prélude à la contemplation de la divinité du Christ. Jean avertit le croyant qu'à l'instar de l'ex-aveugle il lui faut accepter d'entrer dans cette contemplation de «l'obscur».

Quel est donc finalement le motif du refus des Juifs? Il porte explicitement sur la reconnaissance de Jésus en tant que «Messie divin». Si Jésus s'était présenté seulement comme un homme, et non pas comme Dieu lui-même, les Juifs auraient pu s'accommoder de lui. Il aurait été un rabbi de renom, dépassant certes en autorité ceux de son temps, mais ne remettant pas en cause fondamentalement le judaïsme. Car c'est de cela qu'il s'agit : l'enseignement de Jésus fait éclater tous les cadres de la religion juive ! Il est ou bien la plus grande menace jamais advenue, ou bien une véritable révélation divine !

On pourrait objecter qu'admettre l'identité divine de Jésus, sur sa seule parole, et malgré ses miracles impressionnants, n'était pas en soi une chose aisée pour ses contemporains. Croire de but en blanc à la divinité du Christ n'est effectivement pas concevable sans une préparation préalable. Mais le cheminement des sept signes constitue justement un dévoilement progressif de l'identité divine du Seigneur ! Or, le propre des Juifs qui s'opposent à Jésus, c'est de ne pas évoluer, de ne pas cheminer ! Et c'est pourquoi ils deviennent les prototypes du refus de la foi. Dans leur monde, Dieu ne peut pas se faire entendre, par principe !

C'est ce qu'explique admirablement Jésus à ceux qui avaient cru en lui : « Si vous demeurez dans ma parole, vous êtes vraiment mes disciples ; et vous connaîtrez la vérité, et la vérité vous libérera » (Jn 8,31-32). Le problème est de « demeurer » dans l'enseignement de Jésus. Il faut l'habiter ! Quand on emménage dans une nouvelle maison, on ne la connaît pas et on ne « l'habite » que petit à petit. C'est progressivement qu'on s'habitue à sa tonalité propre, à ses particularités. Alors seulement, on commence à goûter ce qui en fait le charme profond. Il en va de même de la parole de Dieu. Il faut faire cet effort de l'habiter progressivement, de la laisser agir en nous pas à pas. La vérité, même explicitement proclamée, n'est pas d'emblée connue profondément. Lorsqu'on la connaît, c'est alors qu'elle peut porter du fruit dans l'âme et nous libérer.

Il faut donc accepter de poser un regard de vérité sur les ténèbres elles-mêmes. Les Juifs se considéraient comme les descendants d'Abraham, qui avait quitté son pays d'origine pour marcher à la suite de Dieu. Il était devenu un nomade sillonnant librement les chemins du monde. Ces hommes, héritiers d'Abraham, « n'ont été esclaves de personne ». Leur liberté leur tient à cœur. Ils en oublient que leurs ancêtres furent esclaves en Égypte et qu'ils subirent le joug de fer du pharaon ! Jésus ne leur parle pas du pouvoir des Romains, qui maintenant pèse sur leurs épaules. Il voudrait ici leur faire comprendre que c'est spirituellement qu'il faut regarder sa condition, afin de saisir en quoi elle consiste vraiment : « Qui commet le péché est esclave du péché. » Or, quand Jésus annonce à ceux qui l'écoutent que la vérité les rendra libres, ils se raidissent. C'est là un langage nouveau pour les auditeurs de Jésus ; et ce langage, ils le jugent inacceptable.

Le propre des ténèbres est d'enchaîner ceux qu'elles tiennent en leur pouvoir. L'obscurité spirituelle, c'est le péché. Le croyant du sixième signe est ainsi invité à remonter à la source de la « puissance de refus » qui l'habite. Ce refus de la lumière est aussi une puissance d'asservissement, car elle s'oppose au bien de l'âme, qui a été créée pour la lumière ! Cette dénonciation du péché correspond à l'expérience de foi de l'aveugle de naissance : quand ses yeux s'ouvrent, il découvre que le monde dans lequel il a vécu jusqu'alors gît en réalité dans les ténèbres. Et ces ténèbres sont comme un air empoisonné que seule la foi en Jésus peut nous permettre d'éviter de respirer. Le péché est un poison diffus qui aveugle irrémédiablement les esprits. C'est la fidélité à la vérité qui conduit pas à pas l'aveugle jusqu'à la liberté. Une liberté de regarder le réel pour ce qu'il est, sans être esclave des pressions des Juifs ; bref, de se trouver loin du joug du pouvoir des hommes. Telle est la véritable liberté. Elle dépasse la simple possibilité matérielle d'agir librement : elle permet d'user de cette possibilité de liberté et d'en vivre ! Il ne s'agit pas seulement d'avoir le « droit d'être libre » ; il faut l'être effectivement !

C'est alors que Jésus peut entraîner son auditoire au cœur même des ténèbres, en l'invitant à considérer Celui qui les habite au plus profond : « Pourquoi ne reconnaissez-vous pas mon langage ? C'est que vous ne pouvez pas entendre ma parole. Vous êtes du diable, votre père, et ce sont les désirs de votre père que vous voulez accomplir. Il était homicide dès le commencement et n'était pas établi dans la vérité, parce qu'il n'y a pas de vérité en lui : quand il profère le mensonge, il parle de son propre fonds, parce qu'il est menteur et père du mensonge. Mais parce que je dis la vérité, vous ne me croyez pas» (Jn 8,43-45). C'est la première fois dans le quatrième évangile que Jésus parle de façon aussi claire du démon. Fondamentalement, le diable est homicide et menteur. Il exerce une forme de «paternité», sur le plan spirituel, mais qui est totalement négative.

Tandis que Dieu est la source de la vie, le diable, lui, est «homicide dès le commencement». Le mot «commencement» en grec a deux sens : celui d'un début chronologique, et celui de «principe». Jésus joue ici sur les deux aspects du mot : le démon est chronologiquement la première créature de Dieu à s'être révoltée contre lui, et donc à s'être éloignée de la vie ; mais il est aussi l'apôtre de la mort, c'est-à-dire le principe (le prince) de la rébellion contre Dieu. Il aurait pu, bien sûr, se contenter de refuser le pouvoir divin, sans entrer en conflit avec Dieu. Mais cette hypothèse relève seulement d'une possibilité purement logique. Dans le réel, les choses sont plus «simples» : on ne peut pas se tenir hors de Dieu de manière purement indifférente ! C'est un fait d'expérience de foi, confirmé par la révélation. L'aveugle-né en fait intensément l'expérience au cours de ses trois témoignages. La vie étant la propriété de Dieu lui-même, il est impossible de s'éloigner de lui sans trouver la mort. Mais la révélation ne définit pas la mort comme un anéantissement de l'être. Par volonté divine, cet anéantissement de ceux que Dieu a créés n'est pas possible sans son intervention. La résurrection des morts est promise au juste comme à l'injuste ; mais le premier ressuscite pour la vie, et le deuxième pour «la seconde mort» (Ap 20,11-15). Le démon ne peut pas fuir Dieu et rester en même temps dans l'amour. S'éloignant de Dieu, c'est la haine qui devient sa compagne. La haine, c'est tout le contraire de l'indifférence philosophique. La haine n'a de cesse d'entraîner le monde entier derrière elle et de vouloir l'embraser !

Apôtre de la mort, le diable est aussi «menteur et père du mensonge». En grec, le mot *diabolos* (diable) signifie tout à la fois «tromper», «accuser» et «diviser». C'est pourquoi l'Église salue le démon du titre de «séducteur des âmes», en le comparant au serpent. Or, sa séduction repose sur le mensonge. Comment pourrait-il faire autrement, puisque la vérité habite le royaume de la lumière? Nous avons vu qu'au cours de son témoignage devant les Juifs l'aveugle-né se heurte à cette puissance de mensonge. Ses interlocuteurs ne sont intéressés qu'à découvrir ce qui leur permettra de confondre Jésus. Totalement indifférents à la grâce immense faite à l'ex-aveugle, ils paraissent même ne pas réaliser ce que signifie une telle faveur. Au lieu de s'interroger sur l'origine du pouvoir de Jésus, ils ne considèrent que le problème juridique de la violation du sabbat. Pour eux, accomplir une guérison le jour du sabbat représente une transgression religieuse! Le mensonge, c'est cela: un aveuglement si radical qu'il ne permet plus de voir la lumière!

Toute crise de l'intelligence a pour fondement l'abandon de la recherche du vrai. Tant qu'elle est en recherche, l'âme est tournée vers la lumière. L'intelligence, parce que création de Dieu, est finalisée par la vérité. Le propre de l'intelligence humaine, c'est donc de rechercher la vérité. Lorsqu'elle y renonce, elle tombe immédiatement sous l'emprise des ténèbres. La manière la plus habituelle de pratiquer un tel renoncement consiste à arrêter le mouvement de sa pensée aux êtres et aux choses qui peuplent le monde. L'intelligence qui ne cherche pas à aller au-delà de la matière, en posant la question du «pourquoi» de la création, est une intelligence qui a renoncé à la vérité. Or, renoncer même à une partie de la vérité, c'est renoncer à la vérité tout court!

Nous rejoignons ici le problème de la nature du mal. Le mal est une privation de bien. Comme un fruit qui s'abîme, le mal rend insipides, voire repoussantes, les choses bonnes. Mais le mal n'est pas un être en soi. Il est seulement une puissance de refus qui n'a d'autres perspectives que sa propre révolte. Le mal n'est jamais constructif! De même que l'erreur ampute la vérité, et donc la dénature, le mensonge pur et simple rend la vérité méconnaissable, la défigure, et ainsi la fait disparaître du champ de l'intelligence. Le mensonge est un semeur de doute et de confusion, un «esprit de vertige».

L'objet de contemplation proposé au croyant du sixième signe est la divinité du Christ. C'est autour de cette question que se cristallise l'affrontement entre Jésus et les Juifs. Le disciple de Jésus est invité à un discernement radical des esprits. L'esprit des Juifs est-il ouvert à la vérité? Jean nous démontre que non, puisque l'auditoire de Jésus, qui prétend avoir cru en lui (Jn 8,31), refuse par principe la leçon essentielle: «En vérité, en vérité, je vous le dis, avant qu'Abraham existât, JE SUIS» (8,58). Rejeter la possibilité de la divinité du Christ, c'est rejeter tout son enseignement. Alors, pourquoi venir encore l'écouter? Sans doute reconnaissent-ils au fond d'eux-mêmes une voix qui n'est pas ce monde...

Conclusion

Le sixième signe achève de faire du croyant un véritable disciple de Jésus. Cette étape de la foi est une nuit spirituelle intense, dont le but est de purifier en profondeur l'intelligence du croyant. Elle lui communique le discernement des esprits, c'est-à-dire le discernement entre le mensonge et la vérité. Le témoignage du disciple devient alors un véritable combat spirituel qui l'oppose à la puissance de refus du péché et le stimule par là même à confesser résolument son attachement à Jésus.

L'accès à la foi en la divinité de Jésus est l'étape ultime de cette longue nuit. Elle est aussi sa récompense. Le septième signe en sera le développement plénier.

Troisième cycle :
l'ami

Le septième signe

Le septième signe achève l'itinéraire de foi tracé par Jean. Il est constitué principalement du récit de la résurrection de Lazare et de celui de l'onction de Béthanie. Au cours du sixième signe, le croyant est devenu un véritable disciple de Jésus, capable de proclamer son origine céleste. Il ne manque au Seigneur que de l'introduire dans sa divine intimité. Le croyant du septième signe est en effet appelé à devenir un ami de Jésus !

Cette dernière étape, couronnement de la foi, est empreinte d'une incomparable atmosphère de paix et de douceur. Et pourtant, le contexte extérieur est tout autre : celui de la Passion du Seigneur. Par sa mort et sa résurrection, Lazare est mis en état de disciple parfait, capable de suivre Jésus jusqu'au pied de la croix. Il s'agit là de l'étape décisive du cheminement de la foi, caractérisée par le dépassement définitif des ténèbres. Bien qu'encore engagée dans les luttes de la vie présente, l'âme est libérée des incertitudes et des peurs, parce qu'elle est introduite dans le sanctuaire divin érigé par le Christ au milieu des hommes. On peut dire du croyant du septième signe qu'il est vraiment en communion avec Dieu : il demeure en Dieu !

La résurrection de Lazare

Le village de Béthanie se situe sur la pente est du mont des Oliviers, c'est-à-dire sur le versant opposé à celui où se trouve le jardin de Gethsémani qui, lui, fait face à Jérusalem. Lazare est l'ami de Jésus.

Il y avait un malade, Lazare, de Béthanie, le village de Marie et de sa sœur Marthe. Marie était celle qui oignit le Seigneur de parfum et lui essuya les pieds avec ses cheveux; c'était son frère Lazare qui était malade. Les deux sœurs envoyèrent donc dire à Jésus: «Seigneur, celui que tu aimes est malade.» À cette nouvelle, Jésus dit: «Cette maladie ne mène pas à la mort, elle est pour la gloire de Dieu: afin que le Fils de Dieu soit glorifié par elle» (Jn 11,1-4).

Avant d'entrer dans le vif du sujet, il est nécessaire de relever une difficulté relative à ce texte de Jean. Lorsqu'il nous parle de Marie, qui «était celle qui oignit le Seigneur de parfum» (les verbes sont tous au passé), il annonce comme déjà réalisé un épisode qu'il va nous décrire en réalité dans le chapitre suivant (Jn 12,3). Il y a manifestement une erreur quant au temps des verbes. Or, nous savons bien que Jean sait d'avance tout ce qu'il va écrire. Ici, il faudrait donc corriger sa narration de la façon suivante: «Marie était celle qui devait oindre le Seigneur de parfum.» Pour comprendre cette erreur, assez étrange à première vue, il faut se souvenir d'un type d'expression que Jean affectionne particulièrement. Quand il présente un personnage bien connu de l'Église primitive, il accompagne le nom d'une formule laconique. Pour lui-même, il parle du «disciple que Jésus aimait»; pour Judas, c'est «celui qui devait le livrer»; Lazare aussi est mis en relief par l'expression «celui que Jésus avait ressuscité d'entre les morts» (Jn 12,1). Ainsi, lorsqu'il parle de Marie, il rappelle le geste qui la rendit célèbre: «celle qui oignit le Seigneur de parfum». C'est ce que confirment les Synoptiques, comme Marc par exemple: «En vérité, je vous le dis, partout où sera proclamé l'Évangile, au monde entier, on redira aussi, à sa mémoire, ce qu'elle vient de faire» (Mc 14,9).

Béthanie est un lieu évangélique important. Saint Luc nous apprend d'ailleurs que c'est là qu'advint l'ascension du Seigneur (Lc 24,50-51). Béthanie fut donc le dernier lieu terrestre fréquenté par le Christ. En hébreu, Béthanie signifie «la maison du pauvre». Il s'agit ici d'une pauvreté tout «évangélique», puisque, sur le plan social, Lazare était un homme en vue. La valeur très élevée du parfum que sa sœur versera sur les pieds du Seigneur en est un premier indice. Cette somme est si considérable que Judas s'en scandalisera. Un second indice de l'importance sociale de Lazare nous est donné par le nombre très élevé de Juifs qui viendront de Jérusalem pour assister à ses funérailles. Un homme «ordinaire» n'aurait pas provoqué pareille affluence. Lazare était donc un pauvre, mais pas à la manière des hommes: il l'était selon Dieu!

Pour choisir ses amis, Jésus ne regarde pas à la condition sociale: il tient seulement compte des dispositions intérieures. La pauvreté évangélique renvoie à l'idée d'un dépouillement des attachements terrestres. Le pauvre «de Jésus» est celui qui met en Dieu toute son espérance, toute sa joie et tout son amour. C'est seulement à cette condition qu'on peut devenir un ami du Seigneur. Jésus en effet n'avait pas beaucoup d'amis. Trois seulement sont cités dans l'évangile de Jean, avant que Jésus n'introduise ses apôtres dans cette relation unique (*cf.* Jn 15,15). Les trois amis de Jésus sont dans l'ordre: Jean-Baptiste, saint Jean (le disciple que Jésus aimait) et enfin Lazare. À la différence des deux premiers, Lazare n'a pas de mission spéciale: il est un laïc qui vit dans le monde. Il ne suit même pas Jésus au cours de ses déplacements. L'amitié avec le Christ n'est pas liée à une vocation particulière!

Pourtant, Lazare va mourir sans que Jésus vienne le guérir. On a vu que Jésus ne répond pas à l'ambassade des deux sœurs qui le sollicitent de venir guérir leur frère. Les disciples sont dans la crainte des Juifs et ne souhaitent pas revenir en Judée de si tôt. Mais Jésus, après avoir attendu deux jours, leur déclare: «Lazare est mort, et je me réjouis pour vous de n'avoir pas été là-bas, afin que vous croyiez. Mais allons auprès de lui!» (Jn 11,14-15). Le ton est solennel, car il s'agit d'accomplir le dernier et le plus grand de tous les signes.

Cependant, la question demeure de savoir pourquoi Jésus laisse Lazare connaître la mort. Sur le plan de la foi, la maladie qui conduit Lazare au tombeau, c'est le péché originel. Le péché doit faire son œuvre en nous : tel est le sens de l'attente de Jésus. Il se réjouit de ne pas « avoir été là », car cette absence va permettre justement aux apôtres d'affermir leur foi. Sur le plan spirituel, la mort de Lazare est bien une solitude intérieure, caractérisée par l'absence de l'ami divin : c'est une nuit « purgative », une purification spirituelle totale. Il s'agit de l'expérience de la mort à soi-même, sommet de l'œuvre de Dieu dans une âme. Elle prélude au don plénier de la vie !

D'où Lazare revient-il au moment de sa résurrection ? D'un lieu que Jésus n'a pas encore transformé par sa venue : le shéol informe, sans distinction entre les bons et les mauvais. La venue du Seigneur dans ce lieu indifférencié sera un « jugement », une séparation « des brebis et des boucs ». Mais avant cela, avant l'arrivée de Jésus au shéol, Dieu avait placé toutes les âmes en ce lieu d'attente : les justes y apprenant à désirer Dieu, les autres à s'en éloigner davantage. On vit en effet dans le shéol comme on y est descendu : en paix ou dans l'affliction. En tout cas, on y est forcément comme une « ombre », « car il n'y a ni œuvre, ni réflexion, ni savoir, ni sagesse dans le shéol où tu t'en vas » (Qo 9,10). Cependant, l'espérance de l'Ancien Testament appelait de tous ses désirs la venue du Sauveur : « Car tu ne livreras pas mon âme au shéol, tu ne permettras pas que celui qui t'aime voie la corruption » (Ps 16,10).

Lazare vit la « nuit de l'esprit », terrible sentiment de l'absence de Dieu, exprimée par son silence même. Pourquoi cet horrible délaissement de Jésus à son égard ? Impénétrable nous semble le processus par lequel opère la nuit de l'esprit ! Cette nuit de l'esprit est une sorte de brouillard qui tisse sa toile sur les êtres et les choses. Tout semble disparaître du champ de la conscience, hormis soi-même, dont on ne sait plus que faire alors. Dieu ne brille plus non plus. La lumière que l'on perçoit est triste, diffuse, sans vie. On a beau « partir », tout paraît immuable; et l'on ne voit rien de nouveau. Le temps lui-même semble comme suspendu. Là, pas un souffle, pas de relief; rien que la moite et insipide nuée grise. Comme le moi semble petit et vulnérable en cette divine solitude!

Cette nuit de l'esprit, figurée par l'expérience de la mort, est comme une vaste nuit d'insomnie. On voudrait dormir, mais on ne le peut pas; on voudrait s'éveiller, mais il ne fait pas encore jour. Jésus parle à ce sujet d'un repos: «Notre ami Lazare repose, leur dit-il; mais je vais aller le réveiller.» Le repos de Lazare est une expérience spirituelle, en même temps qu'une précieuse description par Jésus lui-même de la nature du shéol, cet outre-tombe d'avant la rédemption. Le tombeau est la demeure de Lazare, mais c'est un lieu trop «froid» pour être le repos de l'âme. Dieu seul est le véritable repos d'une âme qui a parcouru les six premiers signes pour le trouver. Le verbe «réveiller», utilisé par Jésus, rappelle l'issue de la course passionnée de la fiancée du Cantique des Cantiques. L'Époux divin l'accueille enfin, au terme d'un incessant cache-cache amoureux: «Sous le pommier je t'ai réveillée, là même où ta mère te conçut, là où conçut celle qui t'a enfantée» (Ct 8,5). L'auteur du poème biblique fait référence à l'arbre au fruit défendu du commencement du monde, à l'ombre duquel Ève conçut ses enfants qui, désormais, ne connaîtraient plus la douceur de la présence divine. Jésus veut «réveiller» l'âme de Lazare du sommeil de la mort. Ce repos est un état de pure passivité, une incapacité fondamentale de l'humanité à vivre dans l'attention constante à Dieu. Le tombeau, c'est la porte du shéol, où le sommeil n'est qu'un état nocturne très éloigné de la béatitude!

L'expérience de la mort est le franchissement d'une frontière qui ne permet plus de revenir comme avant au milieu du monde. Cette «mort spirituelle» du septième signe, vécue grâce à la foi, est le commencement absolu d'une vie nouvelle. Elle voit disparaître enfin les miroirs du monde visible, dont les reflets empêchent de contempler l'au-delà des apparences. Ainsi s'évanouit ce jeu de miroitements indéfinis qui semble clore le monde matériel sur lui-même et rendre vaine toute espérance d'éternité. Qui donc en effet est jamais revenu d'entre les morts? Or, ce qui est impossible aux hommes, Dieu a voulu nous le faire connaître!

> ***Quand Marthe apprit que Jésus arrivait, elle alla à sa rencontre, tandis que Marie restait assise à la maison. Marthe dit à Jésus: «Seigneur, si tu avais été ici, mon frère ne serait pas mort. Mais maintenant encore, je sais que tout ce que tu demanderas à Dieu, Dieu te l'accordera.» Jésus lui dit: «Ton frère ressuscitera.» – «Je sais, dit Marthe, qu'il ressuscitera à la résurrection, au dernier jour»*** (Jn 11,20-24).

Marthe est l'image d'une âme emplie de foi. Elle sait bien que Jésus a le pouvoir de guérir les malades et qu'il pouvait aussi guérir son frère. Bien sûr, elle regrette qu'il n'ait pas usé de son pouvoir pour son ami. Mais elle est résignée dans son chagrin et elle tient à dire à Jésus que cela ne change en rien la confiance qu'elle lui voue. Sa foi demeure intacte malgré l'épreuve du deuil.

S'engage alors un dialogue avec Jésus sur le thème de la résurrection. Pour Marthe, la résurrection, c'est le «dernier jour»: résurrection finale de tous les morts à l'achèvement de l'histoire humaine et renouvellement universel de toute la création. C'est la grande consolation que Jésus est venu apporter en ce monde. À cette conception purement eschatologique, Jésus ajoute alors un complément d'importance: «Je suis la résurrection. Qui croit en moi, même s'il meurt, vivra; et quiconque vit et croit en moi ne mourra jamais. Le crois-tu?» (Jn 11,25-26). L'affirmation de Jésus suit ici un double mouvement. D'abord la foi: à travers l'expérience de la mort, elle conduit à la vie. Puis la vie et la foi: elles s'unissent pour vaincre la mort. Jésus distingue ici deux sortes de croyants: celui qui, simplement, «croit» en Jésus, et celui qui «vit et croit» en lui. Le premier est encore temporairement soumis au pouvoir de la mort; le second en est exempt. Il est donc possible de croire en Jésus sans vivre encore en lui ! Dans le premier cas, Jésus confirme la foi de Marthe en la résurrection finale: le verbe «mourir» est au présent, tandis que le verbe «vivre» est au futur. Mais dans le deuxième cas, la situation est inversée: le verbe «vivre» est au présent et le verbe «mourir» s'inscrit dans le futur. C'est sur un autre plan que se situe le message de Jésus à Marthe.

Le présent indique la vie présente. Appliqué à Lazare, ce double mouvement (présent - futur) semble nous dire que sa résurrection est un passage entre deux modes de foi: de la foi du disciple au sixième signe à celle de l'ami au septième signe. Par sa mort, Lazare a déjà accompli le premier mouvement: il est mort dans la foi. Il lui reste à parcourir le second: ressuscité, il vivra aussi en Jésus. Et puisque la mort physique de Lazare est l'image d'une mort «spirituelle», venant conclure l'itinéraire de foi du croyant, il faut comprendre sa résurrection comme un moment clé de ce parcours. Celui qui non seulement croit par toute son intelligence, mais laisse aussi cette foi pénétrer au plus profond de son cœur, celui-là ne peut plus connaître le ravage mortifère du péché. Jésus demande alors à Marthe une ratification de foi – «Le crois-tu?» – qu'elle donne sans hésitation: «Oui, Seigneur, je crois que tu es le Christ, le Fils de Dieu, celui qui vient dans le monde.» Cette confession de foi est complète: c'est la caractéristique du septième signe.

Ayant dit cela, elle s'en alla appeler sa sœur Marie, lui disant en secret: «Le Maître est là et il t'appelle.» Celle-ci, à cette nouvelle, se leva bien vite et alla vers lui. Jésus n'était pas encore arrivé au village, mais il se trouvait toujours à l'endroit où Marthe était venue à sa rencontre. Quand les Juifs qui étaient avec Marie dans la maison et la consolaient la virent se lever bien vite et sortir, ils la suivirent, pensant qu'elle allait au tombeau pour y pleurer. Arrivée là où était Jésus, Marie, en le

voyant, tomba à ses pieds et lui dit: «Seigneur, si tu avais été ici, mon frère ne serait pas mort!» Lorsqu'il la vit pleurer, et pleurer aussi les Juifs qui l'avaient accompagnée, Jésus frémit en son esprit et se troubla. Il dit: «Où l'avez-vous mis?» Ils lui dirent: «Seigneur, viens et vois.» Jésus pleura (Jn 11,28-35).

Le zèle de Marie est souligné ici plus fortement encore que dans le cas de Marthe. Jean nous précise en effet que, dès que Marie sut que Jésus était arrivé, elle «se leva bien vite» pour aller à sa rencontre. Il ne fait pas de doute que Jésus était très attendu des deux sœurs. En Marie se distingue clairement ce mélange de joie et de peine: même le deuil de son frère ne parvient pas à atténuer sa joie de voir Jésus! Sa plainte, identique à celle de sa sœur, a la même coloration de confiance et de total abandon à la volonté divine. Mais Marie n'a pas le même tempérament que Marthe. Elle tombe aux pieds de Jésus, en lui disant: «Seigneur, si tu avais été ici, mon frère ne serait pas mort!» Elle ne fait pas d'autre commentaire cependant, se contentant de pleurer en étreignant les pieds de Jésus. Son langage n'est pas celui de Marthe! Marthe est aussi une intelligence en butte au problème de la mort, tandis que Marie est tout amour.

Certes, Marie répète la même lamentation que sa sœur, mais elle gémit selon la modalité du «cœur brisé», tandis que Marthe se plaint comme «l'esprit abattu[1]» (l'intelligence impuissante). Jésus s'adapte merveilleusement à la modalité de la démarche des deux sœurs. Avec Marie, Jésus n'attend pas d'autre confession de foi. N'est-elle pas prosternée à ses pieds, dans la position de l'adoration? Jésus prend alors le temps de pleurer avec elle, sachant pourtant tout ce qu'il va faire. De même qu'avec Marthe il prit le temps de susciter une méditation sur la résurrection, ici encore il sait s'arrêter pour permettre au cœur de Marie de présenter au Père son ado-

1. «Dieu est près de ceux qui ont le cœur brisé, il sauve ceux dont l'esprit est abattu» (Ps 34,19).

ration douloureuse. Comme avec Marthe sur le plan de l'intelligence, il s'associe maintenant à la plainte du cœur de Marie, pleurant lui-même son ami disparu. C'est très beau de voir combien Jésus se rend présent aux âmes qui vivent pour lui. Comme nous sommes loin de la conception d'un Dieu dominateur, qui régnerait en tyran sur des esclaves humains!

Étymologiquement, compatir au chagrin d'une personne, c'est «souffrir avec» elle, en partageant sa douleur. Tel est le mouvement d'amour de Jésus envers les deux sœurs. Mais il y a plus: devant ce tombeau fermé, Jésus compatit à la situation d'outre-tombe de Lazare, et, à travers lui, à la situation existentielle de toute l'humanité. C'est cet amour qui l'a fait venir dans le monde, afin de sauver ceux qui étaient captifs de la mort. Les sanglots de Marie et ses larmes sont communicatifs. Par sa douleur, elle émeut les Juifs venus la consoler. Elle les introduit ainsi dans sa prière, et eux-mêmes se mettent à prier avec elle, apprenant à ouvrir leur cœur simplement vers le Père. Mais Marie a un secret d'amour que les Juifs ne connaissent pas. Sa prière monte vers Jésus! L'ayant saisi, elle ne veut plus le lâcher! Son cœur de femme se serre contre celui du Seigneur et l'appelle doucement. Bien sûr, Jésus ouvre tout grand son cœur et y reçoit celui de Marie.

Mais ce doux et douloureux moment allait prendre fin brutalement. Après nous avoir révélé la réflexion de certains Juifs: «Ne pouvait-il pas, lui qui a ouvert les yeux de l'aveugle, faire aussi que celui-ci ne mourût pas?» Jean poursuit: «Jésus, frémissant à nouveau en lui-même, se rend au tombeau.» C'est le second «frémissement» de Jésus. Le premier l'avait conduit à pleurer de compassion; le second va lui donner le signal pour accomplir le plus impressionnant de tous ses miracles. Le verbe «frémir» utilisé par Jean a en effet deux sens possibles: il peut signifier «être troublé ou agité», ou bien «gronder». Ce second sens est plus mystérieux. Que se passe-t-il lorsque l'esprit de Jésus se met ainsi à «gronder»? Dans le livre de l'Apocalypse, le «grondement», ce bruit sourd et menaçant, est la voix du tonnerre. Cette voix céleste indique un événement imminent et grandiose. De manière générale, on peut dire que c'est la voix de l'Esprit Saint. Or, c'est bien l'Esprit Saint qui collabore avec Jésus pour l'accomplissement de l'œuvre du Père dans le monde. Lorsque Jean écrit que Jésus «frémit à nouveau en lui-même», il veut nous dire qu'au plus profond de son être s'opère alors un dépassement radical du plan purement humain. Telle est la façon dont Jésus percevait les mouvements de l'Esprit Saint en lui. C'est en tout cas ce que nous dit Jean! Peut-être ce frémissement était-il le signal de la mise en branle de la volonté du Père pour chacun des signes en faveur de sa gloire? Il s'agit non pas en soi de la connaissance de la volonté du Père, que Jésus possède déjà, mais véritablement d'un «signal» venu d'en haut pour réaliser cette volonté, et qui s'exprime à travers ce frémissement ou grondement de l'esprit. Voilà, pour Jean, une manière de nous introduire dans l'intimité du Seigneur.

> ***Alors Jésus, frémissant à nouveau en lui-même, se rend au tombeau. C'était une grotte, avec une pierre placée par-dessus. Jésus dit: «Enlevez la pierre!» Marthe, la sœur du mort, lui dit: «Seigneur, il sent déjà: c'est le quatrième jour.» Jésus lui dit: «Ne t'ai-je pas dit que si tu crois, tu verras la gloire de Dieu?» On enleva donc la pierre. Jésus leva les yeux en haut et dit: «Père, je te rends grâces de m'avoir écouté. Je savais que tu m'écoutes toujours; mais c'est à cause de la foule qui m'entoure que j'ai parlé, afin qu'ils croient que tu m'as envoyé.» Cela dit, il s'écria d'une voix forte: «Lazare, viens dehors!» Le mort sortit, les pieds et les mains liés de bandelettes, et son visage était enveloppé d'un suaire. Jésus leur dit: «Déliez-le et laissez-le aller»*** (Jn 11,38-44).

Par la réflexion de Marthe sur le commencement de la putréfaction du cadavre de son frère, Jean insiste sur le fait que Lazare est bien mort, comme Jésus l'avait dit explicitement à ses disciples avant de se rendre à Béthanie. Il ne s'agit pas d'une « réanimation », comme si Lazare se trouvait seulement dans un coma profond, proche de la mort. Il est vraiment mort et déjà prisonnier du shéol ! Ce fait est d'une grande importance pour saisir la portée du miracle accompli par le Christ.

La remarque de Marthe, lorsque Jésus demande d'ouvrir le tombeau, prouve qu'elle ne comprend pas son intention. Elle est toujours dans la perspective de la résurrection au dernier jour. Alors, Jésus lui rappelle les paroles qu'il avait prononcées, en les amplifiant : « Ne t'ai-je pas dit que si tu crois, tu verras la gloire de Dieu ? » L'acte de foi parfait ne doit pas s'arrêter aux possibilités humaines. Dieu a la vie en lui-même, c'est pourquoi rien ne lui est impossible. Jésus demande à Marthe de croire en lui, et non en elle-même. Marthe manque de foi lorsqu'elle limite la puissance du Christ à ses propres capacités. À cause de cette limitation, elle ne permet pas à Dieu de lui dévoiler sa gloire. Elle met ainsi paradoxalement sa foi en elle-même, dans son jugement et dans son impuissance. Jésus l'invite à un dépassement ultime d'elle-même. Elle doit devenir une contemplative des œuvres divines ! La foi dont il lui faut maintenant se revêtir tient dans ce constat : rien n'est impossible à Dieu.

La prière de Jésus commence par un geste significatif. L'expression de Jean est pléonastique : « Jésus leva les yeux *en haut.* » Son style s'explique par le fait qu'il joue toujours sur deux plans. Jésus lève effectivement les yeux, mais « l'en haut » vers lequel il les tourne n'est pas d'ordre matériel : il s'agit du Ciel de Dieu. Ce geste veut inviter le croyant à élever totalement son regard par-delà la seule logique humaine et l'impuissance de sa condition mortelle. Le miracle est toujours incompréhensible : il s'impose par sa puissance. Mais le sens du miracle est accessible. C'est ce sens que Jésus commente à voix haute : la résurrection est la manifestation de la gloire du Père. Et seul son envoyé peut lui rendre gloire.

C'est le propre de cette septième étape de la foi que de voir la gloire de Dieu. Telle est la signification de la prière de Jésus. Le thème de la foi véritable est le leitmotiv du septième signe, une foi transformante qui fait passer de la mort à la vie. La « voix forte » avec laquelle Jésus ordonne à Lazare de sortir du tombeau exprime son autorité divine. Et voilà qu'il réalise sous les yeux des croyants ce qu'il avait annoncé dès le troisième signe : « Elle vient, l'heure où tous ceux qui sont dans les tombeaux entendront sa voix et sortiront » (Jn 5,28-29). C'est le sommet de la libération spirituelle. Lazare est donc le croyant accompli qui a « entendu la voix » de Jésus. Il peut donc sortir de son « tombeau », c'est-à-dire la terre et ces valeurs terrestres dans lesquelles il était enseveli. Béthanie qui, selon les traductions, peut signifier « maison de la pauvreté » ou « maison de la souffrance », est désormais la maison de la joie !

L'onction de Béthanie

Le septième miracle de Jésus surpassa celui de la guérison de l'aveugle de naissance. Plus de gens encore se mirent à croire en lui. Tout au long de son évangile, Jean note avec soin les réactions provoquées par les signes de Jésus. Les grands prêtres et les pharisiens, apprenant la résurrection de Lazare, tinrent un conseil extraordinaire. Ce conseil n'est pas ouvert au public. Il est pour Jean l'occasion de nous montrer les motivations véritables des adversaires du Seigneur. La réputation grandissante de Jésus les inquiète, parce qu'ils pensent qu'elle finira par provoquer l'intervention des Romains : « Que faisons-nous ? disaient-ils, cet homme fait beaucoup de signes. Si nous le laissons ainsi, tous croiront en lui, et les Romains viendront et ils supprimeront notre lieu saint et notre nation » (Jn 11,47-48). C'est à cette occasion que Caïphe prononça sa fameuse « prophétie » : « Vous ne songez même pas qu'il est de votre intérêt qu'un seul homme meure pour le peuple et que la nation ne périsse pas tout entière » (Jn 11,50). Les autorités religieuses d'Israël pensaient donc sérieusement que Jésus allait provoquer d'une manière ou d'une autre une révolte des Juifs contre les Romains. Cette révolte adviendra une trentaine d'années plus tard[2], mais Jésus n'en sera pas le responsable. En tout cas, les grands prêtres et les pharisiens décidèrent résolument de la mort de Jésus ! C'est pourquoi celui-ci se réfugia à Éphraïm, jusqu'au moment de la Pâque.

L'épisode de l'onction de Béthanie se déroule dans ce contexte dramatique et lourd de menaces. Les fidèles venus pour la Pâque à Jérusalem ont tous sur les lèvres le nom de Jésus, se demandant s'il viendra ou non pour la fête. Quant aux Juifs, ils ont donné l'ordre aux gens de les informer de la présence de Jésus, pour l'appréhender. Jean a soin de reconstituer l'atmosphère et les conditions dans lesquelles le Christ accomplit sa grande prédication du royaume des Cieux. Il veut en effet nous faire comprendre que la foi ne nous extrait pas du monde. Même parvenue à cette septième étape, l'âme devra continuer d'affronter les ennemis de l'amour !

Six jours avant la Pâque, Jésus vint à Béthanie, où était Lazare, que Jésus avait ressuscité d'entre les morts. On lui fit là un repas. Marthe servait. Lazare était l'un des convives (Jn 12,1-3).

Jean souligne la relation étroite qui unit l'épisode de la résurrection de Lazare avec celui de l'onction de Béthanie. Pour la venue du Seigneur, Lazare et ses deux sœurs organisent un grand repas en son honneur. On peut deviner avec quel zèle et avec quelle joie la petite famille de Béthanie accueille alors Jésus ! Quel contraste avec le climat de refus et de peur suscité par les Juifs à Jérusalem.

Mais arrêtons-nous sur cette famille de Béthanie. Lazare, nous l'avons déjà dit, est l'ami de Jésus. Jésus aimait donc venir à Béthanie chez son ami. Comme celui-ci habitait près de Jérusalem, on peut penser qu'à chacun de ses passages

2. La révolte débuta à Jérusalem en 66 et se conclut avec la chute de la ville en 70.

dans la ville Jésus ne manquait pas d'aller faire un petit séjour là-bas. À Béthanie, Jésus était toujours le bienvenu. Il pouvait s'y reposer des tensions suscitées par ses enseignements. Là, on ne le jugeait pas, mais on l'aimait sans arrière-pensée aucune. Là, Jésus était servi et honoré, retrouvant en quelque sorte une vie de famille. La famille est en ce monde un des hauts lieux de l'amour!

Pourtant, cette famille de Béthanie est un peu étrange. Lazare habite avec ses deux sœurs. Il est le chef de famille. Il est aussi un notable parmi les Juifs. Jusque-là, rien d'inhabituel. Mais ce qui est plus mystérieux, c'est que Jean ne parle pas de leurs parents; de plus, Lazare et ses sœurs semblent bien être célibataires. Peut-être les parents sont-ils morts, et Lazare n'a-t-il pas voulu encore marier ses sœurs ni se marier lui-même... Quelles que soient les hypothèses que l'on peut émettre à ce propos, ce qui compte, c'est que, dans le contexte juif de l'époque, cette famille est réellement atypique. Or, cette étrangeté n'a pas manqué d'attirer l'attention de Jean, qui nous invite à notre tour à nous y intéresser. Les trois personnes qui composent la famille de Béthanie vivent d'une certaine manière comme des consacrés. Leur célibat nous fait comprendre qu'ils ont mis leur bonheur dans une totale consécration à Dieu.

En cela, je n'entends pas dire que la vie de famille est une forme inférieure de consécration au Seigneur. Au contraire, en relevant la situation particulière de la famille de Béthanie, Jean insiste aussi pour nous exprimer qu'il s'agit d'une vraie famille, où les membres s'aiment d'un amour très profond. Et le ciment de cet amour, c'est Dieu! Voyons comment le récit de Jean le suggère. Il nous dit: «On lui fit là un repas. Marthe servait. Lazare était l'un des convives.» Jean relève que Marthe se charge du service, sans nous donner les détails que nous livre saint Luc (Lc 10,38-42) à propos d'un autre repas à Béthanie. Mais la caractéristique principale est la même: Marthe est l'organisatrice. Lazare, lui, se tient tranquille parmi les autres invités, témoignant, par son existence même, de la toute-puissance de Dieu et de sa souveraineté sur les hommes. Il règne un climat de grande paix. On sait pourtant par Luc que ce ne fut pas toujours le cas. Dans le récit qu'il nous a laissé de cet autre repas, antérieur à celui de la résurrection de Lazare, il nous montre Marthe s'emportant contre sa sœur, parce qu'au lieu de travailler avec elle au service de la table Marie se tenait aux pieds de Jésus et l'écoutait. On se souvient de la douce correction de Jésus à cette occasion: «Marthe, Marthe, tu te soucies et t'agites pour beaucoup de choses; or, il n'est besoin que de peu de choses, et même d'une seule. C'est Marie qui a choisi la meilleure part; elle ne lui sera pas enlevée» (Lc 10,41-42). Depuis lors, Marthe a grandi dans la foi. Aujourd'hui, bien différente est son attitude! Et tandis que Marie s'apprête à faire beaucoup plus que simplement se tenir aux pieds de Jésus pour l'écouter, Marthe demeure dans l'humilité et la paix, sans trace d'énervement ni de jalousie.

Alors Marie, prenant une livre d'un parfum de nard pur, de grand prix, oignit les pieds de Jésus et les essuya avec ses cheveux; et la maison s'emplit de la senteur du parfum **(Jn 12,3).**

Décidément, Béthanie est un haut lieu de la ferveur chrétienne; et ce n'est pas par hasard que Jésus décida d'y manifester si prodigieusement la gloire de son Père! À Béthanie, toutes les audaces de l'amour sont possibles. Le geste de Marie est celui d'une grande amoureuse. Et personne n'y trouve à redire, sauf Judas, parce qu'il n'est pas entré dans le mystère. Marie puise dans les ressources de la maison pour offrir à Jésus ce qui s'y trouve de plus précieux: un parfum merveilleux! Dans toute la Bible, on ne trouve que deux fois la mention du parfum de nard: dans le Cantique des Cantiques et chez saint Jean. Ce trait, propre à Jean, du parfum qui se répand dans toute la maison établit une relation nette avec le poème d'amour de l'Ancien Testament: «Mon nard a donné son parfum» (Ct 1,12). Si le nard dans le Cantique est le parfum de l'épouse (*cf.* également Ct 4,14), la myrrhe est celui du roi: «Mon bien-aimé est un sachet de myrrhe qui repose entre mes seins» (Ct 1,13). Tel est le mode de présence de l'Époux, celui du parfum de myrrhe; et le cœur de l'amie est sa résidence. Heureuse découverte de l'âme qui, pour avoir laissé exhaler l'odeur de son amour, sent en son propre cœur la présence divine lui répondre par un autre parfum, celui de la Passion. Oui, il y a bien cette poésie amoureuse dans le geste de Marie!

Si l'attitude de Marie est tout à fait «biblique», il n'en demeure pas moins vrai qu'elle est socialement très provocatrice. Car Marie n'agit pas dans l'intimité d'une pièce retirée, à l'abri des regards indiscrets. C'est devant la foule des convives venus fêter Jésus, en même temps que le retour de Lazare parmi les vivants, qu'elle accomplit cet acte de pur amour. Pour Marie, le monde n'existe plus quand Jésus est là! Et ce geste est vraiment celui d'une épouse: elle essuie les pieds de Jésus avec ses cheveux! Il s'agit incontestablement d'un geste très sensuel. La douceur, l'intimité, le don de soi, tout exhale l'amour inconditionnel de Marie. Bien sûr, il était d'usage en Israël de laver (ou de faire laver par des serviteurs) les pieds des hôtes qu'on recevait. Mais on voit bien qu'ici l'initiative de Marie n'a pas cette portée utilitaire. Lazare, le chef de famille, approuve par son silence même le geste d'offrande et de soumission de sa sœur. À Béthanie, Jésus est chez lui, et c'est lui qui devient le chef de la maison.

Lorsque Jean relève que «la maison s'emplit de la senteur du parfum», il veut parler de l'âme du croyant en ce septième signe, dont Marie est l'image. Ce parfum de l'épouse est le débordement d'amour d'un cœur tout entier donné à Dieu. Toute son âme est désormais baignée de cet amour: cette onction de nard est la prière du cœur! Quand on prie de tout son cœur, on laisse son amour pour Jésus s'élever vers lui, sans retenue ni pudeur, sûr d'être reçu par lui. Jésus approuve ici l'initiative de Marie, et il s'apprête à faire davantage encore en prenant sa défense contre Judas et en justifiant son geste. À Béthanie, Jésus est l'invité de marque. Béthanie, maison de la joie, maison de l'humilité, maison de l'amitié, maison de la douceur, maison de l'amour, maison de Jésus !

> ***Mais Judas l'Iscariote, l'un de ses disciples, celui qui allait le livrer, dit : « Pourquoi ce parfum n'a-t-il pas été vendu 300 deniers qu'on aurait donnés aux pauvres ? » Mais il dit cela non par souci des pauvres, mais parce qu'il était voleur et que, tenant la bourse, il dérobait ce qu'on y mettait. Jésus dit alors : « Laisse-la : c'est pour le jour de ma sépulture qu'elle devait garder ce parfum. Les pauvres, en effet, vous les aurez toujours avec vous ; mais moi, vous ne m'aurez pas toujours »*** (Jn 12,4-8).

Au beau milieu de ces instants inoubliables d'amour pur, l'esprit du monde fait irruption à Béthanie par le cri d'indignation de Judas. Une jalousie terrible lacère son cœur. Cette scène d'amour de Marie envers Jésus est bien comme la goutte d'eau qui commence à faire déborder la révolte hors de son cœur. Cette gratuité de l'amour lui paraît soudainement insupportable !

Comme Cana, Béthanie est le grand repas célébrant l'amitié de Dieu et des hommes. Lazare est là et sa présence est un grand témoignage : on vient voir celui qui est revenu du monde des morts (Jn 12,9). Voilà un signe qui invite les hommes à méditer vraiment sur le mystère de la vie ! Mais il y a aussi le faux ami, Judas, pourtant l'un des Douze, mais qui « est un diable » (Jn 13,2), comme le dira bientôt Jésus lors de la Cène. Judas est ici l'antithèse de Lazare : Judas est un mort, pas un vivant. Il est celui qui penche vers un terrible péché : la trahison de l'ami. Mais il est aussi celui qui est capable de donner des leçons de morale à Jésus lui-même. Cela dénote combien son orgueil, ou sa dialectique, l'aveugle : il se croit sans péché. Judas, tel que saint Jean nous le montre, c'est celui qui ne pense qu'aux pauvres et à l'argent (il est un voleur). Il ne peut pas penser à Dieu «en lui-même»: à ses yeux, Dieu est un principe d'action, pas une personne! Judas est donc indifférent à la bonne odeur du parfum, n'en voyant que la valeur marchande; et il n'est pas davantage attentif à un éventuel acte prophétique. Il faut bien relever cet aspect moralisateur chez Judas, qui le fait tellement ressembler aux pharisiens. Aussi peut-on se demander si, en le livrant, il ne désirait pas manipuler Jésus, comme il pensait peut-être l'avoir déjà fait en acceptant la responsabilité de la bourse commune. L'argent, c'est le pouvoir. Le pouvoir est donc forcément ce qui gouverne Judas dans ses motifs profonds. L'homme de pouvoir n'est l'ami de personne, et son salaire (30 pièces d'argent) n'est que poussière. Il s'en rendra compte trop tard: la relation due à l'argent, ou au pouvoir en général, n'est pas la vérité de l'homme. Elle le laisse dans une solitude que rien ne peut combler.

La réponse de Jésus est une instruction pour tous ceux qui veulent dresser les pauvres contre Dieu: «Laisse-la: c'est pour le jour de ma sépulture qu'elle devait garder ce parfum. Les pauvres, en effet, vous les aurez toujours avec vous; mais moi, vous ne m'aurez pas toujours.» L'argument est simple et repose sur une préséance morale: Dieu est plus grand que les hommes. C'est finalement ce que conteste Judas, prônant par là même la supériorité du «monde» sur Dieu. Judas est le prototype d'une humanité qui tente d'utiliser Dieu et qui croit ainsi lui rendre un culte en le mettant au service de ce qui est «utile» aux hommes!

L'onction de Béthanie est au contraire une onction quasi royale, si l'on en juge par le prix du parfum[3]. L'épisode de

3. Le denier romain était une monnaie d'argent. C'est avec la monnaie phénicienne, également d'argent, qui avait cours alors en Palestine, que les grands prêtres payèrent Judas pour leur livrer Jésus: le prix d'un esclave acheté sur le marché, c'est-à-dire 30 de ces pièces d'argent (Mt 26,15). On sait aussi qu'avec cette somme, abandonnée par Judas, ils purent acheter un champ (Mt 27,9). Si l'on établit approximativement l'équivalence entre les deux

l'entrée triomphale de Jésus à Jérusalem, où il est acclamé comme «roi» par la foule, suit immédiatement l'épisode de l'onction. Cette onction de nard est un acte «cultuel», sorti tout droit du cœur de Marie, qui met Dieu au-dessus de tous les hommes, au sommet de tout ce qui existe. Et cela, Judas ne le supporte pas. Jésus, faisant allusion à sa propre mort, veut sans doute inviter Judas à relativiser les enjeux purement matériels du service des pauvres. Le plus important, c'est sa présence dans le monde. Tout le reste en découle. Pourtant, cette réprobation demeure encore une main tendue en direction de l'économe du groupe des Douze. Jésus annonce ouvertement à ses disciples qu'il s'en va avant eux. Mais personne ne semble le relever. Judas aurait peut-être pu le comprendre mieux que les autres...

Lazare, de son côté, avec son cœur d'ami, doit ressentir quelque chose du mystère des ténèbres qui vient de faire irruption dans sa demeure. Il est devenu le croyant par excellence, comme en témoigne la réaction des Juifs: «La grande foule des Juifs apprit qu'il était là et ils vinrent, pas seulement pour Jésus, mais aussi pour voir Lazare, qu'il avait ressuscité d'entre les morts. Les grands prêtres décidèrent de tuer aussi Lazare, parce que beaucoup de Juifs, à cause de lui, s'en allaient et croyaient en Jésus» (Jn 12,9-11). La perfection de son témoignage n'est pas le fruit de ses qualités personnelles ou de son travail. On comprend aisément que cette perfection est entièrement l'œuvre de Dieu. Lazare n'a rien fait, sinon demeurer fidèle jusqu'au bout. Aussi sa mort fut-elle insupportable au cœur de Dieu! Désormais, le voilà totalement lié à la destinée de Jésus. Il réalise en sa personne, sans dire un mot, et sans appartenir au groupe des Douze, le rêve chrétien du témoignage parfait!

---

monnaies, alors Marie a offert à Jésus 10 fois la somme avec laquelle les grands prêtres ont acheté Judas. C'était vraiment considérable!

L'adoration en esprit et en vérité

La scène de l'onction de Béthanie va symboliquement très loin. Jean veut nous entraîner en ce septième signe jusque dans le mystère de l'âme unie à Dieu. Il est intéressant de relever que les membres de la famille de Béthanie sont au nombre de trois: Lazare et ses deux sœurs. Ce chiffre est hautement significatif!

Le chiffre trois renvoie à un symbole trinitaire. Mais en quoi peut consister la «trinité» de Béthanie? Jean, il ne faut pas l'oublier, nous parle dans son évangile de l'itinéraire de foi que doit parcourir le croyant au long de sa vie. Le septième signe est le sommet de ce parcours. Le parfum de paix et d'amour qu'exhale la famille de Béthanie est pour Jean l'occasion de nous montrer «de l'intérieur» une âme en état d'adoration accomplie. Bref, une âme dans toute sa maturité spirituelle!

Or, l'âme est une entité complexe. Elle est à la fois une et multiple. On peut la comparer, dans une certaine mesure, à Dieu lui-même. L'homme n'est-il pas l'image de Dieu (Gn 1,26)? Si donc la révélation nous apprend que Dieu est un, et qu'en même temps il est trine, alors pourquoi ne serait-ce pas aussi le cas de l'âme? Tel fut le point de départ des méditations de saint Augustin sur ce sujet. L'âme est «une et trine»!

Quelles sont donc les trois instances de l'âme? Saint Augustin distingue: l'intelligence, la volonté et la mémoire[4]. Ses raisonnements étant parfois, il faut l'admettre, un peu compliqués, je vais simplifier sa pensée pour n'en garder ici que l'idée générale qui concerne notre propos. L'intelligence, c'est l'instance par laquelle je connais le monde, moi-même et Dieu. Il s'agit cependant d'une connaissance «actuelle», c'est-à-dire consciente et opérante, par laquelle j'applique mon attention à telle ou telle chose. L'intelligence est donc liée au pur présent. La volonté est l'instance qui met en action ma décision de faire ceci ou cela; elle est aussi la faculté

4. Voir son traité célèbre, le *De Trinitate*.

d'amour qui m'incline à faire une chose plutôt qu'une autre. La troisième instance de l'âme, la mémoire, est plus difficile à cerner. Elle est une connaissance, mais une connaissance « habituelle », c'est-à-dire qui est, contrairement à l'intelligence, souvent inconsciente et en même temps toujours en éveil. La mémoire s'occupe aussi des choses passées, dont elle nous permet de nous souvenir. Bref, la mémoire est la « conscience de soi » ! Mais c'est une conscience également ouverte au monde divin. Ainsi, la mémoire abrite dans ses profondeurs le souvenir « caché » de Dieu.

Je ne veux pas entrer davantage dans les détails de l'anthropologie augustinienne, car elle ne doit être qu'un point de départ pour comprendre le mystère trinitaire de Béthanie : une âme « une et trine ». Une première distinction met Lazare d'un côté, et ses deux sœurs de l'autre. Nous avons vu que la qualité essentielle de Marthe est sa vive intelligence, qui lui fait prendre la direction matérielle de la maison[5]. Avec Jésus, elle formule la profession de foi complète qui caractérise le croyant du septième signe. C'est elle que Jésus enseigne explicitement à propos de la résurrection. Marthe symbolise donc la première instance de l'âme : l'intelligence, ou mieux, « l'esprit » selon la Bible. Car l'esprit est capable d'appréhender les réalités spirituelles ; et c'est même pour cela qu'il fut créé par Dieu. La qualité essentielle de Marie, c'est incontestablement l'amour ! Elle figure donc la seconde instance de l'âme : la volonté, ou mieux, le « cœur » selon le langage biblique. Marthe et Marie représentent ensemble les deux instances les plus tangibles de l'âme. C'est par ces deux instances, l'esprit et le cœur, que l'âme communique avec le monde extérieur, qu'il soit d'ordre matériel ou d'ordre spirituel. Or, on remarque que Lazare est toujours silencieux. Jean n'a mentionné aucun de ses propos. Voilà qui est bien étrange ! Serait-il privé à ce

5. Dans l'Antiquité, la maison d'une personne riche comprenait un personnel considérable, incluant tous les corps de métiers nécessaires aux grosses exploitations agricoles ou commerçantes. C'était sans doute la situation de Lazare et de ses sœurs.

point de personnalité, pour laisser ainsi ses deux sœurs prendre toute la place, sans réagir et sans s'imposer? Ce sont toujours ses deux sœurs qui parlent pour lui! Il en va de même pour la troisième instance de l'âme, la «mémoire», cette conscience de soi dont parle Augustin. La mémoire, c'est ce que les mystiques appellent le «centre» ou la «fine pointe de l'âme». Dans la Bible, il s'agit de «l'âme» elle-même. Elle est le lieu où Dieu habite en nous! Eh bien! cette conscience de soi est très silencieuse: elle ne s'exprime que par l'intermédiaire de l'intelligence et de l'affectivité. Elle est pourtant, comme Lazare, en position de chef de famille parmi les trois parties de l'âme.

Il nous est maintenant possible de contempler le spectacle que Jean voulait nous dévoiler. La famille de Béthanie symbolise le croyant qui est devenu un ami de Jésus.

«Marthe servait.» En ce septième signe, l'intelligence est tout à son activité favorite: organiser le service de Dieu. Plus généralement, l'intelligence est en éveil; elle ne dort pas en présence de Jésus, mais veille à ce que toutes choses concourent à la gloire de Dieu. Tel est son mode d'adoration. Marthe n'est plus en conflit avec sa sœur, comme nous la montrait Luc, mais elle comprend désormais ce que sont les opérations propres du cœur.

«Lazare était l'un des convives.» La fine pointe de l'âme ne sommeille pas non plus. Après la nuit du tombeau, elle est maintenant dans la lumière. Lazare remplit son rôle de chef de famille. Lui, le véritable détenteur des décisions, demeure dans le silence de l'adoration, heureux et reconnaissant d'être l'ami de Dieu. Il offre ses deux sœurs au Seigneur, fier de les voir si disposées à l'aimer sans mesure. Ainsi est le croyant qui, ayant consacré son esprit et son cœur à Jésus, se tient sans rien ajouter en la divine présence!

«Marie prit une livre d'un parfum de nard pur...» C'est la grande effusion d'amour d'un cœur qui soudainement ne peut plus contenir son attrait. Le cœur du croyant ajoute à l'ado-

ration des deux autres instances de son âme ce qui leur manque encore. Le cœur se livre tout entier, sans retenue, sans fard, sans retour. Il se sait désiré du Cœur même de Dieu. Elle est enfin venue, l'heure du culte «en esprit et en vérité» qu'attendait depuis le début le Seigneur!

L'annonce de la Passion

Cet état final de l'itinéraire de l'âme vers Dieu, cet état si désirable spirituellement, correspond à une adoration du Christ dans le contexte de l'imminence de la Passion.

Nous avons vu que la résurrection de Lazare fut pour les pharisiens et les grands prêtres le signal pour décider de la mort de Jésus. Désormais, ils sont déterminés! Jésus fait trop de signes, il est vraiment très dangereux, car beaucoup se mettent à croire en lui. Dans le bref récit de ce conseil extraordinaire, nous trouvons le principal motif de la condamnation de Jésus: «Si nous le laissons ainsi, tous croiront en lui, et les Romains viendront, et ils supprimeront notre lieu saint et notre nation» (Jn 11,48). Les autorités religieuses ont vraiment peur. Mais elles ne craignent pas une errance de la foi pour le peuple; ce qu'elles craignent, c'est le naufrage politique d'Israël! Et cela à cause de la foi, de la foi en Jésus! Le temple est leur référence religieuse. Il est en même temps un symbole culturel et un centre de ralliement national. Il ne vient pas à l'esprit de ces grands prêtres, par exemple, de se demander si Dieu, qui habite ce temple, ne va pas intervenir pour empêcher un tel désastre. Dieu est manifestement absent de leur peur! Et c'est pourquoi, du reste, ils peuvent ainsi décider de la mort de Jésus!

Ils amplifient encore les choses en décidant aussi de la mort de Lazare. Jean conclut ainsi son récit de l'onction de Béthanie: «Les grands prêtres décidèrent de tuer aussi Lazare, parce que beaucoup de Juifs, à cause de lui, s'en allaient et croyaient en Jésus» (Jn 12,10-11). Puisque Lazare symbolise le croyant du septième signe, il est clair que l'imminence de la

Passion de Jésus n'est pas seulement une affaire regardant le Seigneur. Elle est aussi une expérience qui guette le disciple !

L'épisode de l'entrée triomphale de Jésus à Jérusalem semble confirmer la crainte des grands prêtres. On se souvient qu'après la multiplication des pains Jésus avait décidé de se retirer dans la montagne, « se rendant compte que les gens allaient venir s'emparer de lui pour le faire roi » (Jn 6,15). Maintenant, au contraire, Jésus accepte d'entrer à Jérusalem comme « roi d'Israël » (Jn 12,13). Le croyant du quatrième signe n'était pas encore prêt à faire vraiment de Jésus son roi ! Ses conceptions au sujet de la royauté du Christ étaient encore trop terrestres, comme celles des pharisiens et des grands prêtres. Le croyant du septième signe, en revanche, est désormais capable de proclamer en vérité cette royauté « qui n'est pas de ce monde », dira bientôt Jésus à Pilate. La foi a opéré ce discernement des choses d'en haut et des choses d'en bas, rendant le croyant apte à comprendre désormais la nature du sceptre du Christ. La manière dont Dieu exerce son pouvoir n'est compréhensible que dans un regard de foi.

Il est bien établi par tous les évangélistes que le cortège « royal » se constitue et se met en marche à partir de Béthanie. C'est en effet à Béthanie que Jésus trouve l'ânon qui doit être sa monture pour entrer à Jérusalem. L'âne est encore un symbole royal : il est la monture des premiers rois d'Israël. La royauté commença modestement. Ce détail nous fait revenir à ce qui était originel dans la royauté en Israël : non le caractère héréditaire de cette royauté, qui est un genre de cooptation (le choix des hommes), mais bien le choix de Dieu, qui fit monter sur le trône un homme que rien ne prédestinait à un tel sort[6]. Le choix de l'âne a donc un double sens : celui de la royauté de Jésus, choisi par le Père, et l'humilité de ce roi par rapport aux affaires terrestres.

6. Le premier roi d'Israël fut Saül (1 S 9,18 – 10,1). Il est intéressant de noter au passage que c'est en étant parti à la recherche des ânesses de son père, qui s'étaient échappées, qu'il fut oint roi d'Israël par le prophète Samuel.

Même si Jean ne nous donne pas de précisions, il est logique de penser que c'est Lazare qui a mis l'ânon à la disposition de Jésus. Alors, il existe une relation symbolique entre Lazare et la monture du Seigneur. Jean en effet ne manque pas de souligner le rôle important de Lazare dans l'épisode de l'entrée triomphale à Jérusalem : « La foule qui était avec lui, quand il avait appelé Lazare hors du tombeau et l'avait ressuscité d'entre les morts, rendait témoignage. C'est aussi pourquoi la foule vint à sa rencontre : parce qu'ils avaient entendu dire qu'il avait fait ce signe » (Jn 12,17-18). Apparemment, c'est la toute-puissance de Jésus qui motive la foule à l'acclamer comme roi. Pourtant, le témoignage de Lazare est aussi efficace qu'il est passif. C'est cela qui est remarquable dans le septième signe, qui représente l'âge spirituel de la sainteté : la sainteté devient rayonnante, mais en tant que participation et rejaillissement de la sainteté de Dieu. Lazare est le témoin de la bonté de Dieu. Quelle est donc sa participation ? En ce cas précis, Jésus ne pouvait pas ressusciter un homme dont la foi n'était pas accomplie, ou près de l'être. Pour cette raison, saint Jean a retenu la résurrection de Lazare comme exemplaire. C'est ce qu'il nous explique depuis le début de son évangile, mettant les faits et gestes de Jésus en relation avec un itinéraire cohérent de la foi. La résurrection n'est pas seulement celle du corps ; elle est aussi celle de l'âme. Or, pour ressusciter à la vie nouvelle en Dieu, il faut avoir acquis la maturité de la foi ! En ayant été activement un homme de foi véritable, un ami du Seigneur, Lazare participe au succès de l'accueil de Jésus à Jérusalem.

L'entrée triomphale à Jérusalem représente l'avènement de « l'heure » de Jésus, celle à laquelle il avait fait mystérieusement référence auprès de sa mère, lors du premier signe de Cana. Cette heure est celle de la proclamation de sa royauté spirituelle, qui coïncide avec sa Passion. C'est ce que Jésus annonce à la foule, à Jérusalem : « Voici venue l'heure où doit être glorifié le Fils de l'homme » (Jn 12,23). Mais il s'agit aussi pour lui d'une heure douloureuse ; c'est pourquoi, après avoir évoqué explicitement sa mort prochaine, Jésus confie : « Maintenant, mon âme est troublée. » Cette confidence, que nous retrouvons chez les Synoptiques dans la bouche de Jésus lors de sa prière douloureuse à Gethsémani, nous fait mieux comprendre l'état d'âme du Seigneur en ces moments de début de glorification.

> ***« Maintenant mon âme est troublée. Et que dire ? Père, sauve-moi de cette heure ! Mais c'est pour cela que je suis venu à cette heure. Père, glorifie ton nom ! » Du ciel vint alors une voix : « Je l'ai glorifié et de nouveau je le glorifierai. » La foule qui se tenait là et qui avait entendu disait qu'il y avait eu un coup de tonnerre ; d'autres disaient : « Un ange lui a parlé. » Jésus reprit : « Ce n'est pas pour moi qu'il y a eu cette voix, mais pour vous. C'est maintenant le jugement de ce monde ; maintenant le prince de ce monde va être jeté dehors ; et moi, une fois élevé de terre, j'attirerai tous les hommes à moi. » Il signifiait par là de quelle mort il allait mourir*** (Jn 12,27-33).

La voix venue « du ciel » joue la même fonction de « confirmation » que l'ange apparaissant à Jésus seul, au jardin de Gethsémani. Les auditeurs de Jésus hésitent certes entre le tonnerre et l'ange, mais Jésus ne laisse pas le doute subsister : c'est bien un ange, mais un ange qui s'est fait entendre pour eux. Les uns n'ont perçu que le bruit d'une voix ; d'autres ont aussi entendu le message que formulait cette voix. Ceux-là pourront comprendre la suite des événements en termes de « glorification du Fils ». L'heure de la Passion étant ainsi mise en relief, Jésus en livre le sens, celui du salut qu'il est venu apporter au monde : le prince de ce monde va être jeté dehors. De qui parle-t-il, sinon du diable ? Saint Jean nous présente le diable comme un être se cachant derrière le « rideau » du monde. Il est celui qui en tire les ficelles sans être vu. Son pouvoir est dissimulé, « occulte », comme diront bientôt les chrétiens; et telles sont à la fois sa force et sa stratégie. Pour les affronter, Jésus utilise une méthode opposée: mettre la vérité en pleine «lumière»! La mise en croix vécue par Jésus doit être comprise dans cette perspective. La croix, en élevant le Christ au-dessus de terre, a pour fonction de proclamer à tous un message concernant l'immensité de l'amour de Dieu et la cruauté du prince de ce monde. Il ne fait pas bon vivre à l'ombre des «ténèbres»! Si Jésus est troublé en son âme, c'est justement parce qu'il lui est donné de voir à l'avance l'œuvre des ténèbres. Et il ne la voit pas seulement pour lui: il la voit dans toute l'histoire humaine! C'est son amour pour le Père et son amour pour les âmes qui lui permettent de dépasser cette vision insoutenable. La croix de Jésus va ouvrir un chemin entre le Ciel et la terre et lui donner la possibilité de nous attirer jusqu'à lui!

La proclamation de la royauté de Jésus revient à détrôner le prince de ce monde, lui qui n'est pas même «roi», mais qui est seulement un usurpateur. Un véritable roi n'a pas besoin de se cacher, car tous ses sujets le reconnaissent pour roi. Si donc le démon se cache, c'est parce qu'il lui est impossible de se montrer au grand jour: peu d'hommes auraient en effet la folie de reconnaître en lui leur roi! Au contraire, par son message de vérité et d'amour, Jésus peut se montrer en pleine lumière aux âmes. Mais il veut mettre aussi en pleine lumière le prince de ce monde. C'est à cela que sert la Passion. Elle permet aux âmes de jeter le démon hors de leur vie!

Le thème de la royauté du Christ traverse tout le récit de la Passion: le questionnement de Pilate – «Tu es le roi des Juifs?»; les scènes des outrages, Jésus étant couronné d'épines et vêtu du manteau de pourpre; Pilate faisant siéger Jésus au tribunal à la place du juge; le reniement des Juifs – «Nous n'avons d'autre roi que César»; l'écriteau mis au-dessus de la croix en trois langues – «Celui-ci est le roi des Juifs»; la quantité incroyable d'aromates utilisés pour embaumer son cadavre... Par ces références multiples à la royauté de Jésus, objet de raillerie ou d'incrédulité, Jean invite le croyant à décrypter derrière l'apparente défaite du Seigneur les signes de foi de sa victoire finale. Ainsi, tandis que le profane ne voit que le supplice d'un condamné, le croyant, lui, contemple l'intronisation royale de Jésus et le jugement du monde.

Béthanie : une spiritualité de la Passion

Le septième signe est lié à la spiritualité de la Passion, jusque dans ce qu'il y a de plus essentiel et d'intime en cet état d'amitié d'une âme avec Dieu. L'onction de Béthanie, nous le savons, nous dévoile une prière de pur amour. Mais voyons ce qu'elle signifie par rapport à la Passion de Jésus.

On peut dire que le mystère du sépulcre est un secret bien gardé, même au niveau de la foi. Saint Pierre, dans sa première épître, résume ce mystère de façon concise : « Mis à mort selon la chair, il [le Christ] a été vivifié selon l'Esprit. C'est en lui qu'il s'en alla même prêcher aux esprits en prison, à ceux qui jadis avaient refusé de croire lorsque temporisait la longanimité de Dieu... » (1 P 3,18-20). Jésus est donc descendu au shéol non comme les hommes qui n'ont pas la vie en eux, mais comme Dieu vivant à jamais. C'est ainsi que les « ombres » du pays des morts virent elles aussi se lever dans les ténèbres une grande lumière ! Jésus leur fit également une « prédication », comme il l'avait faite aux vivants, car la liberté demeure jusque dans la vie éternelle. Les âmes des défunts purent ainsi choisir de le suivre ou pas. Voilà comment Jésus modifia par sa venue le paysage de l'outre-tombe. Le shéol devint la résidence de ceux-là seuls qui ne voulaient pas que Dieu règne sur eux, c'est-à-dire l'enfer.

L'onction de Béthanie est une onction royale en vue de l'ensevelissement du Seigneur. Jésus explique même que le parfum de Marie doit être conservé spécifiquement pour cette occasion. Marie prépare Jésus à son séjour au tombeau ; c'est là qu'elle l'attendra au matin de la résurrection. Car Marie, la sœur de Lazare, et Marie-Madeleine ne sont qu'une seule et même personne.

Il n'est pas dans l'habitude de Jean d'introduire dans son évangile un nouveau personnage sans le présenter. D'où viendrait une «Marie-Madeleine» inconnue? Souvenons-nous de la manière dont Jean présentait Marie au début du récit de la résurrection de Lazare. Il disait, avant même d'avoir raconté l'épisode de l'onction de Béthanie, que «Marie était celle qui oignit le Seigneur de parfum et lui essuya les pieds avec ses cheveux» (Jn 11,2). Elle était en effet restée célèbre dans l'Église primitive à cause de ce geste précis. Par sa formule, Jean, qui rédige son évangile après les Synoptiques, veut insister pour dire que Marie-Madeleine était la sœur de Lazare, et pas une autre femme. Marc et Matthieu ne disent pas quel est le nom de «la femme» qui fit l'onction de parfum à Béthanie[7]. D'ailleurs, comment une autre femme aurait-elle pu accomplir ces mêmes gestes envers Jésus, avec ces mêmes sentiments? Luc, également, mentionne un épisode où une femme a la même attitude que Marie à Béthanie (Lc 7,36-38). Il s'agit d'une «pécheresse», c'est-à-dire d'une femme aux mœurs légères, et pourtant une femme montrant beaucoup d'amour, comme le souligne Jésus: «Ses péchés, ses nombreux péchés, lui sont remis parce qu'elle a montré beaucoup d'amour.» La tradition orale de l'Église primitive nous rapporte que Marie-Madeleine fut une prostituée repentie. Cela n'est pas contradictoire avec la haute situation sociale de la sœur de Lazare, car le terme «prostitution» s'appliquait indifféremment à tous les péchés sexuels. Cela n'impliquait pas forcément que la prostitution était le métier de Marie-Madeleine. Elle était une femme riche, qui changeait de partenaire selon son humeur. La Samaritaine avait eu cinq maris avant de vivre librement avec un sixième homme. Ces situations d'instabilité affective étaient aussi courantes que de nos jours. Jésus seul peut stabiliser le cœur des hommes!

7. Voir Mc 14,3-9 et Mt 26,6-13.

Telle est donc la femme que la Providence divine avait choisie pour conserver le parfum en vue de la sépulture de Jésus ! Ce n'est pas un cœur tiède ; c'est un cœur ardent, le cœur d'une femme amoureuse ! Et quel est donc ce nard, sinon son amour même : un parfum d'une magnifique senteur ? Elle, la femme légère qui séduisait les hommes de ce monde par sa beauté, la voici séduite à son tour, et par quel homme ! On devine combien les autres ne sont plus désormais à ses yeux que des ombres, pareils aux êtres évanescents qui peuplent le shéol. La voici éprouvant aujourd'hui ce qu'aucun d'eux n'avait su lui inspirer : un amour fou ! Marie ne s'appartient plus, ne veut plus s'appartenir à jamais. Alors, avec ce parfum de nard pur, c'est tout son être qu'elle offre au Seigneur. Et Jésus reçoit l'offrande de ce cœur qui n'avait pas trouvé de repos en ce monde. Il accepte d'être touché par elle. Il lui permet de le revêtir de sa senteur de nard. Pourquoi ? Parce que Jésus veut emporter le parfum de son épouse avec lui jusque dans les profondeurs des ténèbres qui la désiraient pour son malheur. Oui, elle y descendra, mais sous la forme d'un parfum seulement. Et Jésus la délivrera du sort que son péché lui aurait infligé. C'est là une belle image de la rédemption accomplie par le Christ, que Jean nous livre en sourdine.

Les paroles de Jésus ont encore un autre prolongement. Jésus est Dieu, et à ce titre il est tout amour. Bien sûr, son amour infini dépasse infiniment le péché des hommes, c'est-à-dire leur refus d'aimer en vérité. Pourtant, le Christ a voulu prendre chair d'une créature humaine toute pure et tout habitée d'amour, la Vierge Marie, alors qu'en soi il n'en avait pas « besoin ». Sa toute-puissance n'exige même pas la participation des hommes à leur salut. Mais l'amour divin, lui, l'exige ! Or, au moment d'entrer dans sa Passion, Jésus veut trouver parmi ses disciples les prémices de l'humanité nouvelle qu'il se dispose à engendrer sur la croix. Il veut en quelque sorte « avoir envie » d'entreprendre cette œuvre terrible. Ce n'est pas parmi les pharisiens ou les grands prêtres qu'il pourra trouver un parfum capable de se répandre jusque dans les tourments de la Passion, afin de lui permettre de se souvenir de l'amour qui le poussa à cette solution extrême. C'est pourquoi il permet à Marie de lui dire tout son amour, de déposer à ses pieds toutes ses espérances de créature limitée. Sans le savoir, Marie devient celle pour laquelle «ça vaut le coup» de mourir sur la croix, celle pour laquelle ça vaut le coup de descendre jusqu'au fond du shéol! Elle l'accompagnera jusque dans le tombeau, sans en avoir conscience, à travers son désespoir d'épouse éplorée. Car Marie est l'image de l'âme-épouse, de l'Église-épouse.

Le Cantique des Cantiques, auquel saint Jean se réfère, nous donne le dernier mot sur la vocation de Marie. Entre Jésus et Marie s'opère un échange comparable à l'échange des parfums réalisé entre l'Époux et l'épouse du Cantique. Cet échange des parfums est l'image de l'échange des cœurs! Jésus emporte jusque dans sa Passion et sa mort le cœur de son épouse, le protégeant de la convoitise des ténèbres. Elle conserve le parfum de myrrhe de Jésus qui à jamais la rend inaccessible aux trompeuses consolations du monde. Elle vivra «suspendue» par son chagrin même, comme entre le Ciel et la terre, dans l'attente de la victoire de l'amour sur la mort, dans l'attente du retour du Seigneur!

La gloire du Père

Après son entrée triomphale à Jérusalem, Jésus adresse un discours à ceux qui l'ont acclamé roi. Il leur fait part explicitement de l'imminence de la Passion, désirant leur enseigner le sens d'une mort vécue en Dieu.

> ***«En vérité, en vérité, je vous le dis, si le grain de blé tombé en terre ne meurt pas, il demeure seul; mais s'il meurt, il porte beaucoup de fruit. Qui aime sa vie la perd; et qui hait sa vie en ce monde la conservera en vie éternelle. Si quelqu'un me sert, qu'il me suive, et où je suis, là aussi sera mon serviteur. Si quelqu'un me sert, mon Père l'honorera»*** (Jn 12,24-26).

La mort, prémices de transfiguration de l'âme ! Qui peut avoir l'audace de soutenir pareil enseignement ? Dieu seul le peut ! Pour recevoir cette révélation de Jésus, il faut garder en mémoire l'épisode de la résurrection de Lazare. Lazare porte désormais beaucoup de fruit, parce qu'il a connu cette « mort à soi-même » qui seule peut rompre les chaînes de l'amour de soi.

Comparer l'âme à un grain de blé, c'est dire que cette petite chose, une vie d'homme, recèle des virtualités insoupçonnables. La plante à laquelle le grain de blé donne naissance en est une image exemplaire. Un seul grain en produit beaucoup d'autres ; un seul grain « tombé à terre » s'élève vers le ciel. Le grain de blé qui voudrait demeurer ce qu'il est ne le peut pas : ou il pourrit, ou il germe !

Ainsi donc, l'alternative et l'enjeu de la vie humaine se trouvent ramassés en cette simple opposition : « aimer sa vie » / « haïr sa vie ». Ne pensons pas qu'il s'agit là seulement d'un langage d'époque, et que cette sentence parabolique n'avait pas pour les auditeurs de Jésus la même force insoutenable qu'elle a pour nous aujourd'hui.

« Haïr sa vie », c'est l'offrir à Dieu, sans vouloir la retenir pour soi, sans vouloir la faire fructifier pour soi. On le voit, Jésus souligne le problème de la finalité de la vie humaine. Le mot « vie » ici peut aussi se traduire par « âme ». Jésus en effet ne nous parle pas au niveau psychologique. Psychologiquement parlant, la haine de soi est carrément pathologique et source de bien des déchéances. Non, Jésus nous parle de l'âme. Il ne fait pas allusion à une haine qui serait une négation de notre vie terrestre, de notre famille, de notre travail, des gens que nous rencontrons ; il entend une haine de notre « âme », de notre ego, de notre petite personne « centre du monde ». Le propre du péché est justement de nous faire croire que nous sommes le centre du monde. Depuis le péché originel, notre conscience psychologique porte la marque de cette blessure qui conduit à la mort. Les sensations des cinq sens sont stockées dans notre cerveau ; celui-ci devient un centre de mesure du monde qui nous entoure et communique à notre psychisme une attitude «égocentrique». Mais sur le plan surnaturel, cette perception psychologique n'est bien entendu qu'un leurre. Dieu seul est au centre du monde. Et les âmes, pour cesser d'errer dans le vide sans commencement ni fin, à l'instar du «prince de ce monde», doivent se mettre en orbite autour de Jésus.

En ce septième signe, l'âme devenue l'amie du Seigneur est initiée à la spiritualité de la Passion. C'est à cet ultime stade de la vie de foi que la Passion du Christ s'impose enfin comme «centre» du mystère de la rédemption. La Passion est la glorification du Père. Une glorification certes paradoxale, d'un point de vue d'homme: par nature, sa gloire est déjà à son comble! La gloire de Dieu, c'est l'âme qui choisit de lui donner le peu qu'elle possède, c'est-à-dire elle-même. Comme la nuit du tombeau vécue par Lazare, la participation à la Passion du Seigneur est une ultime et immense purification de l'âme. Jésus en connaît le chemin de douleur. Son discours prend déjà des accents de testament spirituel. La proximité de «l'heure» rend l'atmosphère très grave. Dans la conclusion qui suit ce discours de Jésus, Jean nous rappelle son enseignement ultime: «Qui croit en moi, ce n'est pas en moi qu'il croit, mais en celui qui m'a envoyé, et qui me voit voit celui qui m'a envoyé» (Jn 12,44-45). Cette parole s'applique de même au disciple du Christ: croire le témoignage de l'ami du Seigneur, c'est croire en Jésus qui l'a envoyé.

Conclusion

Avec le septième signe, saint Jean achève de tracer l'itinéraire de foi de celui qui a accueilli l'enseignement du Christ dans sa vie. La résurrection de Lazare nous décrit symboliquement le passage à une existence nouvelle en Dieu. L'onction de Béthanie nous montre un cœur habité par un amour plus grand que lui. L'annonce de l'imminence de la Passion introduit le croyant dans une participation active à la rédemption du monde.

L'état d'amitié avec Dieu, où l'âme est introduite en ce dernier signe, est mis en corrélation avec une «mémoire de la Passion». C'est dans ce contexte de lutte entre la lumière et les ténèbres que s'ouvre au croyant le Cœur de Jésus. Béthanie est l'image d'une âme tout habitée par Dieu, un lieu où Jésus aime à venir en ce monde, parce qu'il y est accueilli selon son désir. Béthanie est un haut lieu de douceur et de paix, d'harmonie et de sagesse, de passion et d'amour, d'humilité et d'infini! Quel état désirable, si retiré du monde et cependant au cœur des véritables enjeux de la foi!

Regard d'ensemble

Regard d'ensemble sur le livre des sept signes

Le sens général des sept signes

L'ensemble de l'évangile de Jean se présente fondamentalement de la même manière que celui des Synoptiques : il est un récit de la vie, de la mort et de la résurrection de Jésus. Quand on le regarde globalement, il comporte un court prologue, un récit de la vie publique du Christ, une narration étendue de sa Passion et enfin une dernière partie consacrée à sa résurrection. Dans mon commentaire, je n'ai considéré que le récit de la vie publique du Seigneur, m'arrêtant à la conclusion de saint Jean. De la sorte, on ne trouvera pas non plus dans mon étude les textes relatifs à la dernière Cène (Jn 13-17). Je ne traite ici que les 12 premiers chapitres du quatrième évangile.

Il est juste de se demander s'il n'est pas trop limitatif de s'en tenir ainsi à la moitié du texte de Jean. Est-ce que je ne risque pas de l'amputer d'un aspect majeur, comme la Passion et la résurrection par exemple ? En réalité, le récit par Jean de la vie publique de Jésus inclut déjà la perspective de la dernière Cène, de la Passion et de la résurrection. C'est le septième signe, celui qui se déroule à Béthanie, qui recèle déjà tous ces éléments. Jean me permet donc facilement de donner une perspective complète de son évangile, tout en me limitant au commentaire de sa première partie, que je nomme « le livre des sept signes ».

Parmi les nombreux miracles accomplis par le Christ, Jean en sélectionne seulement sept, à partir desquels il va élaborer tout son récit de la vie publique de Jésus. Car l'évangile de Jean est un texte très construit ! Cela n'est nullement contradictoire avec la vérité des faits historiques. Mais parce que Jean écrit son évangile après ceux des Synoptiques, il a eu tout loisir d'en voir les fruits chez les croyants et de mesurer exactement ce qui manquait encore à une proclamation intégrale de la Bonne Nouvelle.

Jean a choisi de simplifier la description de la vie publique de Jésus. Son propos en effet n'est pas de répéter ce que les autres évangélistes ont déjà rapporté ; il est de mettre en relief une qualité essentielle de la foi : la purification progressive de l'âme et son intimité grandissante avec Dieu. Cette démarche pédagogique, Jean la puise dans l'enseignement même qu'il reçut du Seigneur pendant trois ans. Avec l'âge, il comprend le sens caché de certains des miracles de Jésus : ils sont des « signes » à méditer.

En vieillissant, Jean a approfondi sa compréhension du mystère de la foi. Son évangile est le reflet de sa contemplation. Il ne s'agit pas d'une conception gnostique, qui élaborerait une doctrine différente de celle du christianisme, tout en affirmant que cette nouvelle doctrine est « cachée » derrière le sens littéral des enseignements du Christ. D'ailleurs, seuls les élus de la gnose recevaient la révélation de la nouvelle « foi », les autres en restant au sens littéral développé par l'Église ! Ce mouvement commençait à prendre naissance au moment où Jean rédigeait son évangile. Saint Paul y faisait déjà référence : « Évite les discours creux et impies, les objections d'une pseudo-science [littéralement : pseudo-gnose]. Pour l'avoir professée, certains se sont écartés de la foi » (1 Tm 6,20-21). Caché sous la figure des sept signes, l'enseignement que nous découvre saint Jean est un approfondissement de la foi telle qu'elle se révèle dans les évangiles synoptiques. Cet approfondissement est « inédit », certes, mais il n'est pas strictement « nouveau » !

Rassurés sur l'orthodoxie johannique, il nous est possible d'entrer sans peur dans la perspective qu'il propose aux fidèles. Le mot « signe » signifie, pour l'auteur du quatrième évangile, un miracle porteur d'un sens, d'une « illumination ».

Il a donc une dimension symbolique certaine, qu'il nous reste à comprendre comme il convient.

Saint Jean jalonne le récit de la vie publique de Jésus avec les sept signes. De même que l'activité apostolique du Christ conduit à une intensification progressive les réactions d'accueil ou de rejet de son message, de même les sept signes ponctuent cette évolution chez les auditeurs de Jésus. Ils s'en font le reflet et en même temps le «résumé» spirituel. Les sept signes sont sept étapes de l'itinéraire de foi parcouru par le croyant. Ils sont comme les sept barreaux d'une échelle dressée entre le Ciel et la terre, c'est-à-dire qu'ils jalonnent une ascension progressive de l'âme vers Dieu. Les sept signes sont en ce sens les sept «secrets» de la foi !

Mais les signes ne sont pas seulement des miracles symboliques. Jean les accompagne des enseignements que Jésus fit à leur occasion. Chaque signe est donc finalement constitué du récit d'un miracle et de dialogues entre Jésus et divers personnages. On peut de la sorte diviser les 12 premiers chapitres en sept parties : premier signe (Jn 1,19 - 3,36) ; deuxième signe (Jn 4) ; troisième signe (Jn 5) ; quatrième signe (Jn 6,1-15.22-71) ; cinquième signe (Jn 6,16-21.22-71) ; sixième signe (Jn 7 - 10) ; septième signe (Jn 11 - 12). Les quatrième et cinquième signes ont en commun les mêmes discours de Jésus (Jn 6,22-71), qui en quelque sorte les relient.

L'itinéraire tracé par les sept signes

Le thème fondamental des quatre évangiles est celui de la foi en Jésus Christ. Cependant, Jean est attentif aux différents âges de la foi, soulignant les différences entre les premières années et les dernières, même s'il s'agit toujours bien sûr de la même foi.

Sept miracles structurent donc symboliquement les sept parties distinguées par Jean : l'eau changée en vin aux noces de Cana (Jn 2,1-12), la guérison du fils de l'officier royal (Jn 4,46-54), la guérison du paralytique de la piscine (Jn 5,1-18), la multiplication des pains (Jn 6,1-15), la marche sur les eaux (Jn 6,16-21), la guérison de l'aveugle-né (Jn 9,1-38), et enfin la résurrection de Lazare (Jn 11,1-44). En apparence, rien ne semble relier ces miracles de façon particulière, et cependant leur réalité symbolique en fait un ensemble cohérent.

- **Premier signe : l'alliance initiale**

Jésus appelle l'âme à le suivre, en communiquant une suave ivresse au cœur du croyant.

La foi a toujours un point de départ. Même pour ceux qui furent baptisés juste après leur naissance, arrive un âge où la foi devient un acte libre et significatif. Les noces de Cana représentent symboliquement ce premier appel, où l'homme devient un croyant. Il prend conscience que Dieu existe vraiment, qu'il est « vivant » et qu'il désire se manifester aux âmes. La douceur du vin nouveau de Cana est une évocation de la douceur de cette première expérience de Dieu.

- **Deuxième signe : l'apprentissage de l'humilité**

Jésus apprend à l'âme à recevoir les dons gratuits de Dieu sans les exiger.

Le croyant doit procéder aux premières mises en place de sa foi. Il doit apprendre à entrer en relation avec Dieu selon la manière qui convient à Dieu. Inquiet pour la vie de son enfant malade, l'officier presse Jésus de l'accompagner chez lui, avant même de savoir comment le Seigneur compte intervenir. Tel est le sens de la leçon que Jésus donne à l'officier royal. Celui-ci ne doit pas considérer que Dieu est à son service ; il doit au contraire se laisser conduire par Dieu en toute confiance.

- **Troisième signe : la guérison de la volonté**

Jésus guérit l'âme, paralysée par sa trop grande dépendance envers le monde. La foi se repose désormais sur l'autorité (la force) de Dieu.

Le paralysé de la piscine gît dans cet état depuis 38 ans. Il a fait ce qui était possible selon ses forces pour demeurer dans la foi. Mais il lui manque la force qui vient de Dieu, qu'il n'a pas su accueillir. Il a finalement manqué de confiance, se laissant trop influencer par les réalités terrestres du quotidien. Pourtant, son espérance n'est pas morte. C'est le moment que choisit Jésus pour le relever et lui donner ainsi cette force qui lui manquait pour vivre sa foi. Il s'agit de la guérison de la volonté. Ce troisième signe représente donc la maturité de la foi.

- **Quatrième signe : la nourriture d'en haut**

Jésus introduit l'âme dans la vie contemplative.

La multiplication des pains est un symbole de type « eucharistique ». Ce miracle figure l'accès à une compréhension nouvelle de Dieu : Dieu comme source de la vie. Comme Cana, ce signe est un appel, mais il s'agit maintenant de faire un saut dans la foi qui engage le croyant de manière déterminante. Jésus lui demande de devenir un « disciple », c'est-à-dire de consacrer sa vie à Dieu. L'âme reçoit l'invitation, sans parvenir encore à y répondre positivement, ce qui est normal.

- **Cinquième signe : sortir d'Égypte**

Jésus montre la nécessité de se libérer des eaux du monde et de ses agitations.

Jésus marchant sur les eaux enseigne à ses disciples la manière de se comporter désormais par rapport au monde présent. Le pain de vie offert au signe précédent donne maintenant la capacité de marcher sur la mer mouvante des contradictions humaines, des conflits et des limitations indépassables. Dieu, connu comme source de la vie, finalise l'âme et lui communique une liberté nouvelle. Pourtant, les disciples sont effrayés par cette perspective. C'est le signe suivant qui permettra au croyant de devenir un véritable disciple de Jésus.

• Sixième signe: voir ce qui était caché

Jésus guérit l'âme de la cécité spirituelle qui l'empêchait de reconnaître l'affrontement de la lumière avec les ténèbres.

La guérison de l'aveugle-né figure la guérison des yeux de l'âme. Les yeux du croyant s'ouvrent sur le mystère de la lutte entre la lumière et les ténèbres. Il existe bien dans le monde une véritable «puissance de refus» de la vérité! Sa recherche de la vérité entraîne l'ex-aveugle à prendre parti progressivement en faveur de Jésus. Les pharisiens finissent par le considérer comme un disciple de Jésus et l'excluent de la synagogue. L'ex-aveugle marche désormais sur les eaux: il est devenu un véritable disciple du Seigneur.

• Septième signe: ressusciter à une vie nouvelle

Le croyant accède à un amour qui lui permet de dépasser ses propres limites de créature. C'est sa naissance en Dieu dans la foi.

La résurrection de Lazare représente l'ultime étape de l'itinéraire de la foi: la mort à soi-même, en vue d'une vie nouvelle en Dieu. Lazare, l'ami de Jésus, est l'image du disciple qui accède à l'intimité du Seigneur. Il devient un ami de Dieu! Cette étape de la foi est dominée par le thème de l'imminence de la Passion du Christ. La spiritualité de la Passion s'enracine dans l'âme du croyant, admis à participer lui aussi à la rédemption du monde. Les pharisiens et les grands prêtres décident aussi de tuer Lazare. Le destin du croyant devient alors celui-là même de Jésus!

Les deux cycles de l'itinéraire de foi

On vient de voir comment les sept signes s'enchaînent pour former un tout cohérent. Mais un examen plus attentif de cette structure symbolique montre un parallélisme étonnant entre les six premiers signes.

Le parallélisme des six premiers signes confirme l'existence des deux cycles qui les englobent. Les trois premiers signes composent le cycle que je qualifierai de cycle «de l'homme» (l'homme devenu croyant). Les trois signes suivants, exactement parallèles, constituent le cycle «du disciple». Le dernier signe, qui est à part, forme un troisième cycle à lui seul: le cycle «de l'ami».

On a donc la structure suivante, qui met en relation certains signes:

Premier cycle	Deuxième cycle
premier signe	quatrième signe
deuxième signe	cinquième signe
troisième signe	sixième signe

La relation mise en relief par le parallélisme des deux premiers cycles devient alors évidente.

- **Premier signe - quatrième signe**: dans les deux cas, il s'agit d'un repas où le croyant reçoit une nourriture spirituelle nouvelle. C'est un temps d'appel et de promesse.
- **Deuxième signe - cinquième signe**: dans les deux cas, il s'agit d'une épreuve de la foi, dense mais de courte durée. Le croyant vit alors une angoisse temporaire. C'est un temps «d'apprentissage» dans l'ordre de la foi.
- **Troisième signe - sixième signe**: dans les deux cas, il s'agit de la guérison d'une maladie de longue durée, une maladie spirituelle «profonde», qui permet au croyant de vivre pleinement ce que le repas initial annonçait.

Le rythme interne des deux cycles est identique. Dans un premier temps, Jésus offre au croyant une nourriture nouvelle; le croyant mange cet aliment au cours du deuxième temps; enfin, le troisième moment est celui de la digestion totale, par laquelle l'âme est transformée intérieurement. Le langage symbolique de Jean est un langage vraiment très concret!

Le livre des sept secrets

L'évangile de Jean m'a toujours fasciné en raison de sa tonalité propre. Le Prologue annonce d'emblée sa perspective:

tout commence dans l'éternité et tout y retourne ! Dès lors, le temps n'est qu'une sorte d'aparté, une « pensée » dans ce mouvement de Dieu en lui-même, par lequel le Verbe « prend le temps » de venir demeurer parmi les hommes afin de les attirer là où il réside éternellement, c'est-à-dire auprès du Père. Jean conclut son Prologue sur cette grande vérité : « Nul n'a jamais vu Dieu ; le Fils unique, qui est dans le sein du Père, lui, l'a fait connaître » (Jn 1,18). Dans les commencements de mon itinéraire de foi, c'était la divinité, en tant qu'essence immuable et éternelle, qui me subjuguait par sa glorieuse transcendance. Ce fut ensuite l'Esprit Saint, en tant « qu'inspirateur » des âmes, Sagesse incréée « amie des hommes » (Sg 1,6), et prince des prophètes. C'est seulement ensuite que Jésus, vrai Dieu et vrai homme, prit toute la place, au point de devenir pour moi l'image unique et incontournable du Dieu vivant. Et de fait, devenu seule « image » de Dieu, Jésus peut bien nous dire en vérité : « Qui m'a vu a vu le Père » (Jn 14,9).

En m'engageant dans le commentaire de ce texte sacré, j'étais mû par la volonté de mettre en relief cette vérité énoncée par saint Jean, que j'avais découverte et qu'il me paraissait urgent de faire entendre. Et d'ailleurs, le désir de faire partager ces « secrets » johanniques est la seule raison qui me fit entreprendre le commentaire d'un évangile déjà tant et tant commenté !

Bien entendu, une grande question ne peut manquer de se poser à la lecture de mon commentaire : pourquoi Jean n'a-t-il pas expliqué plus clairement ces grandes étapes de la foi ; et pourquoi, pour le dire, use-t-il du symbole ? La foi se présente toujours, d'une certaine façon, comme un secret. Jésus fut le premier à utiliser les paraboles : « Tout cela, Jésus le dit aux foules en paraboles ; et il ne leur disait rien sans parabole, pour que s'accomplît l'oracle du prophète : ‹ J'ouvrirai la bouche pour dire des paraboles, je clamerai des choses cachées depuis la fondation du monde › » (Mt 13,34). Or, la parabole n'est pas un secret hermétique, puisqu'elle contient tout l'essentiel du message. Cependant, pour permettre à l'homme de la comprendre, il faut l'intervention de Dieu. La compréhension de la parabole n'est pas une question de technique littéraire; c'est une question de foi! On peut parfaitement comprendre intellectuellement une parabole de Jésus, sans la comprendre encore «spirituellement», c'est-à-dire dans un regard de foi. La foi a une «épaisseur»: elle est une vaste contrée qui se parcourt, une terre «ruisselante de lait et de miel», une route dans le désert, une échelle reliant la terre au Ciel, un processus vital qui métamorphose les âmes, un secret d'amour qui se révèle petit à petit, une pérégrination de l'âme vers Dieu.

Jean se situe donc dans la tradition symbolique inaugurée par Jésus lui-même. Devenu âgé, il comprend mieux la motivation profonde de la pédagogie du Christ. Il faut que les hommes participent activement, volontairement et avec zèle, à l'œuvre de Dieu dans leur cœur. La liberté humaine exige cette condition. Il convient donc de délivrer le message de la vérité de façon parabolique, de sorte que ceux qui cherchent la vérité la trouvent, et que ceux qui ne la cherchent pas en restent à leur incertitude première. Ainsi, quand ces derniers seront enfin décidés à entreprendre la quête de la foi, ils pourront encore s'y adonner, puisqu'ils ne l'auront pas gâtée préalablement. Le secret qui habille la foi permet de préserver sa «fraîcheur» de vie nouvelle! Les critiques ou les attaques des incrédules n'en détruiront jamais la «substance».

Jean aime incontestablement utiliser les symboles et la double lecture d'un texte. En nous invitant à lire son évangile selon les normes de l'exégèse allégorique, il nous apprend, sans nous le dire, à faire de même dans notre vie. C'est là une caractéristique des nouveaux convertis, par exemple, que de découvrir soudainement dans leur vie des indices clairs de la présence de Dieu. Leur existence devient alors un évangile à décrypter! Dans son récit de la vie du Seigneur, Jean fait toucher du doigt cette dimension inédite de la condition humaine: la vie recèle un grand mystère caché. Il désire aussi, par le moyen de la méditation allégorique, communiquer au croyant un autre grand secret: la foi est «vivante», elle recèle en germe tout un déploiement possible, qui est un principe de «croissance» en Dieu.

Les sept signes sont les secrets de l'amour divin. Ils sont sept manifestations de l'amour de Jésus envers les âmes. Là où règne l'amour, règne aussi le secret. Il s'agit non pas d'une chose inavouable, mais d'une intimité qui ne peut se partager qu'entre ceux qu'unit l'amour. Ce type de secret est une vérité qui ne peut pas se communiquer à ceux du dehors. L'amour d'un homme et d'une femme peut bien être visible aux yeux de tous; il n'est compréhensible cependant qu'au couple qui en vit. Il en va de même de la foi, parce qu'elle est une connaissance de Dieu conduisant à l'aimer. Je peux bien connaître Jésus comme Dieu et proclamer publiquement ma foi en sa divinité, la vision que j'ai de lui demeure pourtant mon secret. Et quand bien même voudrais-je la partager avec d'autres, je ne le pourrais pas. L'épouse du Cantique a beau chanter les beautés de l'Époux, ceux qui l'écoutent se disent seulement qu'elle est amoureuse!

Il est incontestable que l'itinéraire tracé par les sept signes constitue un chemin «initiatique» pour le croyant. Mais il ne s'agit pas d'une initiation aux mystères d'Éleusis: il s'agit d'une initiation chrétienne! Jean veut introduire le croyant dans le secret de la foi en Jésus Christ. C'est une foi déjà proclamée par les Synoptiques, et dont les contours sont parfaitement connus, mais qu'il nous propose de contempler cette fois «de l'intérieur».

L'Apocalypse de Jean contient bien des réflexions sur l'inspiration. Parmi elles, on trouve cette confidence prophétique: «Après quoi, les sept tonnerres firent retentir leurs voix. Quand les sept tonnerres eurent parlé, j'allais écrire mais j'entendis du ciel une voix me dire: ‹Tiens secrètes les paroles des sept tonnerres et ne les écris pas›» (Ap 10,3-4). Mon propos n'est pas ici de m'engager dans un commentaire du livre de l'Apocalypse, mais il est intéressant de relever ce qui peut éclairer ce sens du secret qui caractérise tellement saint Jean.

Les sept tonnerres sont la voix de l'Esprit Saint. Même si Jean ne parle pas ici de l'évangile, il s'agit bien de sept secrets entendus par lui. Le secret est à la fois un message proclamé à grand bruit et un ordre de ne pas le divulguer. Voilà une chose étrange ! Si ce secret n'était que pour lui, alors pourquoi le mentionner ? Mais peut-être que nous ne comprenons pas comme il convient cette notion de secret ! Le verbe utilisé par Jean signifie littéralement « marquer d'un sceau ». L'ordre de ne pas mettre par écrit la révélation reçue peut s'entendre alors dans le sens de : s'abstenir d'en donner une explication claire. Les sept messages sont pourtant mentionnés par Jean, mais ils semblent mis en réserve pour un temps opportun. Ce que Jean nous dit des sept tonnerres est applicable aux sept signes de son évangile. Ils sont des sceaux qu'il faut briser pour accéder au sens qu'ils gardent précieusement. Mais ce sens caché existe !

Une lecture allégorique de la Bible

Jusqu'au VIIe siècle environ, ceux que l'on nomme aujourd'hui les Pères de l'Église pratiquèrent une exégèse dite « allégorique ». Tous ne le firent pas avec la même intensité cependant. On distingue traditionnellement deux écoles : l'école d'Antioche, faisant une très grande part au sens littéral du texte (voire s'y cantonnant), et l'école d'Alexandrie, considérée comme la plus représentative de l'exégèse allégorique. Ce dernier type de lecture de la Bible permettait d'appréhender plusieurs niveaux de signification d'un même texte : un sens littéral, un sens moral et un sens spirituel, et cela était bon.

Les deux écoles ont en commun de reconnaître dans les personnages ou dans les épisodes de l'Ancien Testament des préfigurations ou des « types » du Nouveau Testament. On nomme cette lecture chrétienne de la Bible *exégèse « typologique »*. Par exemple, le franchissement de la mer Rouge par Moïse et les Hébreux est interprété comme une figure du baptême chrétien : par le passage dans les eaux, une âme échappe au monde (l'Égypte) pour naître à une vie nouvelle, marquée par la présence de Dieu. L'exégèse typologique est déjà allégorique, mais ses limites sont bien tracées : elle consiste seulement à mettre en relief la continuité des deux Testaments.

L'exégèse proprement allégorique, qui ne fut pas inventée par les chrétiens, allait beaucoup plus loin. Les gnostiques, par exemple, pouvaient interpréter les actes et les paroles de Jésus comme se référant à tout autre chose qu'à leur contexte religieux d'origine, entrant souvent en contradiction avec le sens littéral du texte. Déjà, le philosophe juif Philon d'Alexandrie utilisait l'allégorie pour concilier l'Ancien Testament avec le néoplatonisme ! Côté chrétien, Origène entassait pêle-mêle des interprétations judicieuses et des conceptions fantasmagoriques sans fondement. Ces excès finirent par engendrer une juste méfiance dans l'Église. L'exégèse allégorique survécut néanmoins dans les milieux mystiques : saint Bernard au Moyen Âge ou saint Jean de la Croix au XVIe siècle en sont de grands représentants.

L'absence de règles strictes explique que certains tenants de cette exégèse biblique réussirent à l'utiliser en faveur d'un approfondissement objectif de la foi, tandis que d'autres eurent plutôt tendance à dissoudre la foi ! Et d'ailleurs, même chez des auteurs éprouvés comme saint Augustin, on trouve bon nombre d'interprétations qui ne sont guère que « métaphoriques ». Pour être « allégorique », l'interprétation doit impérativement rejoindre le sens véritable du texte. Et c'est là tout le problème !

Mon commentaire se fonde sur une lecture allégorique de l'évangile de Jean, épurée des éléments qui pourraient la compromettre. À cet effet, je n'utilise que deux sources pour interpréter la Bible : la Bible elle-même, et l'expérience. La Bible a des auteurs humains multiples, mais un Auteur divin unique. Elle est donc cohérente quant à son message et aux images qui servent à le véhiculer. L'étude des symboles peut donc conduire à une compréhension claire du langage biblique. Mais cela est insuffisant pour comprendre la portée d'un texte relatif à la foi. La lecture allégorique de la Bible ne peut pas être seulement une méthode littéraire ! Elle déboucherait sur une impasse. Il faut avoir recours à une seconde source : l'expérience. La parole de Dieu, en effet, doit être expérimentée par celui qui la lit ! Il s'agit d'abord d'une expérience de foi, c'est-à-dire d'une expérience de Dieu interprétée à la lumière du magistère de l'Église. Mais il s'agit aussi de l'expérience humaine en général, qui sert souvent à Jésus de point de départ pour parler des choses d'en haut. Je dis bien « expérience », et non « conception » de la vie humaine. La philosophie néoplatonicienne, qui conduisit à la faillite de l'exégèse allégorique antique dans l'Église, est une conception de la vie ; elle n'est pas une expérience de la vie.

La science a-t-elle éventuellement sa place dans le champ de l'expérience servant à l'interprétation biblique ? Assurément ! La science appartient au domaine de l'expérience, mais il faut cependant être prudent quand on s'y réfère. Car la science « moderne » que nous connaissons aujourd'hui n'a finalement pas plus d'un siècle et demi de maturité. Elle est encore très jeune. Aussi convient-il, lorsqu'on veut citer un fait scientifique, de ne s'appuyer que sur des hypothèses vraiment éprouvées afin de ne pas introduire l'erreur humaine dans la lecture de la Bible.

Saint Jean : guide des directeurs spirituels

Accompagner les personnes dans leur « croissance » en Dieu n'est pas une tâche toujours aisée. La vocation de directeur spirituel est très noble, mais elle est aussi très exigeante. On n'a pas le droit de faire perdre leur temps aux âmes, parce que le temps est une des dimensions essentielles de la condition humaine, et que le Seigneur nous demande de le lui consacrer. Ainsi, une prière, même si la personne se trouve dans un profond état de sécheresse, est un temps gratuitement offert au Seigneur ; et à ce seul titre, elle est reçue par lui comme une authentique preuve d'amour.

Exerçant moi-même le ministère de la direction spirituelle, il m'a fallu affronter la question fondamentale du développement de la foi. Car la vie ne s'arrête pas avec la découverte de Dieu! Les premiers chrétiens en faisaient la constatation, lorsqu'il leur semblait «régresser» avec le temps. Saint Paul leur demandait de «tenir bon dans la foi» (2 Tm 2,12), son ministère étant de les y «affermir» (Rm 1,11), comme il l'écrit aussi aux Philippiens: «Menez seulement une vie digne de l'Évangile du Christ, afin que je constate, si je viens chez vous, ou que j'entende dire, si je reste absent, que vous tenez ferme dans un même esprit, luttant de concert et d'un cœur unanime pour la foi de l'Évangile» (Ph 1,27). Tenir ferme dans la foi et lutter pour en produire les œuvres, voilà posé très clairement le problème de la relation entre la foi et le temps! La foi ne consiste-t-elle donc qu'à conserver une vérité un jour reçue comme une illumination?

C'est pour nous faire dépasser cette difficulté que saint Jean entreprit de rédiger son évangile. Son but est de nous entraîner plus loin dans la compréhension de la foi, afin de nous permettre de mieux la vivre. La foi implique un développement. C'est le thème de la parabole des talents (Mt 25,14-30), dans laquelle Jésus nous montre qu'il ne faut pas se contenter de garder en réserve le talent reçu, mais qu'il faut le faire fructifier. On interprète souvent cette «fructification» des talents comme des œuvres concrètes à accomplir. Mais au-delà des œuvres de la foi, c'est la foi en elle-même qui est l'objet de la parabole: la nature même de la foi exige une croissance, signifiée par la multiplication des talents. De même qu'un homme ne peut pas déposer son talent dans la terre (la vie humaine) en attendant de le rendre à Dieu tel quel à sa mort, de même la foi du croyant ne peut demeurer continuellement à Cana. Le terme de la foi, c'est Béthanie! Une autre parabole de Jésus chez les Synoptiques, relative au «royaume des Cieux», confirme cette réalité dynamique de la foi: «Le royaume des Cieux est semblable à un grain de sénevé qu'un homme a pris et jeté dans son jardin; il croît et devient un arbre, et les oiseaux du ciel s'abritent dans ses branches» (Lc 13,19). Dieu est vivant, et la foi par laquelle les âmes lui sont unies est elle-même source de vie. Et le propre de la vie, c'est un mouvement constant de l'âme vers Dieu. Grégoire de Nysse[1] était tellement fasciné par cette croissance incessante en Dieu qu'il conclut que ce mouvement propre de la foi devait même «perdurer dans l'éternité». Selon lui, chaque étreinte de Dieu qui comble l'âme la dilate en même temps plus encore et la met ainsi en un état de désir infini, infiniment comblé!

Saint Jean pour sa part s'arrête à la vie présente. Il ne nous dit pas ce que sera l'état de l'âme dans la béatitude. En revanche, il laisse aux directeurs spirituels un bien précieux itinéraire de la foi. Il ne s'agit pas d'une «géographie» de la foi au sens strict, nous dessinant des étapes et des délais mesurables. Il s'agit d'une direction à suivre. Reste à chaque croyant à reconnaître dans sa vie ces divers degrés de l'ascension vers Dieu. Le directeur spirituel a pour vocation d'essayer de discerner les mouvements que le Seigneur suscite dans la vie de son dirigé. Puis de l'aider à trouver le moyen de s'unir parfaitement à la volonté divine, selon le stade spirituel où il se trouve. La pratique est souvent moins simple à mettre en œuvre. Car, d'une part, le Seigneur peut communiquer des grâces si fortes qu'elles anticipent des états spirituels plus avancés; d'autre part, le croyant peut toujours régresser, ou seulement s'attarder volontairement à telle ou telle étape du chemin. Tous les cas de figure sont possibles dans le domaine de la vie de foi.

La multiplicité des vocations et des états de vie fait toucher du doigt le fait que l'itinéraire tracé par Jean est «universel» et qu'en conséquence il réclame d'être profondément médité pour éclairer la situation particulière des âmes. Marcher sur les eaux, si l'on est un homme ou une femme, célibataire ou

---

1. Saint Grégoire de Nysse, qui vécut au IVe siècle, est un grand représentant de l'exégèse allégorique. Son commentaire du Cantique des Cantiques est très représentatif à cet égard.

marié, français ou chinois, cela peut être très différent. Et cependant, marcher sur les eaux, c'est toujours être libre envers le monde ! Le directeur spirituel devra donc ne jamais perdre de vue ce qui fait l'essentiel de chacune des étapes annoncées par Jean.

Par expérience, je puis dire qu'il faut avoir les idées claires sur la distinction entre le domaine psychologique et le domaine surnaturel où se situe la vie de la foi. La confusion des deux plans est souvent aisée et elle n'est jamais source de fécondité. Il ne faut pas confondre, par exemple, affectivité psychologique et amour «don de soi». Le domaine psychologique est aussi neutre que le corps. Il nous est donné pour servir de substrat à la dimension spirituelle de notre être. Il n'est pas en lui-même cette «âme» pour laquelle le Christ s'est fait homme et pour laquelle il est mort sur la croix ! Offrir à Dieu son affectivité, comme on lui offrirait son corps, soit ; mais ce que Jésus regarde alors, c'est l'âme qui lui fait ce présent, et non la performance éventuellement réalisée. De même qu'on peut jeûner, on peut aussi faire le vide en son esprit, afin de rester des heures dans une chapelle. Cependant, ce que Dieu attend de nous, c'est l'amour ! Je puis aimer à dénoncer les injustices ou les dysfonctionnements de la société, mais ce que Jésus me demande, c'est un témoignage sur le royaume des Cieux.

L'itinéraire que Jésus nous laisse dans l'évangile de Jean ne résout pas les difficultés inhérentes à la foi. Il est cependant un précieux enseignement sur la cohérence de celle-ci. La distinction du cycle de l'homme, puis du cycle du disciple, avant d'aboutir à l'état d'amitié avec Dieu, nous montre davantage encore l'harmonie et la douceur de la pédagogie divine envers les âmes. Il s'agit d'un travail à la fois en douceur et en profondeur. À chaque étape, Jean a soin de nous montrer la présence attentive du Seigneur. Pour lui, même les premiers pas du croyant dans la foi sont l'occasion de s'unir à l'âme. Mais il agit selon les capacités de l'âme : les six premières étapes, comme autant d'«étreintes» de plus en plus intenses, sont le prélude de l'union véritable de l'âme avec Dieu, accomplie au dernier signe.

Les trois nuits de l'âme

Dans la vie spirituelle, on nomme «nuits» ces périodes où Dieu cesse de faire sentir sa présence. Elles sont considérées comme des purifications des attachements de l'âme au monde et à elle-même. La distinction des deux nuits de saint Jean de la Croix, celle «des sens» et celle «de l'esprit», est devenue classique.

Dans l'itinéraire de foi tracé par saint Jean, nous avons rencontré de pareilles «nuits». Mais ici, elles sont au nombre de trois: le deuxième signe, le cinquième et le septième. Chaque cycle a sa nuit.

La première nuit advient à l'occasion de l'épisode de la guérison du fils de l'officier royal. Cet homme est dans l'angoisse à cause de son enfant qui est malade et proche de la mort. Le récit évangélique est l'image de la prière angoissée du croyant qui cesse momentanément d'expérimenter la bienveillante protection de Dieu à son égard. L'enfant peut désigner des personnes aimées ou des activités tenues pour nécessaires et de haute importance. C'est la première épreuve de la foi. Dieu est encore saisi comme «extérieur» à l'âme, et c'est dans le secours de la Providence que le croyant expérimente la présence divine. Mais quand semble cesser ce secours, alors, c'est soudainement la nuit! Où donc est Dieu? Pourquoi refuse-t-il désormais d'intervenir dans la vie du croyant? Cependant, cette première période nocturne prend rapidement fin: Jésus corrige l'âme trop gâtée, revenant de manière sensible, et avec plus de force encore, dans la vie du croyant.

La seconde nuit se déroule lors de la marche de Jésus sur les eaux. L'angoisse du croyant est alors plus intense que lors de la première nuit. Elle commence de la même manière: les disciples sont seuls, Jésus les ayant laissés livrés à eux-mêmes au milieu de l'agitation de la mer. C'est la même tonalité spirituelle que la première nuit. Cependant, l'angoisse provient ici du Seigneur lui-même qui, certes, rompt son absence en venant à eux, mais de manière inquiétante. Est-ce bien lui? Puis vient pour le disciple le vertige de devoir vivre spirituellement hors des eaux du monde!

La troisième nuit est celle de la mort de Lazare. L'évocation de la mort montre que l'angoisse du croyant est au-delà de tout ce qu'il a pu expérimenter jusqu'alors. Cette angoisse est celle de l'agonie! Jean est très discret sur la nuit vécue par Lazare, que l'on ne connaît qu'indirectement, par la douleur de ses deux sœurs venues demander à Jésus de guérir leur frère. C'est suffisant cependant, le propos de Jean étant de nous parler de l'expérience de la «mort à soi-même». Il s'agit forcément d'une expérience ultime pour l'âme. Mais elle opère une purification complète.

Les trois nuits décrites dans le quatrième évangile sont globales: elles concernent l'âme tout entière. Cependant, elles se succèdent en crescendo, procédant par une intensification toujours plus grande de l'ensemble des facultés spirituelles. Dans le quatrième évangile, les nuits sont des phases de transition entre un don reçu et une transformation effective de l'âme. Elles nous montrent que les choses se mettent en place progressivement au gré de la liberté humaine et que les dons de la foi n'opèrent pas immédiatement ce qu'ils promettent. La nuit est le temps de la patience!

On ne trouve pas, dans la tradition spirituelle de l'Église, la distinction des trois nuits johanniques. De fait, elles n'ont jamais été entrevues jusqu'à maintenant; c'est pourquoi il est naturel que ceux qui scrutèrent les modalités de la foi n'y aient pas fait référence. Je pense par exemple à la doctrine de saint Jean de la Croix, qui analyse le phénomène de la nuit spirituelle en fonction des instances de l'âme. Pour lui, il n'y a que deux nuits: la première nuit purifie l'entendement, et la seconde purifie la volonté. Et comme il se réfère à la conception thomiste, et non à l'anthropologie augustinienne, la mémoire n'est pas pour lui une faculté essentielle de l'âme. Dans le quatrième évangile, on ne retrouve la distinction des puissances de l'âme qu'à l'occasion du septième signe. Il s'agit de la nuit vécue par Lazare, la nuit de la mémoire. Marthe et Marie, qui symbolisent l'esprit et le cœur, sont certes dans le deuil, mais non directement dans une purification. De plus, les deux premières nuits mentionnées par Jean au cours des deuxième et cinquième signes ne concernent pas spécifiquement telle ou telle instance de l'âme. Si l'on veut découvrir dans l'évangile de Jean une purification plus intense de l'intelligence et de la volonté, c'est dans les troisième et sixième signes qu'elles sont mentionnées. La guérison du paralysé concerne la volonté: «Veux-tu guérir?»; celle de l'aveugle-né concerne l'entendement: «Qui t'a ouvert les yeux?» Mais ces signes ne sont pas des «nuits»: ils sont des lumières!

Passion et résurrection dans le livre des sept signes

Un itinéraire de foi qui n'intégrerait pas la Passion et la résurrection serait fatalement incomplet. Il ne pourrait prétendre servir d'archétype au croyant.

C'est le septième signe qui embrasse cette double perspective de la foi. La mort puis la résurrection de Lazare en sont une affirmation symbolique explicite. Jean nous présente le septième signe comme un état de foi où domine ce qu'on peut appeler une «spiritualité de la Passion», soulignant ainsi le caractère ultime de la participation à la Passion du Seigneur. Elle se manifeste dans les moments de bonheur en Dieu, comme lors de l'épisode de l'onction de Béthanie, mais aussi dans les moments de lutte et de tension. Le croyant n'est plus mis en demeure de choisir entre Dieu et le monde, comme c'était le cas au sixième signe. Il est désormais jugé par le monde de la même manière que Jésus. La décision des pharisiens et des grands prêtres de tuer aussi Lazare en est la conséquence logique.

Dans la vie de foi du croyant, cela signifie qu'il existe une expérience du tombeau et un «au-delà» de la vie de foi. L'expérience spirituelle de la mort à soi-même est celle du tombeau; elle débouche sur une vie nouvelle. Le mont des Oliviers, situé à l'est de Jérusalem, est comme l'icône de ce grand mystère de la foi chrétienne. Il comporte deux versants: l'un situé à l'est, où se trouve le village de Béthanie; l'autre situé à l'ouest, tourné vers Jérusalem, où se trouve le fameux jardin de Gethsémani. C'est sur ce mont que débute la Passion; c'est là aussi que s'achève le séjour de Jésus (alors ressuscité) sur la terre, avec l'épisode de l'Ascension. Il y a là une cohérence symbolique qui mérite qu'on s'y arrête.

Dans la Bible, l'est est un symbole de la lumière divine, puisque c'est là que le soleil (symbole du Christ) se lève; inversement, l'ouest est le symbole des ténèbres, celles du retrait de Dieu, puisque c'est là que se couche le soleil. Béthanie se situe donc sur le côté «spirituellement» lumineux du mont des Oliviers, tandis que Gethsémani se trouve sur sa face obscure. On comprend pourquoi le mont des Oliviers est mystérieusement considéré par les prophètes comme un lieu de passage pour Dieu. C'est par l'est que Dieu entre et sort du temple (Éz 44,1-2). Quand Dieu quitte le temple, il s'arrête au-dessus du mont des Oliviers, nous dit Ézéchiel (Éz 11,23); quand il reviendra à la fin des temps, il y «posera les pieds», nous dit Zacharie (Za 14,4). Quand il s'en va, il passe par Gethsémani; quand il revient, il arrive par Béthanie. Voilà qui nous enseigne que la spiritualité de la Passion n'a pas seulement un aspect nocturne: Gethsémani, mais qu'elle a aussi un aspect lumineux: Béthanie! Quand Dieu s'en va, c'est l'aspect douloureux; quand il revient, c'est l'aspect joyeux. N'était-ce pas le cas lorsque Jésus venait faire briller la lumière d'en haut chez son ami Lazare, puis repartait, le laissant de nouveau dans la pénombre de ce monde?

L'agonie vécue par Jésus à Gethsémani, qui lui provoqua des sueurs de sang, est à mettre en relation, en ce septième signe, avec celle que vécut Lazare au cours de sa maladie mortelle.

Jésus n'a pas voulu être auprès de son ami à ce moment. Cette expérience de la mort à soi-même plonge l'âme en une bien profonde solitude. Il s'agit cependant de la purification la plus déterminante opérée par Dieu. Elle introduit l'âme dans une pure intimité avec lui ! Elle permet au Christ de réaliser en elle sa grande œuvre de rédemption ! Or, ce que les évangiles nomment le « salut », Jean nous dit qu'il est une vie nouvelle en Dieu. Saint Paul de la Croix, qui vécut sa vie durant la spiritualité de la Passion du Christ, insiste énormément sur ces deux versants de la montagne de la croix. L'expérience de la mort à soi-même, il la nomme « mort mystique », parce qu'elle prépare une « divine nativité ». Or, cette nouvelle naissance dans la foi correspond en tous points à ce que Jean nous en dit lui-même. Paul de la Croix résume ainsi les choses : « En cet état, quand il plaira au Père très grand, s'achèvera l'agonie ; alors, vous mourrez de cette mort mystique plus précieuse que la vie et ressusciterez en Jésus Christ à une nouvelle vie divinisée de très pur amour[2]. »

Il existe une communication mystérieuse entre les deux faces du mont des Oliviers. Vivre spirituellement à Béthanie signifie se trouver en un lieu qui est en lui-même un enjeu pour la présence de Dieu en notre monde. C'est ce que souligne Zacharie, dans sa vision de l'intervention de Dieu en faveur de Jérusalem à la fin des temps : « En ce jour-là, ses pieds se poseront sur le mont des Oliviers qui fait face à Jérusalem vers l'orient. Et le mont des Oliviers se fendra par le milieu, d'est en ouest, en une immense vallée, une moitié du mont reculera vers le nord, et l'autre vers le sud. [...] Et le Seigneur mon Dieu viendra, tous les saints avec lui » (Za 14,4-5). L'axe est-ouest est l'axe divin ; il s'oppose à l'axe nord-sud, qui est celui des nations. Le tracé d'une vallée d'est en ouest signifie la victoire de la foi sur l'incrédulité du monde, dont les accès sont bouchés au nord (vers Babylone) comme au sud (vers l'Égypte). Et c'est de Béthanie qu'arrivent le Seigneur et

2. *Prier 15 jours avec saint Paul de la Croix,* Éditions Nouvelle Cité, p. 82.

ses saints! L'âme du croyant au septième signe réalise le projet de Dieu sur le monde! Elle permet à Jésus d'y entrer comme roi: «Alors Dieu sera roi sur toute la terre; en ce jour-là, Dieu sera unique, et son nom unique» (Za 14,9). L'entrée triomphale de Jésus à Jérusalem est la réalisation de la prophétie de Zacharie. Elle n'achève pas le cours de l'histoire humaine, mais elle ouvre une route vers le Ciel, qui ne pourra plus jamais être comblée par le péché des hommes!

Le septième signe est donc placé par avance sous le double signe de la Passion et de la résurrection de Jésus. Bien sûr, le Christ devait encore accomplir concrètement ce que le septième signe annonçait, mais l'important tient en ce que Jésus a voulu montrer aux hommes le projet qu'il poursuivait. Un chef-d'œuvre d'amour!

Conclusion

L'itinéraire de foi tracé par Jean dans le livre des sept signes est une «gestation spirituelle» qui doit faire naître les hommes à une vie d'amitié avec Dieu. Cet enseignement d'un auteur inspiré est vraiment très précieux. Jean confirme et approfondit les efforts de l'Église pour accompagner les âmes vers Dieu, en nous montrant que la foi est un processus dynamique. Mais pour profiter des leçons qu'il nous donne, il convient d'affronter la question des symboles bibliques, c'est-à-dire de la manière dont ils doivent être «décryptés». Seule une exégèse allégorique peut nous permettre de rejoindre cette dimension du texte. Son enjeu est d'une grande importance. Elle vise la transformation de notre âme en Dieu!

Conclusion générale

L'homme a besoin de sortir de lui-même ! De même, notre vie spirituelle a besoin d'enthousiasme ! C'est cet enthousiasme de l'homme par rapport au mystère divin que j'ai tenté de communiquer ici. Si cet ouvrage parvient, à la suite de Jean, à faire partager cette joie intérieure qu'éprouve celui qui contemple les œuvres de Dieu, alors il aura atteint son objectif.

La lecture des 12 premiers chapitres du quatrième évangile a révélé une structure littéraire dense et inattendue, sous la forme d'un itinéraire progressif de l'âme vers Dieu. Cette organisation symbolique du récit de la vie publique de Jésus renforce et intensifie le simple exposé de la vie et de la doctrine du Christ. Mais surtout, elle va bien au-delà : car c'est dans les secrets mêmes de la vie que Jean nous introduit !

L'apport de Jean pour la direction spirituelle

Un domaine concret où cet approfondissement de la foi est le plus déterminant est sans aucun doute celui de la direction spirituelle. Comprendre le rythme profond de l'union d'une âme à Dieu est un don magnifique de la miséricorde divine ! Dans les milieux monastiques du IVe siècle, où est née la pratique de la direction spirituelle, c'étaient les anciens qui exerçaient cette direction au profit des plus jeunes. Elle relevait donc de l'expérience. Comment aujourd'hui essayer de se former à la direction spirituelle ? La préparation au sacerdoce est une initiation à l'apprentissage de la théologie, mais elle ne forme pas directement à devenir un directeur spirituel. Par son évangile, saint Jean peut aider merveilleusement à cette formation. L'itinéraire qu'il dresse du chemin de foi constitue une perspective de base très efficace. On peut ainsi, en suivant les sept degrés de l'ascension de l'âme vers Dieu, mieux discerner, comprendre et accompagner les âmes qui nous sont confiées.

Jean nous décrit de manière très vivante l'itinéraire spirituel. Dans mes entretiens de direction spirituelle, je n'ai moi-même fondamentalement pas d'autre science que celle de la parole de Dieu. D'ailleurs, les sciences humaines, qui ne cessent d'approfondir le mystère de l'homme, témoignent elles-mêmes de la difficulté de savoir de quoi l'homme est fait. Dans le domaine du sacré, pour nous permettre de mieux appréhender le rythme profond de la foi et de la transformation intérieure qu'elle opère, saint Jean vient à notre aide en mettant ce processus en parallèle avec la vie extérieure : celle de Jésus et celle de ses auditeurs. Il nous montre ainsi qu'il n'existe aucun divorce entre la contemplation et l'action. Au contraire, contemplation et action sont inséparables l'une de l'autre. Dieu se donne à tous, et pas seulement aux moines du désert !

Il est normal qu'une telle lumière n'eût été donnée à l'Église et au monde qu'en tout dernier lieu, par l'intermédiaire de Jean, puisqu'elle impliquait que les contours de l'enseignement du Christ fussent au préalable parfaitement mis en place. Tel fut le rôle des Synoptiques. Dans l'Antiquité, on avait donné à Jean le surnom de « théologien », c'est-à-dire celui qui enseigne par excellence la science de Dieu. Dès lors, il n'est pas étonnant de découvrir sans cesse de nouvelles richesses dans son évangile. Et mon modeste commentaire, bien loin d'épuiser la richesse du texte johannique, doit au contraire faire comprendre combien il est nécessaire d'être attentif à ce maître des maîtres spirituels.

De l'évangile de Jean à l'Apocalypse

Le texte de l'Apocalypse, également attribué à saint Jean, développe avec prédilection les « septénaires », c'est-à-dire les structures littéraires en sept parties. On peut bien sûr penser que Jean a utilisé ces septénaires de manière purement conventionnelle, sa pensée symbolique ne prétendant rien exprimer de précis à travers eux ! Le septénaire servirait alors à mettre en valeur un message, mais ne serait aucunement en soi un véhicule porteur de sens. Le chiffre sept, dans la Bible, étant le symbole d'une réalité parfaitement accomplie, le septénaire se limiterait à signifier que la narration est complète.

J'ai tenté de montrer au contraire que le septénaire qui structure les 12 premiers chapitres de l'évangile de Jean est directement porteur d'une annonce. Une annonce qui demeurerait secrète à celui qui ne lirait le septénaire qu'extérieurement, superficiellement dirais-je, sans tenter d'en rechercher la signification « de l'intérieur » ! La même question se pose d'ailleurs pour l'ensemble des septénaires que contient le livre de l'Apocalypse. Parvenir à décrypter un possible message des septénaires de l'Apocalypse renforcerait par là même le message que nous livre le quatrième évangile.

En grec, le mot « apocalypse » signifie « révélation ». Le terme lui-même oriente l'attention du lecteur vers le dévoilement d'un sens profond. D'où la fascination constante qu'a suscitée ce texte de Jean tout au long de l'histoire. Le symbole, chez Jean, n'est pas seulement une esthétique littéraire ; il est aussi porteur d'un secret ! J'aimerais un jour pouvoir dire quelque chose de nouveau à propos du livre de l'Apocalypse, ce qui nous permettrait d'aller plus loin dans la contemplation symbolique que nous propose saint Jean dans ses écrits.

Avec Dieu, il ne faut pas brider l'audace de notre regard. Offrons à notre cœur tous les élans d'un amour jamais rassasié. L'homme meurt s'il ne peut plus contempler autre chose que lui-même. Oserons-nous questionner le Créateur du monde jusque dans notre face-à-face avec son ineffable présence ?

Bibliographie

Commentaires exégétiques :

La revue *Esprit et Vie* a publié en 2006 plusieurs numéros consacrés à saint Jean : voir n°s 148-156.

AA. VV., *La communauté johannique et son histoire,* Labor et Fides, 1990.

BOISMARD, M.-E., « La royauté du Christ dans le quatrième évangile », dans *Lumière et Vie* 57 (1962), p. 43-63.

BRAUN, F-M., *Jean le Théologien,* 3 vol., Gabalda, 1964-1972.

BROWN, R E., *Une retraite avec saint Jean,* Cerf, 2004.

DODD, C-H., *L'interprétation du quatrième évangile,* Cerf, 1975.

FEUILLET, A., « Les épousailles du Messie : la mère de Jésus et de l'Église dans le quatrième évangile », dans *RTh* 86 (1986), p. 357-391, 547-575.

POTTERIE, I. (DE LA), *La vérité dans saint Jean,* 2 vol., Analecta Biblica, 1977.

STEMBERGER, G., *La symbolique du bien et du mal selon saint Jean,* Seuil, 1970.

Commentaires théologiques :

AA. VV., *L'exégèse chrétienne aujourd'hui,* Fayard, 2000.

BENOÎT XVI, *Jésus de Nazareth,* Flammarion, 2007.

PHILIPPE, M-D., *Suivre l'Agneau,* 3 vol., Saint-Paul, 1995-2005.

RONDET, H., « Le symbolisme de la mer chez saint Augustin », dans *Augustinus Magister* (Congrès augustinien de 1954), t. II, p. 691-701.

Table des matières

Regard d'ensemble

MARQUIS
Marquis imprimeur inc.
Québec, Canada
2008